KB248062

여성 1인가구 이해하기

여성 1인가구 이해하기
— 자기-인정과 사회의식으로 우뚝 서다

2025년 12월 31일 처음 펴냄

지은이   박성원
펴낸이   김영호
펴낸곳   도서출판 동연
등 록   제1-1383호(1992. 6. 12)
주 소   서울시 마포구 월드컵로 163-3
전화/팩스   02-335-2630 / 02-335-2640
이메일   yh4321@gmail.com
인스타그램   instagram.com/dong-yeon-press

Copyright ⓒ 박성원, 2025

이 책은 저작권법에 따라 보호받는 저작물이므로 무단 전재와 복제를 금합니다.
잘못된 책은 바꾸어드립니다. 책값은 뒤표지에 있습니다.

ISBN 979-11-7611-007-5 03330

박성원 지음
자기-인정과 사회의식으로 우뚝 서다
여성
1인가구
이해하기
동연

이 책은 여성 1인가구가 살아가는 일상의 결을 따뜻하고도 깊이 있게 비추어 주는 특별한 보고서입니다.

그동안 여성 1인가구에 대한 논의가 통계적 증가나 사회현상의 변화에 초점을 맞추는 경우가 많았다면, 이 책은 그 익숙한 관점을 넘어 "'관계 경험'이라는 본질적인 차원"을 섬세하게 드러내며 새로운 시각을 열어 보입니다.

저자는 진솔한 인터뷰와 현상학적 분석을 통해, 한 사람이 "타인과의 관계, 하나님과의 관계, 자연과의 관계" 안에서 어떻게 성장하고 변화하는지를 조용하지만, 힘 있게 보여줍니다. 연구의 중심을 이루는 "생명력을 얻고 희망을 실천하다"라는 주제는 단순한 분석의 결과가 아니라, "외로움을 지나 더 큰 평화와 초월로 향해 가는 인간의 여정에 대한 깊은 공감과 통찰"에서 비롯된 것입니다.

사랑과 존중의 경험이 한 개인에게 어떻게 생명력으로 피어나는지, 그리고 그 생명력이 영적 성장과 자기 인정, 더 나아가 사회적 책임의 행동으로 이어지는 과정은 독자에게 잔잔한 감동을 남깁니다.

이 책이 제시하는 '여성 1인가구의 관계 경험 모형'은 개인의 내적 여정과 사회적 책무가 서로 어떻게 긴밀하게 연결되는지를 새롭게 조명하며, 외로움과 관계의 문제를 다루는 목회·상담·사회복지 현장에 실제적인 방향을 제공합니다.

이 연구는 "한 사람의 삶을 있는 그대로 이해하려는 진심"에서 비롯되었습니다. 그래서 학문적 기여를 넘어, 우리 사회가 1인가구를 바라보는 눈을 더욱 따뜻하고 깊게 만드는 데 소중한 역할을 할 것입니다.

관계 속에서 의미를 찾고자 하는 분들, 그리고 현재와 미래의 1인가구, 연구자, 실천가 여러분께 기쁜 마음으로 이 책을 추천합니다.

2025년 8월, 연세대학교에서

권수영

이 책은 급증하는 1인 가구, 특히 여성 1인 가구의 관계 경험을 심도 있게 탐구하는 귀중한 연구 결과물입니다.

저자는 해석학적 현상학의 연구방법을 통해, 현대 한국 사회에서 여성들이 경험하는 다양한 관계의 본질을 해석하고 분석하였습니다.

책에서는 여성 1인 가구의 인간관계, 절대자(하나님)와의 관계, 자연생태계와의 관계를 통해 그들이 겪는 외로움과 소통의 부족 그리고 이를 극복하기 위한 노력들을 생생하게 들려줍니다.

특히 연구 참여자들의 목소리를 통해 각 세대의 여성들이 서로 다른 관계의 의미를 어떻게 발견하고 실천하고 있는지를 심도 있게 탐구하며, 그 과정에서 '생명력'과 '희망'을 찾는 여정을 보여줍니다.

이 책은 독자에게 인간관계의 본질에 대한 깊은 고찰을 제공하고, 1인 가구 여성들이 사회에서 어떻게 그들의 정체성을 찾아가고 있는지를 구체적으로 드러냅니다. 또한, 이를 바탕으로 사회적 정책 제언까지 아우르며, 공평한 존중의 가족 문화를 실현하기 위한 실천적 방안을 모색하고 있습니다.

여성 1인 가구의 다양한 관계 경험을 이해하고자 하는 독자들, 혹은 현대 사회의 복합적인 관계 맺음의 양상을 탐구하고자 하는 이들에게

꼭 추천하는 책입니다. 이 책을 통해 관계의 본질과 그 의미를 새롭게
발견하게 될 것입니다.

2025년 가을, 연세대학교에서

유영권

이 책은 현재 1인가구로 생활하는 분들은 물론이고, 현재는 가족과 함께 생활하지만 미래에 다양한 이유들로 1인가구로 생활해야 하는 분들을 위한 글이다. 또한 삶 속에서 경험하는 고독과 외로움에 대해 고민하는 모든 분들을 위한 글이기도 하다. 홀로 생활하며 경험하는 '실존의 문제, 고독과 외로움에 사랑의 실천으로 답하는' 11인의 여성 1인가구들의 이야기와 '자가-인정과 사회의식으로 자신의 존엄성을 지키는 용기'에 관한 그녀들의 이야기가 현재와 미래의 1인가구들에게 조금이나마 도움이 되기를 바란다.

현대 사회에서 가장 눈에 띄는 현상으로 고령화와 1인가구의 급격한 증가를 꼽는다. 이러한 변화와 함께 최근 한국 사회에서는 '1인가구'에 관한 큰 관심과 급격한 증가에 대한 대응방안의 필요성이 높아졌다. 한국 사회에서 2023년 1인가구 수는 9,935,600개로서, 전체 가구 중에서 41.55%를 차지하였다. 10가구에서 4가구 이상이 1인 가구이며, 70대 이상(19.66%)이 가장 많고, "60대(18.44%), 30대(16.87%), 50대(16.45%), 20대(15.25%)" 순이었다.(매일경제, 2024) 60대 이상은 여성 1인가구가 많고, 20~50대는 남성 1인가구가 더 많다. 한국 사회에서는 2015년 이후부터 1인가구가 계속 증가하였으며, 특히 청년 1인가구와 여성 고령자 1인가구가 현저하게 많다. 이러한 1인가구의 특성은 발달한 서구 국가들의 1인가구의 특성과 유사하다. 세계에서 가장 많은 1인가구의 비율을 보인 나라들은 주로 북-서

유럽 국가들이며, 아시아에서는 일본이 1인가구의 증가가 가장 빨랐다.

한국 사회에서 '1인가구' 단어는 통계청이 '단독 가구'로 표현했던 것을 2005년에 '1인가구'로 표현한 것에서 시작하였으며(경기도공익활동지원센터, 2023), 건강가정기본법에 따르면 "1명이 단독으로 생계를 유지하고 있는 생활단위"를 의미한다. 한편, 1인가구를 영어로 표현하는 명칭은 singleton, living alone, lone-person household, solo-liver, one-person household(OPH), solo living 등으로 다양하다. 2021년 통계청의 보고에 따르면, 한국 사회에서 1인가구가 된 이유는 '직장, 학업, 독립생활, 건강, 가족과 사별, 가족의 학업, 취업, 건강 등으로 타지에서 거주하게 된 것'이며, 학업과 일 그리고 배우자의 사별에 의한 1인가구가 각각 24.4%와 23.4%로 많으며, 자발적인 1인가구는 16.2% 정도이다. 1인가구 증가의 원인으로 연구자들은 경제적 부, 사회보장제도, 여성의 사회적, 경제적 지위 상승, 개인주의, 통신의 발달(소셜 네트워크의 활용), 대도시의 형성, 평균 수명의 연장, 변화된 결혼 패턴, 결혼과 재혼의 감소, 출생률의 감소, 이혼의 증가, 이민의 증가, 가족과 접촉의 감소 등을 말한다.

이같은 이유들로 1인가구의 수가 현저하게 증가하는 한국 사회는 다양한 관점에서 가구의 유형과 수의 변화에 대한 준비와 대처가 필요하게 되었다. 자원의 소비 뿐만 아니라, 1인가구의 마음 건강을 포함한 건강, 복지, 돌봄 등의 정책적 차원의 연구가 필요하게 되었다. 사회적 필요성에 부응하며, 1인가구에 대해서 사회적 관심과 정책적 돌봄이 최근 눈에 띄게 많아졌다. 지역마다 정책적 지원에는 차이가 있지만, 1인 가구의 생활, 재무, 마음 건강 및 사회적 관계망을 포함하는 지원을 점차적으로 실행하고 실태조사를 진행하며, 더 효과적인 지원을 제공하기 위해 정부 차원에서 연구를 추진 중이다.

　이러한 사회적 현상과 더불어 살아가고 있는 필자에게 '여성 1인가구'에 대한 개인적인 관심은 8년 전 겨울 어느 날, 심리 상담을 필자와 시작했던 한 내담자와의 만남에서 시작하였다. 그녀와 몇몇 내담자들을 상담하면서, 독립, 비혼, 사별, 이혼, 별거, 빈곤, 원거리에 있는 직장이나 학교와 같은 피할 수 없는 이유들로 '1인가구'로 살아가는 모습을 가까이에서 접하고 경험하게 되었다. '1인가구'에 대한 선택의 기회 없이 갑작스레 주어진 삶과 자신을 위하여 자의로 선택하여 살아가는 삶이 있다는 것을 알게 되었으며, 모든 삶은 자신의 '생존'과 '존엄성'을 보호하기 위한 치열한 삶임을 배웠다. 비록, 1인가구 중에는 가정을 이루어 사는 가구들과 비교하여 '빈곤과 고립'의 비율이 훨씬 높음에도 불구하고, 자신의 '존엄, 자율, 독립, 안전한 공간'을 위하여 혼자라는 '불안, 외로움, 고립'을 껴안는다. 세상에서 많은 시간을 타인에게 의존할 수 없지만, 자신의 삶에 대한 확신을 스스로는 가질 수 없기에 인간보다 우월한 절대자 또는 신(하나님)에게 좀 더 의존하며, 자신의 삶을 성찰하고자 한다. 그 속에서 지혜와 위로를 얻고, 삶의 방향을 정하며, 삶에 적용하려는 노력도 있다. 외로움과 성찰을 통해서 타인에게 다가가게 하는 '힘'을 얻으며, 이 세상에서 함께 삶을 살아가고 있는 다양한 경험과 지혜 그리고 서로의 비전을 발견하고자 때로는 '열린 마음'으로 타인에게 먼저 다가가서 소통한다.

　'여성 1인가구'에 대한 관심과 관계에 관한 심리적, 정책적 돌봄의 필요성을 느끼게 한 1인가구의 중년 여성 내담자, 가까운 지인들 그리고 몇몇 내담자들의 삶을 통해서, 필자는 "'여성 1인가구'가 관계에서 무엇을 경험하고, 그 경험의 본질과 의미는 과연 무엇인지?"에 대한 현상학적 물음을 갖게 되었다. '여성 1인가구'의 실제적인 관계망에 관한 연구가 없기에, 이를 심도 있게 살펴보기 위하여 '여성 1인가구의 관계 경험'을 현상학적으로 고찰하였다. 이 책에서 '여성 1인가구'는 통계청(2021)의 1인가구 분류 기준을 참조하여, '한국에서 직장, 학업, 독립생활, 사별의 이유로 집, 하숙, 사택에서 혼자 사는 19세 이상의 성인 여성'을 의미한다.

따라서 이 책은 '여성 1인가구'의 실제적인 관계망에 관한 글이다. 서울의 '1인가구 지원 센터'에서 모집한 4인의 청년 여성(19~34세), 4인의 중장년 여성(35~64세), 3인의 노년 여성(65~89세)의 인간, 절대자(하나님), 자연 생태계와의 관계 경험과 그 의미에 관한 것이다. 인간관계는 인간과 맺는 관계를 의미하고, 절대자(하나님) 관계는 종교적 신 또는 비종교인들에게는 인간을 능가한 절대적 존재와 맺는 관계를 의미하며, 자연 생태계 관계는 식물, 동물, 자연을 포함한 자연 생태계와 맺는 관계를 의미한다. '관계 경험'은 '둘 이상의 대상이 서로를 느끼고, 서로에게 말하고, 행동하며 연결되어 있는 방식을 실제로 겪음'을 뜻한다.

이 책에서는 '여성 1인가구'의 실제적인 관계망에 관한 35개의 주제와 일곱 개의 본질적 의미를 살펴볼 수 있다. 관계 경험의 본질적 의미로 "생명력을 얻고 희망을 실천하다"를 제안하였다. '함께 있음'의 갈망이 있는 '여성 1인가구'들은 인간관계, 절대자(하나님) 관계, 자연 생태계 관계를 통해서 외로움을 극복하고, '사랑과 존중의 욕구'를 충족시킴으로써 '생명력'을 얻었으며, '영적 성장, 유연한 사고, 자가-인정과 사회의식'으로 '희망'을 실천함으로써 마음의 '평화와 초월의 경험'으로 나아가는 경험을 하였다.

'여성 1인가구'의 인간관계 경험의 특성으로는 첫째, 많은 1인가구 여성이 혼자 살아도 '가족'을 관계 자원으로 생각하였다. 둘째, '소통의 부족'이 외로움을 높인다고 경험하였다. 셋째, '함께 있음'을 갈망하며 '비혈연의 이웃'에게 '함께 있음'을 실천하였다. 넷째, 관계 유지와 이성 관계는 어려워도, '대인 관계의 연결감'은 유지하였다. 다섯째, 자가-인정과 사회의식으로 '홀로 서는' 경험을 하였다.

절대자(하나님) 관계 경험의 특성으로는 첫째, 대부분의 '여성 1인가구'는 절대자(하나님) 관계에서 '위탁, 감사, 성찰'의 의례(Ritual) 경험을 가졌다. 둘째, 절대자(하나님)와의 합일의 경험과 절대자(하나님)의 긍정적인 역할을 계속 기대한다. 셋째, 자신의 긍정적인 변화와 희망(영적인 성장)으로 나아감을 경험하였다. 자연 생태계 관계 경험의 특성으로는 첫째, 인간관계에서 경험한 '외로움과 소통의 부족'에 대해서 '생태계 관계 경험'을 그 대안으로 만족스럽게 생활하는 1인가구 여성들은 반려견, 반려묘, 자연, 텃밭, 화초들과의 경험에서 책임감(기쁨과 보람), 소통(애정 표현), 함께 함으로 '사랑과 존중의 욕구'를 채우고, '외로움'을 극복하였다. 둘째, 대부분의 여성 1인가구들은 자연 생태계 관계 경험을 통해서 객관적이고 유연한 사고의 변화로 마음의 '평화와 초월'을 경험하였다.

이와 같은 관계 경험에 관한 담론을 이 책은 '여성 1인가구의 관계 경험 모형'으로 제시하였으며, 심리학적 관점에서 생애 주기, 관계 욕구, 초월 욕구를 중심으로 '여성 1인가구'의 관계적 특성을 살펴보았다. 모든 여성 1인가구들에게 '함께 있음'을 갈망하는 관계 욕구는 주로 이웃의 비혈연의 대상들과의 상호성을 통해 충족되며, '생존과 성장'의 의미를 지녔다. 관계 욕구와 마찬가지로 인간의 기본적인 욕구인, 초월 욕구를 충족시키기 위해서 절반의 청년 그리고 모든 중장년과 노년 여성 1인가구들은 자신이 가진 자기-능력을 활용하였다. '자신과 사회의 변화'를 위한 책임감을 가지고 가족, 이웃, 지역 공동체, 자연 생태계에 참여함으로써, '사랑을 주고 싶은 욕구와 받고 싶은 욕구'를 충족시키며, '자기-인정과 자기-위로'의 경험을 하고 있다.

이 책은 심리학적 관점에서 '주제 현상'을 이론 중심으로 고찰하고,

신학적 관점에서 브라우닝(1998)의 '비판적인 가족주의'를 중심으로 '여성 1인가구와 가족'에 대해 성찰함으로써, 연구 결과를 반영한 실천 방안을 모색하는 실천신학 연구 방법을 활용하였다. 목회신학적 성찰에서 부모와의 관계에서 부모가 원하는 것을 지나치게 요구함으로 '공평한 존중'의 윤리가 이루어지지 않고 있는 가정에서 여성인 '자신의 모습'으로 '존중'받기를 갈망하는 1인가구 청년 여성의 마음과 자신에 대한 보호, 용서, 사랑, 존중이 어려웠던 가정에서 가족과의 관계에 앞서 자신과의 관계에서 '자가 존중'을 갈망하는 이혼 위기 중년 여성 1인가구의 마음을 성찰하였다. 연구 결과와 목회신학적 성찰에 근거하여 정책적 제언으로서, '상실감' 극복을 위한 심리 상담, 청년과 중장년 여성 1인가구들을 위한 '자가돌봄 및 관계망 유지'의 심리 상담, 노년 여성 1인가구들의 '소통의 공간' 제공 그리고 여성 1인가구의 '공평한 존중의 가족 문화'를 위한 미디어를 통한 '공평한 존중의 사랑 실천' 캠페인을 모색하였다.

다섯 개의 장으로 구성된 이 책은 1장에서 한국과 국외의 연구와 심리학과 신학의 이론을 중심으로 1인가구의 이해를 돕고자 하였다. 2장은 11인의 한국의 여성 1인가구들과 그들의 관계 경험을 소개한다. 3장은 여성 1인가구의 관계 경험 모형 및 관련 정서를 제시한다. 4장은 생애 주기, 관계 욕구, 초월 욕구, 돌봄 및 심리 상담에 관한 심리학적 주제들을 논의한다. 마지막으로 5장은 '공평한 존중의 사랑'의 윤리를 중심으로 신학적 주제들을 논의하고, 제언 및 의의와 한계를 제시한다.

글을 마무리하며, 인터뷰에 적극적으로 참여하며 속 깊은 이야기들을 나누어 주신 열한 분의 1인가구 여성분들께 진심으로 감사드린다. 연구 준비 작업부터 결과물까지 꼼꼼하게 지도해주시고 책으로 출간하도록 격려와 도움을 주신 권수영 지도교수님께 깊이 감사드린다. 석사과정과 박사과정에서 많은 가르침과 격려를 주신 유영권 교수님께도 깊이 감사드린다. 좀 더 나은 글로 출간하도록 여러모로 애써주신 도서출판 동연 김영호 대표님과 박현주 편집부장님께도 진심으로 감사드린다. 연구를 구상하던 2022년 9월부터 2025년 10월 현재까지 책으로 출간하는 모든 과정에 많은 관심과 응원으로 함께한 사랑하는 아들과 남편 그리고 부모님께 깊이 감사드린다.

2025년 가을

박성원

차례

5장 | 여성 1인가구의 관계 경험과 신학

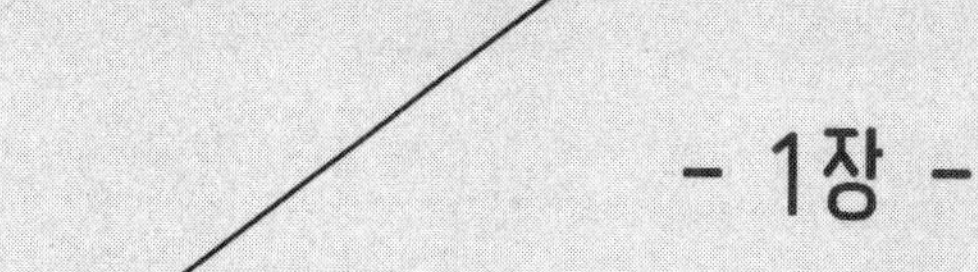

- 1장 -

1인가구 이해

I. 한국과 국외의 연구로 이해하기

1. 1인가구 연구

1) 1인가구 현황에 관한 국외 연구

세계적으로 1인가구의 수는 빠르게 증가하는 추세를 보여 왔다. 2006년에는 2억 200만 명으로 1996년부터 10년 동안 33% 증가하였다. 선행 연구들은 한 국가 또는 국가의 몇몇 지역의 1인가구에 대한 연구[1]가 대부분이며, 특히 고령층의 1인가구에 관한 연구가 많다.

이러한 연구들과는 달리, 113개의 국가들을 대상으로 세 그룹(25~29세, 50~54세, 75~79세)으로 분류하여 1인가구의 추세와 국가의 발달 수준 사이의 관계를 고찰한 연구가 있다. 청년 1인가구(25~29세)는 서구의 발달한 나라들에서 현저하게 많이 보이며, 성별의 차이는 적다. 유럽과 북아메리카의 청년그룹(25~29세)은 여성과 남성 1인가구 비율이 비슷해서, 남성 1인가구는 여성 1인가구의 1.39배이다. 한편, 라틴 아메리카에서는 남성 1인가구가 여성 1인가구보다 2.73배 많고, 아시아에서는 3.74배, 아프리카에서는 7.4배 많다. 고령 1인가구(75~79세)의 수는 급상승하는 추세이며, 특히 여성

---

1) Feng et al., 2019; Park et al., 2015; Podhisita et al., 2015; Raymo, 2015; Yeung et al., 2015.

고령자 1인가구가 많다.

유럽의 독일과 노르웨이에서는 2019년 전체 가구의 1/3 이상이 1인가구이다. 이미 2012년 사회복지가 좀 더 보장되는 스웨덴, 핀란드, 노르웨이, 덴마크와 같은 북유럽 국가에서는 전체 가구의 약 40%가 1인가구였다. 2013년에 핀란드, 노르웨이, 덴마크, 스위스, 독일에서는 1인가구가 전체 가구의 1/3을 넘었다. 이 연구 당시에는 유럽과 북아메리카보다는 아시아에서 1인가구의 분포가 낮지만, 2020년에는 중국, 인도와 같은 아시아의 나라들이 세계에서 1인가구가 많은 상위권 나라들에 포함될 것이라고 예측하였다.

유엔(UN, 2014)에 의하면, 2013년에는 일본, 한국, 대만과 같이 경제적으로 발달된 국가들에서 1인가구의 분포가 다른 아시아의 국가들보다 높았다. 2013년 1인가구 비율이 가장 높은 OECD국가들과 아시아 국가들을 순위별로 살펴보면, 노르웨이(약 38%), 핀란드, 덴마크, 스위스, 독일, 상위 5개국은 35% 이상이 1인가구였다. 6위부터는 네덜란드, 오스트리아, 에스토니아, 일본(32.4%), 벨기에이다. 11위부터는 프랑스, 아이슬란드, 체코, 영국이며, 모두 30% 이상이다. 15위부터는 룩셈부르크, 미국, 캐나다, 호주, 헝가리, 이탈리아, 폴란드, 한국 순이다. 한국은 2013년에 22위로 1인가구가 많았으며, 23%였다.

아시아에서는 일본이 1인가구의 증가가 가장 빨랐으며, 2012년 전체 가구의 30%가 1인가구였다. 이외에, 가장 빠르게 증가하는 나라들은 중국, 인도, 브라질이다. 중국에서는 2010년에 5,800만 명의 1인가구가 2050년에는 두 배 이상 증가할 것이라고 예측한다. 아시아에서 1인가구는 빠른 고령화 추세, 결혼과 출산율의 저하, 이혼과 이주의 증가 등이 원인이며, 향후 수십 년 동안 증가가 계속될 것으로 예측한다.

한편, 중국의 1인가구의 증가폭에 비해서 미국에서의 증가폭은 훨씬 작다. 2019년 미국 남부 캘리포니아의 6개 county에서 1인가구는 2010년에 22.14%였고, 2020년에 23%로 예상하고, 2040년에는 23.99%로 예상하였다. 그러나 미국에서 1인가구의 상승폭은 2인가구나 3인가구의 상승폭에 비하면 크다. 스넬(Snell)에 의하면, 애틀란타, 시애틀, 샌프란시스코, 미네아폴리스와 덴버에서는 전체 가구의 40% 이상이 1인가구였다. 더 번화한 대도시에서는 이것보다 훨씬 많아서, 맨해튼과 로스앤젤레스의 midtown은 1인가구가 94%나 되었다. 2012년에 미국에서 1인가구는 전체 가구의 28%를 차지하였고, 5년 동안 1인가구를 유지하였다. 이러한 비율은 확대가족, 핵가족, 동거나 그룹홈보다 많은 비율이며 안정적으로 유지되었으며 증가하였다.

1990년대 후반부터 2020년까지 세계의 1인가구 현황 및 유형에 관한 국외 연구들을 살펴보았다. 세계에서 가장 많은 1인가구의 비율을 보인 나라들은 주로 북-서 유럽 국가들이며, 스웨덴, 핀란드, 노르웨이, 덴마크, 독일, 스위스, 네덜란드, 오스트리아, 에스토니아, 벨기에, 일본, 아이슬란드, 프랑스, 체코, 영국 순이었다 스웨덴과 핀란드 등의 북유럽 국가에서는 2012년에 이미 전체 가구의 약 40%가 1인가구였다. 한편, 113개의 국가들 중에서 발달한 서구 나라들의 1인가구의 특성은 현저하게 많은 청년 1인가구(25~29세)와 여성 고령자 1인가구이다. 이러한 서구 국가들의 1인가구 특성은 2024년 현재 한국에서 보이는 1인가구의 특성과 유사하다. 현재 한국에서도 1인가구는 40%에 달하며, 특히 청년 1인가구(30대 남성이 약 106만 명)와 여성 고령자 1인가구(70대 이상이 141만 명)가 현저하게 많다.

2) 한국의 청년 1인가구 연구

최하영과 진미정은 서울시에 거주하는 146명의 청년(만 20~39세)과 중장년(만 40~64세) 비혼 1인가구를 대상으로 일상생활 어려움, 사회인구학적 특성, 미래 가족에 대한 태도에 대해서 탐색하였다. 청년 1인가구는 어려움이 클수록 가족보다는 대안적인 파트너를 선호하고, 중장년 1인가구는 반대로 어려움이 클수록 가족을 지향한다.

민우정 등은 청년 1인가구의 여가 활용과 주관적 웰빙과의 관계에 관하여 연구하였다. 타인 및 가족과의 여가 활동 참여와 관광이나 문화 관련 여가 활동 참여가 주관적 웰빙에 긍정적인 영향을 주었다고 밝혔다. 또한 김지혜 등도 청년 1인가구의 여가 경험을 현상학적으로 연구하였다. 다른 세대에 비해, 청년들이 '현재의 행복을 위해 여가를 적극적으로 즐긴다'는 점을 발견하였으며, SNS를 활용하는 지역의 공동체 활성화를 제안하였다. 한편, 박향미 등은 청년 1인가구의 증가하는 고독사 문제를 예방하기 위한 솔루션을 제안하였다. 청년 1인가구의 심리적 불안감 및 사회적 관계의 단절에 관한 문제를 파악하여, 사회 정서 능력 개발 이론에 근거하여 셀프 멘탈케어 서비스를 제시하였다.

위에 소개된 민우정 등과 김지혜 등이 여가와 주관적 웰빙을 중심으로 고찰하였다면, 김동하 등은 주관적 웰빙과 동네를 중심으로 연구하였다. 주거 빈곤 청년 1인가구를 대상으로 연구하여, 동네에 대한 의미의 재고찰 그리고 소속감과 이웃과의 교제를 위한 장소와 서비스에 대한 개발을 제안하였다. 이러한 맥락에서 양준영은 청년 1인가구의 사회적 관계망 형성 지원을 연구하여, 성별과 청년들의 특성을 반영한 방안이 필요하다고 제안하였다. 1인가구를 위한 지원은 재정, 안전, 정신 건강과 돌봄, 주거에 관한 것이며, 특히 청년 1인가구를 위한 지원은 주거 관련 지원과 상담이 가장 많다. 사회적 관계망에 관한 지원은 지자체와 자치구에서 관할하며, 서울에는 "1인가구 지원 센터 운영(개인 및 집단 상담), 1인가구 자조 모임, 멘토링, 심리, 정서 상담 지원, 커뮤니티 공간 지원, 취미 활동, 여가 프로그램 제공"(양준영) 등이 있다. 고립된 청년들의 관계망 형성을 돕기 위한 '또래 집단 프로그램'을 제안하였다.

이외에도, 회복탄력성 증진을 위한 방안이 필요하다고 제안한 연구와 삶의 만족도에는 청년 1인가구의 특성 및 가족 관계가 관련이 있음을 탐색한 연구가 있다. 김혜미 등은 신체적, 심리적 건강이 1인가구의 만족 정도, 성별, 경제 수준과 관련이 있음을 밝혔으며, 삶의 만족도가 가족 관계와 관련이 있음을 고찰하였다.

코로나19와 관련하여, 김민수 등은 1인가구 청년과 다인 가구 청년을 중심으로 코로나19가 스트레스에 미치는 영향을 고찰하여 1인가구에게 조금 더 부정적인 영향을 주었다고 제시하였다. 또한 이인정은 코로나19로 인한 위기 상황이 청년 1인가구의 우울감에 미친 영향에 대해서 성차를 중심으로 연구하였다. 코로나19 상황은 남성과 여성 모두의 우울에 영향을 주었고, 우울은 고용 변화가 있는 경우에 두 성 모두에서 높았다. 1인가구의 생활이 길수록 남성의 우울이 크며, 코로나19에 대한 부정적인 정서적 변화는 여성에게 더 크게 나타났다. 가족 관계 역시 우울에 영향을 주었다. 한편, 김혜경 등은 코로나19에 의한 긴급재난지원금을 수령하는 과정에서 20대 청년 1인가구를 대상으로 개인의식과 가족주의 및 독립의 개념에 관하여 고찰하였다. 지원금 수령 과정에서 지원금 분배를 부모님의 의사에 전적으로 맡기는 가족주의적 태도가 컸으며, 독립의 의미는 개인 공간,

경제적 자립, 부모의 통제로부터 벗어남이다.

위의 연구들은 주로 심리학적 관점에서 고찰한 연구들이다. 한편, 강덕구는 신학적 관점과 심리학적 관점에서 청년 1인가구를 위한 목회 사역 방안에 대해서 논하였다. 학업과 취업으로 비자발적으로 청년 1인가구가 된 경우가 많았다. 청년들의 경제적으로 독립이 어려운 특성을 반영하여 제시한 사역 방안은 공동 주거를 통해서 주거비를 절감하고, 공동체와 함께 생활하여 사회적 관계망을 확보하며, 깊은 고립감과 우울감을 예방하기 위한 정서적 지지를 지원하는 미션홈(Mission Home), 다행홈(多幸 Home) 그리고 상담사역이다.

위의 연구들에서 밝힌 청년 1인가구의 특성은 여가 활동 참여가 주관적 웰빙에 긍정적인 영향을 주며, 삶의 만족도 및 우울에 가족 관계가 영향을 준다는 점이다. 가족 관계의 중요성은 여러 연구들에서 고찰된 공통적 특성임을 알 수 있다.

3) 한국의 중년 1인가구 연구

문경아와 조원지는 594명의 40대와 50대의 중년 여성 1인가구의 일상생활의 시간 패턴을 고찰함으로써 그들의 생활 세계를 탐색하였다. 중년 여성의 1인가구 형성은 주로 이혼에 의한 것이며, 여가 활동과 일이 주요 일상 활동으로 나타났다. 혼자 문화를 즐기는 것에 수동적인 중년 여성 1인가구를 위해서 문화 및 여가 활동 그리고 사회적 관계망을 위한 지원 프로그램이 필요하다고 제안하였다. 또한 김성희 등은 344인의 남녀 중년 1인가구(40~64세)를 대상으로 생활 실태를 고찰하였다. 저소득층 가구가 일반 가구보다 경제 활동, 정신 건강, 만족도, 주관적 행복감 모두가 낮다고 밝히고, 계층과 성별의 특성을 반영한 정책적 접근을 제안하였다.

한편, 고혜연 등은 10인의 남녀중년 1인가구를 대상으로 자기돌봄의 본질을 현상학적으로 연구하였다. 자기돌봄은 자기보호, 노후 준비, 현재의 행복과 만족을 위한 행동이며, 돌봄의 방법은 건강 관리, 정서를 위한 활동, 교제이다. 이러한 돌봄은 고립감을 줄이고, 심신, 업무, 관계에 긍정적인 영향을 주었음을 밝혔다. 자기보호가 필요한 이들에게는 경제 및 안전을 위한 지원 시스템이 필요하고, 노후 준비가 필요한 이들에게는 경제, 도움 요청에 관한 집단 상담, 취미 활동의 공동체 제공을 제안하며, 차별적인 지원을 제공할 것을 강조하였다.

또한 권종선은 40~64세와 65세 이상의 중노년 1인가구 497명을 대상으로 건강과 관련 있는 삶의 질에 영향을 주는 요인을 고찰하였다. 중년의 영향 요인은 활동 제한, 활동 실천, 평생 흡연의 여부 그리고 우울이다. 남성 노년의 영향 요인은 주관적 건강 인식이 가장 크고, 대사증후군, 활동 제한 여부, 스트레스 인지이며, 여성 노년의 영향 요인은 가구 소득, 활동 제한 여부, 주관적 건강 인식이다. 중년 1인가구보다 여성 노년 1인가구의 삶의 질이 낮으며, 남성 노년이 여성 노년보다 높다. 이것은 교육과 소득 수준이 여성 노년보다 남성 노년이 높기 때문이다. 일반적으로 연령이 많을수록 삶의 질은 낮아진다.

한편, 이미영과 이미경은 코로나 팬데믹 상황에서 우울에 영향을 주는 요인들을 50세 이상의 1인가구(600명)와 다인 가구(2,865명)를 대상으로 연구하였다. 다인 가구(1.9점)보다 1인가구(3.1점)가 우울 수준이 높다. 1인가구의 우울에 영향을 주는 요인은 직업과 주택의 유무, 건강, 체형, 스트레스에 대한 주관적 인지, 활동 제한, 입원 경험(1년), 의료 서비스 부족, 외식

횟수이다. 외식은 사회적 관계와 관련이 있어서, 외식이 거의 없는 경우 우울이 높다. 미혼 1인가구가 동거, 별거, 이혼, 사별 등의 1인가구보다 우울이 높다. 이에, 사회적 관계망과 안정적인 주택에 대한 지원 및 건강의 정기적인 검사를 통한 객관적인 건강 인지 및 스트레스 관리가 필요함을 제안하였다.

이미영과 이미경이 우울에 영향을 주는 요인을 고찰하였다면, 그들보다 선행하여 김혜련 등은 우울과 외로움의 의미를 1인가구의 중년 여성(45~64세) 대상으로 탐구하였다. 우울과 외로움의 정도에 자녀와의 좋은 관계는 보호 요인으로서 긍정적으로 작용하였다. 또한 강보민과 이기영은 우울에 영향을 주는 요인을 생태 체계 요인(개인 체계, 가족 체계, 지역사회 체계) 관점에서, 303인의 남녀 중년 1인가구(만 40~64세)를 대상으로 연구하였다. 일반 가구의 우울에 영향을 주는 요인은 개인 체계의 자아존중감, 가족과 지역사회 체계의 관계 만족도이다. 자아존중감의 중요성 및 가족과 사회적 관계의 중요성을 부각시켰으며, 이를 위한 상담 프로그램, 우울 예방 및 조기 발견을 위한 프로그램, 공공의료시설 확충을 제안하였다.

이외에도 김현화는 40~50대의 중년 비혼 여성 1인가구의 관계 경험에 대해서 현상학적으로 연구하였다. 관계의 특성으로 확고한 자기 경계, 안정감과 친밀함을 느끼게 하는 대상이나 소속 집단의 부재, 영적인 대상과의 긴밀한 관계이며, 홀로 있는 시간을 잘 활용하는 강점을 밝히고, 개별성에 대한 존중 및 상호 돌봄이 가능한 소수로 구성된 관계망을 목회적 돌봄으로 제안하였다.

선행 연구들에서 밝힌 중년 여성 1인가구의 특성은 1인가구 형성이 주로 이혼에 의한 것이며, 일반적으로 연령이 많을수록 삶의 질이 낮아지고, 팬데믹과 같은 위기 상황에서 다인 가구보다 1인가구의 우울 수준이 높다는 점이다. 이러한 특성을 반영하여 선행 연구들이 제안한 돌봄은 '문화 및 여가 활동, 소수의 사회적 관계망, 객관적인 건강 인지 및 스트레스 관리'이다. 특히, 우울에 '자아존중감과 가족 및 사회의 관계 만족도'가 영향을 주는 요인이므로, 이 문제의 해소 및 지지를 위한 상담 프로그램, 우울 예방 및 조기 발견을 위한 프로그램을 제안하였다.

4) 한국의 노년 1인가구 연구

정운영 등은 노년 1인가구의 경제적 특성 및 삶에 대한 만족도에 관하여 고찰하였다. 소득이 많고, 심신의 건강 상태가 좋고, 종교가 있을수록 만족도가 높은 것으로 밝혔다. 한편, 송영신은 노년 1인가구에서 약 3/4에 해당하는 여성 1인가구의 건강, 경제, 사회에 관한 문제점을 드러내고, 정책적 개선 방안을 모색하였다. 노인 일자리 정책, 저소득 여성 노인의 거처 제공, 성년후견제도, 사회적 가족(Social Family), 공동생활(Co-Housing) 등을 제안하였다. 사회적 가족은 1인가구 자립 청소년을 중심으로 조부모, 부모 그리고 형제자매 세대로 구성되어, 3세대의 4인 이상으로 이루어진다. 분기별로 밥 먹기, 정기적인 모임, 카톡방의 소통으로 고민과 지혜를 나누며, 연결감이 가능한 사회적 가족의 효과가 컸음을 밝혔다. 또한, 김수미는 1인가구의 노후 준비와 생활을 고찰하여, 노후 준비를 위한 교육의 확대, 교육 프로그램 개발, 주거비 및 생활안정지원 정책을 제안하였다.

김미경은 50대 이상의 50% 이상이 1인가구이며, 65세 이상의 50% 이상이 빈곤한 상황에서 노후 문제(빈곤, 건강, 소외)와 가족에 대한 새로운 인식의 필요성을 논하였다. 노년기 부부에게 필요한 새로운 관계 쌓기 그리고 비혈연으로 이루어진 대안적인 공동체로서 독일에서 시도된 다세대 복합 주거(Mehrfachgenerationshaus)를 소개하였다. 이는 앞서 송영신이 제시한 사회적 가족(Social Family)과 유사하다. 개별 가구의 생활은 보장하고 다양한 세대와 가구들이 함께하는 프로그램을 통해 소외와 외로움의 문제를 감소시키는 주거환경을 노년 1인가구를 위한 대안으로 제시하였다.

한편, 김유진은 고립해 있는 노인 1인가구의 사회적 개입을 돕고자, 40인의 사회복지사를 대상으로 질적 연구를 수행하였다. 2015년부터 시행 중인 '독거노인 친구만들기'는 독거노인 관련 서비스를 거부하는 독거노인 들을 발굴하여, 사회적 안전망과 관련 서비스를 제공함으로써 고독사를 예방하기 위함이다. 독거노인의 생애사, 관계 패턴 및 대처 방식에 대한 이해를 반영하는 개별적 접근의 필요성을 제시하였다.

또한, 이한나는 1인가구를 청년(20~39세), 중장년(40~64세), 노년(65세 이상)의 세 그룹으로 고찰하여, 사회서비스 수요 현황에 관하여 1인가구와 다인 가구를 비교, 분석하였다. 다인 가구에 비해, 1인가구는 교육과 경제 수준이 열악하고, 심신의 건강 수준이 낮으며, 가족 갈등이 다소 많다. 이러한 차이는 노년으로 가면서 더 커져서, 노년 1인가구가 사회경제 및 건강, 가족 관계에서 가장 취약함을 밝혔다. 송나경 등도 청년, 중장년, 노년으로 분류하여 1인가구의 자살 생각에 영향을 주는 요인을 고찰하였다. 자살 생각 경험 비율은 노년, 중장년, 청년 순이며, 성별로는 여성이 남성보다 많고, 공통적으로 우울, 스트레스, 주관적 건강 인식이 자살 생각에 큰 영향을 주는 요소이다. 이외에도, 청년에게는 걷기의 빈도가 영향을 주었고, 중장년에게는 배우자의 상실, 경제력, 흡연, 사회 활동 참여, 가족 및 지인과 의 연락 빈도가 영향을 주었다. 노년 1인가구에게는 경제력, 많은 음주, 걷기, 사회 활동 참여의 빈도가 자살 생각에 영향을 주었다. 이에, 우울 및 스트레스 관리와 자살 예방을 위한 심리 정서 서비스를 제안하였고, 중장년과 노년을 위해 건강(음주, 흡연, 걷기)과 경제력, 사회 활동 참여 및 친밀한 관계를 돕기 위한 복지 정책 및 프로그램의 필요성을 제안하였다.

위의 선행 연구들이 중앙정부와 지방자치단체의 정책 차원에서 도움을 주기 위해 실시되었다면, 강덕구는 지역교회에서 고독사 예방을 위해 가능한 역할에 대해서 고찰하였다. 관심을 가지고 찾아가는 '사랑의 메신저 역할'과 마을회관처럼 편히 교제하고 음식을 나누는 '사랑방 역할'을 제안하였다. 이를 위해 교회에서는 일주일에 하루를 "시니어 데이(Senior day)"(강덕구)로 정하여 지역의 노인들에게 개방하여 이야기를 나누고, 교육(체조, 노래, 셀폰 사용 등), 상담(죽음 준비 및 두려움, 가족 갈등, 정서적 지지 등)도 가능하다고 제시하였다.

최근의 한 연구(석소원, 2023)는 1인가구의 생애 주기별 행복과 건강(신체, 정신, 사회)에 관한 잠재 프로파일의 특성 및 프로파일에 영향을 주는 요인들을 고찰하였다. 청년 가구와 중장년 가구에서는 행복과 건강 상태에 관하여 '양호' 집단(40% 이상)이 가장 많았으며, '고수준 위험' 집단(22~26%)이 가장 적다. 청년과 중장년에 비해, 노년 가구는 '양호' 집단(62% 이상)이 현저하게 높지만, '고수준 위험' 집단도(37% 이상) 높다. 공통적으로, 행복과 건강에 관해 '양호' 집단에 속할 확률을 높이는 요인은 '직업 만족도'이며, 노년 가구에게는 '환경 만족도, 자가 소유, 생활 수준 및 삶에 대한 만족도'이다.

한국보다 먼저 노년 인구가 급격히 증가한 일본의 연구를 살펴보면, 2016년에 60세 이상의 1인가구의 비율은 스웨덴(47.9%), 독일(40.6%), 미국(38.0%), 일본(15.5%)이다(Katsuhiko, 2018). 스웨덴, 독일, 미국보다는 일본의 노년 1인가구 비율이 적지만, 미혼자 1인가구 비율은 세 국가에 비해 가장 높다. 미혼의 고령 1인가구는 배우자나 자녀가 없어서 더 어려운 상황을 지니며 그 수가 계속 증가할 것으로 전망하였고, 강화된 사회보험제도 및 인간관계 형성을 제안하였다. 고령 1인가구가 거의 50%나 되는 '다테가오카 단지'의 성공적인 대처는 상담실 설치, 네트워크 참여 지원, 상담실 내부에 카페를 마련하여, 저렴한 커피, 대화, 수놓기, 취미 활동, 모임 등의 지원이다. 또한 주먹밥 함께 먹기, 축제, 세대 방문, 2인 1조의 학생 자원봉사자들의 방문과 카페에서의 만남을 지원하여, 청년, 아이들, 고령자들의 상호 교류를 통해 활력을 얻도록 도왔다.

이외에도 가쓰히코(Katsuhiko)는 교류를 장려하기 위해 공유 공간에서 식사 준비와 식사, 청소, 정원이나 텃밭 가꾸기, 도서 관리, 다양한 이벤트 등을 가지는 컬렉티브 하우스와 칸칸모리에 대해서 소개하였다. 무엇보다도, 일본의 75세 이상의 고령 1인가구와 미혼의 노년 1인가구가 증가함에 따라서, 가족에 의존할 수 없는 상황에서 "서로 돕는 사회"(Katsuhiko) 구축의 필요성을 강조하였다.

정리하면, 한국에서 노년 1인가구의 3/4이 여성이며, 자살 생각 비율이 노년, 중장년, 청년 순으로 노년이 가장 많고, 남성보다는 여성이 많다는 점은 노년 여성 1인가구의 돌봄의 필요성을 부각시킨다. 소외와 외로움에 대한 방안으로 '독거노인 친구 만들기' 및 비혈연으로 이루어진 대안적인 공동체가 한국, 일본, 독일 등에서 효과적으로 시행되고 있음을 알 수 있다. 이러한 대안적인 공동체의 확대와 더불어, 중장년과 노년의 건강(음주, 흡연, 걷기) 및 친밀한 관계를 돕기 위한 프로그램이 요구되므로 돌봄에 이에 대한 반영이 필요하다.

5) 1인가구 국외 연구

2012년까지 7년 동안 미국, 스웨덴, 영국, 프랑스, 오스트레일리아, 일본의 중산층 300명의 1인가구 경험에 대한 연구가 있다. 클라이넨베르크 (Klinenberg)는 직장인(28~40세), 중산층 중년(40~65세), 빈민층(30~65세), 노년(65세 이상)의 참여자들에게 심층 인터뷰를 실시하였다. 노년 1인가구의 삶의 만족도가 높고, 이웃과 친구들과의 활발한 어울림을 가지며, '존엄성, 자율성, 통제력, 독립성, 자기 영역'을 위해서 독거노인을 자처하고, "따로 살면서 함께하는"(Klinenberg) 관계를 가장 선호하는 것으로 제시하였다.

그러나 거동이 불편한 독거노인들은 집에 와서 필요한 것들을 알아주는 사람들이 더 많기를 기대하며, 식사 배달, 사회복지 서비스, 도우미, 사회복지사, 재택 간호사 등 공적 지원과 은퇴한 건강한 노인 자원봉사자들의 방문이 도움을 주었다. 고령의 1인가구의 주거 공간 환경 재구성, 사회적 지원 네트워크, 간병인, 친구, 개인비서 및 가사도우미의 역할을 할 수 있는 로봇의 개발이 도움을 줄 수 있다고 클라이넨베르크는 지적하였다. 또한, 1인가구에게 개인 공간과 공동체 활동을 위한 공간을 갖춘 주택과 환경의 중요성을 강조하였으며, 스웨덴에서 1인가구가 다양한 연령과 사회적 지위로 구성된 공동체에 참여하며 살도록 구상된 페르드크네펜(Färdknäppen)을 소개하였다.

아시아에서 1인가구의 수가 월등하게 많은 국가는 일본이다. 가쓰히코는 2017년까지 일본의 1인가구 실태와 요인을 근로세대, 고령세대, 1인가구 예비군으로 분류하여 연구하였다. 1인가구의 급증의 원인은 중장년(50대 이상)의 미혼 1인가구의 증가(여성의 경제력, 비정규직 남성 노동자의 증가, 남녀 교제 풍속의 변화, 사회 인프라의 발달), 수명 연장, 미혼, 성인 자녀와의 별거, 고령(80대 이상)의 1인가구의 증가이다. 이에 대한 대응책으로 '사회 보장의 기능 강화, 지역사회와 이웃에서 네트워크 형성, 고령자의 일자리 지원'을 제시하였다. 가쓰히코의 연구에서는 2인 이상의 가구보다 1인가구의 삶의 만족도가 낮고, 대화의 결여가 다른 가구에 비해 5배 이상 크며, 지원 수혜의 결여도 2배 이상 큰 것으로 나타났다.

1인가구에 관한 두 국외 연구를 통해서 미국, 스웨덴, 영국, 프랑스, 오스트레일리아, 일본의 1인가구의 관계의 특성이 적극성, 개방성, 외로움, 신과의 관계 및 방어적인 개인주의라는 것을 알게 되었다. 또한 노년 1인가구의 삶에 대한 높은 만족감과 "따로 살면서 함께하는"(Klinenberg) 관계를 가장 원하는 것으로 파악하였다. 특히, 일본의 연구(Katsuhiko)는 1인가구가 다른 가구에 비해 대화의 결여가 5배 이상 크다는 것을 밝혔다. 이 책은 국외 선행 연구에서 드러난 1인가구의 특성 및 필요가 한국 사회에서는 어떠한지 조명하여 필요한 돌봄을 구체화하고자 한다.

2. 1인가구의 마음 건강 및 심리 상담

이현민은 20세 이상의 1인가구 294명을 대상으로 대인관계적 연결감과 우울의 관계를 설문지를 활용하여 연구하였다. 다인 가구에 비해서 1인가구의 우울 수준이 높으나, 대인관계적 연결감은 우울을 완화시키고 삶의 만족감을 상승시키는 효과를 지닌다고 제시하였다. 우울을 예방하고 완화시키기 위해서 대인 관계를 형성하고 유지시키기 위한 방안과 긍정 정서 양성을 위한 명상 등의 프로그램을 제안하였다.

한편, 유지애는 청, 장년 그룹과 중, 노년 그룹의 1인가구의 우울과 사회적 관계의 상호 인과 관계를 시간 간격을 두어 살펴봄으로써, 1인가구의 심리적 건강과 사회적 관계 향상을 위해 논의하였다. 10년의 시간이 경과하여도, 우울 수준이나 사회적 관계가 변동 없이 유지되었으며, 우울이 이후 사회적 관계를 예측할 수는 없으나 사회적 관계는 이후의 우울에 영향을 주는 것으로 밝혔다. 시간이 지나도 우울이나 사회적 관계의 많은 변동이 없기 때문에 초기 개입의 중요성과 사회적 관계 활성화의 필요성을 강조하였다.

국외에서는 스넬이 1인가구와 외로움의 증가가 어떠한 연관이 있는지 사회과학적 관점에서 논의하였다. 1960년 이후에 많은 국가들에서 1인가구가 증가하는 추세를 보였으며, 영국에서는 31%이며, 유럽과 북아메리카에서는 60%에 달하는 도시들도 있었다. 이러한 경향은 사회와 복지의 차원에서 외로움과 1인 가족의 관련성에 대한 문제를 제기하였다. 외로움은 사회-경제적 요소 그리고 개인의 역사적이고 심리 내적인 요소들과도 관련이 있지만, 1인가구와 같은 가구의 유형과도 관련이 있어서 현대 사회의 1인가구의 증가는 외로움과 관계가 있는 것으로 보았다.

위의 연구들이 1인가구와 우울감 또는 외로움과 같은 부정적인 정서와의 관계와 그 대안을 중심으로 고찰하였다면, 1인가구의 긍정적인 관점에 관한 연구가 있다. 클라이넨베르크는 노년의 1인가구가 다른 세대나 배우자와 사는 것 보다 더 건강하다는 의견을 제시하였다. 또한, 자아발견, 자유, 자아실현, 삶의 의미와 목적의 발견, 활발한 사교 활동 등이 1인가구가 가지는 큰 장점으로 설명하며, 1인가구와 외로움을 같은 것으로 여기는 것에 반대하는 견해를 제시하였다.

위의 선행 연구들을 정리하면, 1인가구와 외로움은 관련이 있으며 대인 관계적 연결감이 우울과 삶의 만족감에 효과적이라는 의견이 있다. 더불어, 우울과 사회적 관계는 시간이 흘러도 변동이 없으므로, 사회적 관계 활성화의 초기 개입이 중요하다는 의견이 있다. 한편 1인가구가 가지는 장점과 자녀나 배우자와 사는 것 보다 더 건강한 노년 1인가구가 있으므로, 1인가구에 대해서 외로움과 우울감의 단점만 생각하는 것은 무리가 있다는 의견이 있다. 이외에도, '남성 1인가구'와 '여성 1인가구'의 차이를 살펴볼 수 있었다. 60대 이상은 여성이 많아서 노년 1인가구 중 3/4이 여성이며, 20~50대는 남성 1인가구가 더 많았다. 특히 30대 청년 남성 1인가구가 가장 많은 점은 남성들의 결혼이 많이 늦어졌다는 점을 시사한다. 또한 중년기 이혼이 크게 늘고 있어서 이로 인한 중년 남성과 여성 1인가구가 모두 증가하는 추세임을 알게 되었다.

한편, 1인가구에 관한 국내와 국외의 선행 연구들의 한계점은 다음과 같다. 첫째, 1인가구의 우울, 삶의 만족감, 외로움에 가족 관계와 사회적 관계망의 중요성은 밝혔으나, 여성 1인가구의 연령별 생애 주기 변화에 따른 가족 관계 및 사회적 관계망의 특성을 제시하는 것에는 한계가 있다. 둘째, 여성 1인가구를 대상으로 절대자(하나님) 관계 경험 연구는 전무하고, 자연 생태계 관계 경험 연구도 대부분 양적 연구로서 여성 1인가구의 절대자(하나님) 관계 및 자연 생태계 경험에 대한 깊은 내면적 경험과 본질을 밝히는 것에는 한계가 있다.

따라서, 여성 1인가구의 연령별(청년, 중장년, 노년) 생애 주기 변화에 따른 가족 관계 및 사회적 관계망의 특성을 고찰하고, 해석학적 현상학의 질적 연구 방법을 활용하여 여성 1인가구의 인간관계, 절대자(하나님) 관계, 자연 생태계 관계 경험의 본질을 밝힘으로써, 여성 1인가구의 관계 경험에 관한 깊은 이해를 시도한 점이 이 책의 의의라고 할 수 있다.

II. 심리학과 신학으로 이해하기

여성 1인가구의 심리적 특성의 이해를 위해서 첫째, 에릭슨(Erikson)의 이론을 100세까지 확장한 캡스(Capps)의 생애 주기 이론을 중심으로 청년(19~34세), 중장년(35~64세), 노년(65~89세)의 '여성 1인가구'가 생애 주기에 따라서 경험하는 심리 내적 갈등 및 자기 성장의 특성을 살펴보고자 한다. 둘째, 생애 초기 '대상(첫 돌봄자)'과의 관계 경험이 평생 동안 타인과의 관계, 이성과의 관계 및 사랑, 성격 구조에 영향을 준다는 정신분석학적 대상관계 및 관계 욕구를 페어베른(Fairbairn)의 이론을 중심으로 살펴봄으로써, 여성 1인가구의 관계 욕구와 심리적 발달 정도에 따른 관계의 특성 및 심리적 문제에 대해 이해를 가지고자 한다. 셋째, 초월과 초월 욕구에 관해서 레비나스(Levinas)의 철학적 관점, 콘(Conn)과 스페리(Sperry)의 신학적, 심리학적 관점을 살펴보고, 초월을 통한 개인과 사회의 변화의 차원(심리, 영성[종교], 도덕, 신체, 지[知], 사회)을 13개의 자기-능력으로 살펴봄으로써, 여성 1인가구의 초월, 초월 욕구 그리고 자가능력에 대한 이해를 가지고자 한다. 넷째, 한국 사회와 가정에서 살아가는 '여성 1인가구'의 특성을 반영하며 심리 내적으로 영향을 미치는 하나님 이미지에 관해 리주토(Rizzuto)의 이론을 중심으로 살펴보고, 상담학적 관점에서 하나님 이미지와 하나님 개념의 통합의 중요성을 살펴보고자 한다. 마지막으로 여성 1인가구의 가족 관계 경험에 관해 목회신학적으로 이해하기 위하여 브라우닝

(Browning)의 비판적 가족주의(Critical Familism)를 중심으로 가정의 공평한 존중(Equal Regards)에 관한 신학적 이해를 가지고자 한다.

1. 생애 주기 이론

캡스의 생애 주기 이론은 삶과 신앙의 여정을 8단계로 구성한 에릭슨의 생애 주기 이론을 100세까지 확장하여 제시한다. 캡스의 이론에서는 각 성장이 10년 간격으로 균일하게 이루어진다고 가정한다면, 에릭슨의 이론에서는 심리 발달이 생의 전반부(0~18세)에 많이 이루어져서 8단계 중에서 5단계의 발달이 이때 이루어진다. 그리고 후반부(19세 이후)의 훨씬 긴 기간 동안에 나머지 3단계의 발달이 있다고 가정한다[표 1].

[표 1] 에릭슨의 생애 주기 8단계와 캡스의 생애 주기 10단계의 성장

에릭슨				캡스	
단계	관계	심리적 갈등	미덕(Virtue)	단계	자기의 성장
유아기 (0~1세)	어머니 역할	신뢰/불신	1. 희망	성인 전기 (0~9세)	1. 희망찬
초기 아동기 (1~3.6세)	아버지 역할	자율성/ 수치심, 의심	2. 의지		
놀이기 (3.6~5세)	원가족	주도권/ 죄책감	3. 목적		
학령기 (6~10세)	학교, 이웃	근면성/ 열등감	4. 유능감		
청소년기 (11~14세) (14~18세)	동료, 외부	정체성/ 정체성 혼란	5. 신실함	(10대)	2. 의지적
초기 성인기	친구, 연인 협력, 경쟁	친밀감/ 고립	6. 사랑	성인 초기 (20대) (30대)	3. 목적 지향적 4. 유능한
성숙기	가사, 노동	성숙(생산)성/ 침체성	7. 돌봄	중년기 (40대) (50대) (60대)	5. 신실한 6. 사랑을 베푸는 7. 돌봄을 베푸는

노년기	인류	통합/ 절망감	8. 지혜	노년기 (70대) (80대) (90대)	8. 지혜로운 9. 우아한 10. 인내하는

에릭슨의 생애 주기 이론에서 1~4단계는 출생-청소년기의 시작(0~10세)까지 이고, 5단계는 청소년기(11~18세)이며, 6~8단계는 성인기(19세 이후)이다. 한편, 캡스의 생애 주기 이론은 성인 전기(0~19세), 성인 초기(20~39세), 중년기(40~69세), 노년기(70~99세)이다. 이렇듯, 에릭슨과 캡스의 생애 주기 이론은 각각 8단계와 10단계로 성장의 단계 및 성장이 이루어지는 기간이 다르다. 또한, 성장의 특성에서도 차이를 보인다. 에릭슨의 이론에서는 각 단계에서 심리사회적 변화와 관계의 확대에 의한 심리적 갈등에 대해서 영혼(Spirit), 내면의 힘, 생명력과 연관이 있는(Capps) '8가지 미덕으로 자기 성장의 특성'을 설명하고, 캡스의 이론에서는 8가지 미덕에 '우아한 자기와 인내하는 자기'를 포함시켜서 10번의 자기 성장의 특성으로 설명한다. 성인 전기에는 희망찬 자기와 의지적 자기의 성장을 지향하고, 성인 초기에는 목적 지향적 자기와 유능한 자기의 성장을 지향한다. 중년기에는 신실한 자기, 사랑을 베푸는 자기, 돌봄을 베푸는 자기의 성장을 지향하고, 노년기에는 지혜로운 자기, 우아한 자기, 인내하는 자기의 성장을 지향한다.

에릭슨과 캡스의 생애 주기 단계에서 가장 주목을 끄는 변화는 첫째, 에릭슨의 이론에서는 0~10세 사이, 즉 10년에 걸친 심리적 갈등과 미덕의 발달이 캡스의 이론에서는 0~39세 사이, 즉 40년에 걸쳐서 성장이 이루어진다는 점이다. 수명을 100세로 연장하면서, 각 심리적 성장의 기간을 전반적으로 길게 예상한다. 특히, 에릭슨의 이론에서는 인생 전반에 걸친 관계의 태도에 영향을 주는 첫 돌봄자(어머니 역할)와의 관계에서 생긴 신뢰와 희망의 심리적 특성과 미덕이 유아기(0~1세) 1년 동안 발달한다고 설명한다. 그러나 캡스의 이론에서는 신뢰에서 발생하는 '희망찬 자기'로의 성장이 훨씬 긴 시간, 10년(0~9세)에 걸쳐 이루어진다고 제시한다. 이것은 '희망찬 자기'로 성장하는 데에 유아기(0~1세)에 주로 관계를 가진 첫 돌봄자(어머니 역할) 뿐만 아니라, 10년(0~9세) 동안 사회에서 관계를 가지는 모든 대상들이 영향을 줄 수 있다는 것을 암시한다.

캡스의 글에서는 '희망찬 자기'의 예로 에릭슨이 상담한 샘(치료 당시 5세)에 대해서 설명한다. 할머니의 죽음에 대해 죄책감을 느끼는 샘은 할머니의 죽음을 숨기고 거짓으로 이야기하는 어머니로 인해서 신뢰에 대한 갈등을 경험한다. 샘은 죄책감과 어머니의 거짓 이야기로 인해 자신과 어머니에 대한 신뢰를 잃는다. 5세에 에릭슨에게서 심리 치료를 받으며 죄책감을 표현하고, 자신의 탓이 아님을 깨달으며 자신에 대한 신뢰를 회복한다. 캡스는 부모님, 할머니뿐만 아니라, 심리 치료를 위해 그 갈등 역동에 참여한 에릭슨도 샘의 신뢰에 대한 갈등과 희망에 영향을 준 인물로 설명한다. 따라서 캡스의 이론에 의하면, 1인가구 여성의 '희망찬 자기'의 성장에는 0~9세에 관계를 가지는 부모님, 원가족, 학교, 이웃 등이 영향을 줄 수 있다.

'희망찬 자기'의 성장에서 어머니와 같은 타인이 주는 신뢰도 중요하지만, 샘 자신에 대한 자기 신뢰의 회복도 중요하다. '희망찬 자기'는 자신에 대한 신뢰와 타인이 주는 신뢰에서 생긴 희망으로 신뢰와 불신의 갈등에서 대처가 가능한 성장이다. 이처럼, 캡스의 열 번의 자기 성장과 에릭슨의 여덟 개의 미덕은 자기 자신과의 관계와 타인과의 관계가 관련이 있으므로, 1인가구 여성의 자기 성장도 '자신과의 관계와 타인과의 관계'가 모두 관련이 있음을 알 수 있다.

둘째, '의지적 자기와 목적 지향적 자기'와 관련 있는 '자율성 대 수치심과 의심, 주도권 대 죄책감'에 대한 심리적 갈등이 에릭슨의 이론에서는 1~5세에 신체, 생리, 놀이와 관련 있는 활동을 중심으로 보인다. 한편, 캡스의 이론에서 '의지적 자기'는 10대에 성장하고, '목적 지향적 자기'는 20대에 성장하여, 에릭슨의 이론보다 5배의 긴 기간 동안 성장한다.

에릭슨은 아동의 '자율성'이 성장하기 위해서는 이전에 '신뢰'가 성장하고 유지되어야 한다고 설명하였다(Capps). 새로운 미덕의 성장이 이전의 미덕과 연결되어 있어서, 새로운 미덕이 성장하기 위해서는 이전의 미덕이 성장하고 유지되어야 한다. 캡스에게 '의지적 자기'로 성장하기 위해 중요한 자율성은 자신이 "자유를 제한하고 어떤 행동을 선택하며 스스로 운명에 맞서려는 노력"(Capps, 110)이다.

'목적 지향적 자기'와 관련이 있는 '주도권 대 죄책감'의 갈등을 캡스는 20대로 위치시켰다. 이론의 배경이 되는 미국 사회에서 20대는 부모에 대한 의존 또는 기대에서 벗어나(죄책감과 연관), 일을 통해서 삶의 기본적 필요를 얻기 위해 주도적으로 선택하고 책임을 지는 시기이기 때문이다. 이러한 현상은 한국 사회에서도 유사하여, 캡스의 이론에 근거한 20대의 청년 여성 1인가구의 관계적 특성은 부모와의 관계에서 경험할 수 있는 '주도권 대 죄책감'의 심리 내적 갈등과 목적 지향적 자기의 성장이다. '목적 지향적 자기'로 성장하기 위해서는 20대에 가지는 주도적인 삶의 변화에 대해 죄책감에 머무는 것이 아니라, 타인의 반대에도 자신이 원하고, 자신에게 적합한 삶의 '목적'을 지향하는 '주도권'이 중요하다.

셋째, 40대에 성장하는 캡스의 '신실한 자기'는 에릭슨의 이론에서 청소년기(11~18세)에 보이는 정체성 대 정체성 혼란의 갈등에 도움을 주는 '신실함'의 미덕과 관련이 있다. 두 이론에서, 성장 기간이 각각 중년기와 청소년기로 다르고, 20~30세의 나이 차이는 있으나, 중년기와 청소년기의 공통된 심리적 특징인 '정체성 혼란'에 대해서 말하고 있다. 정체성 혼란은 자신이 무엇이고, 어디에 속해 있으며, 무엇을 향해 나아가는지에 대한 혼란이다. 중년기와 청소년기의 정체성 혼란은 '회심' 그리고 '신실함'을 위함이며, '신실한 자기'는 "본질적 정체성에 충실할 수 있도록 도와주는 자아"로서, 타인과 사회적 역할에 헌신할 수 있는 자아이다. 따라서, 캡스 이론에서 40대의 중년 여성 1인가구의 관계적 특성은 자신과의 관계와 타인과의 관계에서 경험할 수 있는 '회심과 신실함을 위한 정체성 혼란과 본질적 역할에 헌신할 수 있는 신실한 자기의 성장이다.

넷째, '사랑을 베푸는 자기'는 캡스의 이론에서는 50대의 성장이며, 에릭슨의 이론에서는 초기 성인기(20~30대)의 '친밀감 대 고립'의 심리적 갈등과 관련이 있다. 필요한 미덕은 사랑이며, 각각 중년기와 초기 성인기로 성장 기간이 다르다. 캡스의 '친밀감'은 자신의 부분으로 받아들이지 못했던 것을 자신의 부분으로 인정하고 수용하는 자신과의 '화해'와 관련이 있다. 자신의 유년 시절과의 친밀감과 화해, 자녀와 부모, 배우자 또는 오랜 동료와의 관계 등의 다양한 관계에서 '친밀감 대 고립'의 경험이 가능하다. 50대의 중년 여성 1인가구의 관계적 특성은 자신, 부모와 배우자를 포함한 타인과의 관계에서 경험할 수 있는 '인정, 수용, 화해의 친밀감 대 고립의 갈등' 및 사랑을 베푸는 자기의 성장이다.

다섯째, '돌봄을 베푸는 자기'는 캡스의 이론에서는 60대의 성장이며, 에릭슨의 이론에서는 성숙기(40-50대)의 '성숙(생산)성 대 침체성'의 심리적 갈등과 관련이 있으며, 미덕은 돌봄이다. 에릭슨과 캡스의 '성숙성'은 서로의 상호성을 통해서, 자신과 상대방의 능력과 잠재력을 모두 성장시킨다. 65세 이상의 노년 여성 1인가구의 관계의 특성으로 자신 및 타인과의 관계에서 서로의 잠재력을 성장시키는 '성숙성 대 침체성의 갈등'과 돌봄을 베푸는 자기의 성장을 캡스의 이론은 제시한다.

여섯째, 캡스는 노년기의 성장을 70대(지혜로운 자기), 80대(우아한 자기), 90대(인내하는 자기)로 구분하였다. 70대의 '지혜로운 자기'는 에릭슨이 제시한 노년기의 '통합 대 절망감'의 심리적 갈등과 연관이 있으며, 미덕은 지혜이다. 에릭슨에게 '통합'은 자신의 생애 주기를 수용하는 것이며, 수용은 부모를 탓하는 것에서 벗어나서 자신의 삶에 대한 책임을 받아들이는 것이다. 캡스의 '통합'도 자신의 삶에 대한 수용과 이에 기반한 평정감이며, 통합을 위한 전략은 '여러 해 동안 진행될 활동에 참여하기, 자신, 자녀, 손주들에게 관심을 가지기, 가족 중에서 본이 되는 연장자 모방하기, 어린 시절의 어두운 기억을 어루만져 과거의 기억을 재창조하기'이다.

에릭슨의 이론과는 달리, 80대의 성장을 캡스는 '우아한 자기'로 제시하고, '해방 대 통제' 갈등과 관련이 있다고 설명한다. '우아한 자기'의 우아함은 윤리적 이상과 은혜(Grace)와 관련이 있으며, 배려하는 관계 속의 아름다움이다. 신의 은혜로 주어진 80대는 '우아한 자기'로의 성장이며, '해방 대 통제' 갈등이 있다. 해방은 의무나 일로부터의 자유를 말하며, 통제는 자녀와 부모 관계에서 두드러진다. 따라서 '우아한 자기'의 특성은 우아함, 은혜, 적은 통제와 많은 해방이다. 또한 '인내하는 자기'는 90대에 성장하며, '욕구 대 투쟁'의 심리적 갈등을 보인다. 90대에는 외부로부터 오는 고난보다는 신체, 심리와 같은 인간의 내부에서 겪는 고난에 인내를 필요로 한다. 따라서, 캡스의 이론에서 80대의 노년 여성 1인가구의 관계적 특성은 자신과의 관계와 자녀 관계에서 의무나 일로부터 자유로운 '해방 대 통제의 갈등'과 적은 통제, 많은 해방, 배려가 특징인 우아한 자기의 성장이다.

이와 같이 캡스의 생애 주기 이론을 중심으로 청년(19~34세), 중장년

(35~64세), 노년(65~89세)의 여성 1인가구들이 생애 주기에 따라서 경험하는 보편적인 심리 내적 갈등 및 자기 성장에 관한 이해를 가졌다.

2. 관계 욕구와 대상관계이론

대상관계이론은 생애 초기 '대상(첫 돌봄자)'과의 관계 경험이 평생 동안 이성을 포함한 타인과의 관계, 이성과의 사랑, 성격 구조에 영향을 준다고 제시하였다(Kernberg, 1984). 대상과의 "'관계'의 차원"(유영권, 2014, 76)은 개인의 성격 구조 및 인간관계 뿐만 아니라 개인의 절대자(하나님) 관계를 이해하는 데에도 도움을 준다. 이러한 관점에서, 페어베른의 대상관계이론은 여성 1인가구의 '관계 욕구'에 대한 갈망 및 심리적 발달 정도에 따른 이성을 포함한 타인과의 관계의 특성 및 심리적 문제에 대한 이해를 제공한다.

초기 정신분석 이론에서 프로이트(Freud)와 클라인(Klein)은 인간의 긴장을 감소시켜주는 쾌락이 행동의 동기가 되는 욕구로 보았으며, 욕구를 충족시키는 인간, 무생물, 환상을 포함한 추상적인 생각 등의 '대상(Object)'은 이러한 쾌락의 욕구를 만족시키기 위한 수단이었다. 대상관계이론(Object-relations theory)에서 대상(Object)은 개인이 관계를 가지는 타인이며, 대상관계(Object-relations)는 개인에게 어머니처럼 중요한 대상과의 관계이다(권석만, 2014). 이런 중요한 '대상'에 의해 개인은 특정한 감정을 느끼기 때문에 '대상'과 개인의 '감정'은 밀접한 관련이 있다고 알려져 있다.

한편, 프로이트와 클라인 이후의 정신분석학적 대상관계이론가들 중의 하나인, 페어베른에게는 대상을 통한 쾌락의 욕구 충족이 행동의 목적이 아니라, 쾌락의 욕구 충족은 대상과의 관계를 위한 수단이다(Fairbairn). 즉, 행동의 동기이자 목적이 대상과의 관계이다. 프로이트와 클라인의

심리성적인 리비도(libido)가 페어베른에게는 "대상-추구 욕구의 긴장감"이
며, '관계 욕구'를 인간의 가장 핵심적인 본능적 욕구로 보았다. 혼자 생활하
는 '여성 1인가구들'이 본능적 욕구인, 관계 욕구를 충족시키는 과정에서
드러난 관계적 특성을 이해하기 위해서 페어베른의 관계의 세 단계의
이론을 살펴보고자 한다.

1) 페어베른의 관계의 세 단계

페어베른은 인간관계에서 관계와 정서가 '의존적인 관계에서 상호적
인 관계'로 발달하는 정도에 따라 '유아적 의존 단계(Stage of Infantile
Dependence)', '중간 단계(Stage of Transition between Infantile Dependence
and Mature Dependence)', '성숙한 의존 단계(Stage of Mature Dependence)'로
구분하였다.

> 이러한 체계(유아적 의존 단계, 중간 단계, 성숙한 의존 단계)의 차이를 나타
> 내는 특성은 대상-관계의 성질에 근거한다. 심리성적인 욕구(libidinal at-
> titude)는 부차적인 것으로 밀려난다.[2]

페어베른의 미성숙한 유아적 의존 단계의 특성은 출생 이전에 어머니와
심리 상태가 융합되었던 상태를 생후 몇 개월 동안 지속하는 유아의 심리
상태에서 살펴볼 수 있다. '유아적 의존 단계'에서는 어머니와 분리된 존재임
을 인식하지 못하고 융합한 어머니에게 강박적인 애착을 가지는 유아적인

---

2) Fairbairn, 2009, 39.

특성을 보인다. 차츰 분리를 받아들이고, 강박적인 애착이 느슨해지며, 의존적인 관계에서 벗어나면서 상실감을 맛본다. 익숙하지 않은 분리의 관계에 대한 두려움과 분리로 인한 대상 상실의 큰 아픔 앞에서 다시 대상(외적, 내적)과의 융합의 상태로 돌아가는 퇴행과 온전한 분리로 나아가는 발달 사이의 과도기적 갈등의 시기가 페어베른의 '중간 단계'이다. 마지막으로, '성숙한 의존 단계'는 분리된 개인이 분리된 대상을 만나며, 상호적인 교환과 협력이 가능한 "조건적인 의존"(Greenberg & Mitchell, 1999, 263)의 관계이다.

2) '유아적 의존 단계'와 심리적 문제

성숙한 의존의 관계로 발달하기 위해서는 자신이 사랑받고 있으며, 자신의 사랑도 가치가 있다는 믿음이 필요하다(Greenberg & Mitchell, 1999). 이러한 믿음 형성에 정서적인 친밀감과 돌봄을 제공하는 대상과의 관계가 구강기 단계에서 필요하다. 이러한 욕구를 돌봄자와의 관계에서 충족하지 못하는 경우, '유아적 의존 단계'에 머무르며, 유아적인 의존적 상황은 정신병리의 주된 원인이라고 페어베른은 설명하였다.

예를 들면, 초기 구강기(빨기) 단계에서 대상관계의 실패를 경험한 유아는 자신의 구강기적 '의존'에 대한 대상의 거절을 느끼고, 자신을 탓하며 모든 관계에서 철수하는데, 이것이 정신분열증의 원인이다. 또한, 후기 구강기(깨물기) 단계에서 대상관계의 실패를 경험한 유아는 자신의 깨물기(공격성 또는 생존을 위한 적극적인 표현)가 대상을 밀어냈다고 죄책감을 느끼며, 우울증적 성격을 구성한다. 이와 같이, 유아는 어머니를 좋은 대상으로 생각하고자, 대상의 나쁜 것은 분리해서 유아 자신 안에 내면화하여 동일시하고 나쁜 대상을 억압하고 애착한다. 억압된 나쁜 대상이 곧 정신병리의 원인을 제공한다.

이제까지 여성 1인가구의 관계 욕구와 심리적 발달 정도에 따른 이성을 포함한 타인과의 관계의 특성 및 심리적 문제에 대한 이해를 돕기 위해서 페어베른의 관계 욕구와 관계의 세 단계에 관한 이론을 간략하게 살펴보았다.

3. 초월 욕구

1) 레비나스의 초월과 콘의 초월

레비나스는 철학적 관점에서 '타자, 주체성, 초월, 향유, 윤리' 등에 관해 논한다. 그의 철학은 삶의 불안과 걱정보다는 행복, 즐김, 누림, 향유를 통한 세계와 개인과의 관계를 강조한다. 그의 철학적 사유가 강조하는 행복과 향유가 결코 가볍게 다가오지 않는 것은 '타자, 주체성, 초월, 윤리'와 같은 깊은 의미의 개념들을 포함하고 있기 때문이다. 향유와 윤리가 자신과의 관계와 타인과의 관계에서 모두 가능한 개념이라면, 타자, 주체성, 초월은 타인과의 관계를 필요로 한다.

레비나스에 의하면, 다양한 활동과 영역에서 한 인간이 존재하고 누리는 '향유'가 인간의 고유한 내면을 구성하고, '타자'와 분리시킨다. 이렇게 분리된 자신은 자신의 존재를 드러내기 위해 '타자'의 존재를 받아들이지 않거나 없애려고 하는데, 이것이 레비나스 철학에서는 "근본 악(惡)"(강영안, 2006, 23)이다. 타자의 존재를 죽이고 자신을 드러내는 것을 레비나스는

'악'으로 보았으며, 이러한 악의 극복을 위한 선(善)으로 '주체성과 초월'을 레비나스는 제시한다.

레비나스의 초월은 "'사랑'을 통해 타자를 위한 존재"(강영안, 2006, 38)가 됨으로써, 자신의 한계를 초월해서 타자와 타자의 미래까지 확장되는 경험이다. '주체성'은 윤리적인 관계 속에서 나오는 다른 타자를 수용하고 환대하며, 고통이 수반되더라도 타자를 위해 책임지고 대신 짐을 짊어짐으로써 실현될 수 있다. 따라서, 레비나스의 철학에서 타자는 '나'를 위협하는 존재가 아니라, 자신의 내면과 가족으로 이루어진 나의 세계로부터 '나'를 밖으로 초월하게 해주는 존재이며, 자신의 안위(安慰)를 위한 이기심을 깨닫게 하는 존재이다. 따라서 "타인이 나에게 일깨워준 책임은 나를 움직이고, 살아있게 만들며, 나를 고귀한 영적 존재로 만든다"(강영안, 2006, 185).

정리하면, 레비나스의 '초월'은 철학적 관점에서 인간의 '악'을 극복하기 위한 '선'이다. 나의 세계와 이기심으로부터 나를 벗어나게 하는 타인을 윤리적인 관계에서 환대하고 수용하며 선한 행위를 함으로써, 나의 존재가 "타자를 위한 존재"(강영안, 2006, 153)가 되는 것이다.

한편, 콘은 신학과 심리학적 관점에서 '자기초월'에 관하여 논하였다. 콘에 따르면, 심리학적 개념인 자기(Self)는 관계 속에 존재하는 하나의 개체로서, 자기 자신이고자 하는 욕구와 타인, 신, 세계와의 관계에서 자신을 뛰어넘어 초월하고자 하는 욕구가 뒤얽혀있다. 자기는 본래 선(the Good)에 연결되어 있어서, 본성적으로 "자기는 선을 향해 자신을 뛰어넘어, 자신을 초월하기를 갈망"한다. 콘이 제시한 자기초월의 두 측면 중에서, 자기 자신이고자 하는 욕구는 "분리, 분화, 자율성을 위한 열망"(오방식, 2013, 272)과 관련이 있다. 한편, 다른 한 측면인, 타인, 신, 세계와의 관계에서 자신을 뛰어넘어 초월하고자 하는 욕구는 "애착, 통합, 관계를 위한 열망"(오방식, 2013, 272)과 관련이 있다.

따라서 콘의 '자기초월'은 심리학적 관점에서는 자신이고자 하는 욕구와
타인, 신, 세계와의 관계 속에서 선을 향해 자신을 뛰어넘고 싶은 욕구가
얽혀있는 인간의 기본적인 욕구이며, 신학적 관점에서는 타인에 대한 사랑
과 섬김에 관한 소명에 관한 것이다. 콘과 레비나스의 초월의 정의를 반영한
'초월'은 '자신과 타인과의 관계에서 사랑의 주체로서 역할을 감당하는
것'이다.

2) 스페리의 초월과 자기-능력(Self-capacities)

스페리에게 초월은 콘의 초월과 유사한 심리적이고 종교(영)적인 개념을
포함하며, 이외에도 도덕, 신체, 지(知), 사회의 차원을 포함한다. 그에게
심리, 종교(영), 도덕의 차원들은 서로 상관관계가 있으며[표 2], 초월을
통해서 개인과 사회의 변화를 이루는 것을 목회 상담의 목표로 삼았다.
스페리는 개인과 사회의 변화의 차원을 심리, 영성(종교), 도덕, 신체, 지(知),
사회의 6차원으로 구분하였으며, 개인, 관계, 사회에서 기능하기 위해 필요
한 자가능력으로 제시하였다. 스페리가 제시한 자가능력의 유형 및 정의를
요약하여 [표 3]에서 살펴보고자 한다(Sperry, 2011, 153-154).

여성 1인가구의 관계 경험과 초월 욕구의 관련성 및 심리적 특성을
이해하기에 앞서, 레비나스, 콘, 스페리의 이론을 중심으로 '절대자(하나님)
관계'와 관련 있는 '초월'에 관하여 살펴보았다.

[표 2] 도덕적, 영적 및 심리적 영역의 측면들과 변화의 상관관계(스페리, 2011, 55)

도덕적 영역	영적 영역	심리적 영역	변화의 메타-영역
미덕	영적 실천	자기-능력	변화의 차원들
절제, 체력	열망 변화시키기	자가-활성화, 자가-통제	신체적
동정, 자기-돌봄	마음 치유하기, 사랑하는 법 배우기	자가-인정, 자발성 자가-위로, 친밀감 자가-연속성, 창조성, 자율성	심리적
사랑, 거룩	영적 비전 자각하기	자가-포기(자율성)	영적(종교)
신뢰, 충실	윤리적으로 살기	헌신(친밀감)	도덕적
신중	지혜와 이해력 개발	비판적 반성	지적
정의, 꿋꿋함/용기	봉사하기	사회의식	사회(정치)

[표 3] 자기-능력의 유형 및 정의의 요약(스페리, 2011, 153-154)

자기-능력	정의
자가-활성화	자신의 개성 및 목표를 표현하고 성취하는 능력
자가-통제	욕구와 갈망을 조절 가능한 능력
자가-인정	자신의 가치와 대처에 대해 인정하는 능력
자발성	다양한 정서들을 억압하지 않고 적절하게 경험하는 능력
자가-위로	자신의 아픈 정서를 위로하는 능력
친밀감	거절에 대한 불안 없이, 가까운 관계에서 자신을 표현하는 능력
자가-연속성	내적인 자기가 확고하여, 늘 연속적인 능력
창조성	습관적인 패턴에서 벗어나 새롭고 독특한 패턴으로 대체하는 능력
자율성	버려짐이나 함입(陷入)에 대한 불안 없이, 자존감을 유지하며 혼자 있는 능력
자가-포기	친절과 긍휼함을 막는 이기심을 버리는 능력
헌신	개인, 공동체, 직업, 관계에 헌신하는 능력
비판적 반성	신념 또는 상황에 대해 객관적으로 분석하는 능력
비판적 사회의식	사회적 상황에 대해 윤리적 관점에서 분석하는 능력

4. 작용적 신학(Operational Theology)

하나님 개념과 하나님 이미지에서 '하나님'은 기독교적 신만을 의미하는 것이 아니라, 모든 종교의 신적 존재 그리고 종교를 가지고 있지 않은 이들에게는 인간보다 우월한 초월적인 존재로 여기는 절대자를 의미한다. 리주토에 의하면, 하나님 이미지(Image)는 유아와 첫 돌봄자(부모님, 조부모님, 형제자매)와의 관계에 의해 형성된 하나님에 대한 개인의 심리적 이미지이다. 한편, 하나님 개념(Concept)은 하나님에 대한 신학적이고 지적인 이해이다.

하나님 이미지가 의식적 차원보다 더 깊은 차원에서 개인적인 심리에 실재하고 삶에 역동적으로 영향을 준다고 하여 작용적 신학(Operational Theology)으로 설명하고, 하나님 개념은 신에 대한 개인의 의식적인 인식을 고백하는 것으로서, 신앙고백적 신학(Professed Theology)으로 설명한다(권수영, 2004). 리주토 이후의 연구들에서는 하나님 이미지에 개인의 초기 대상자들 뿐만 아니라, 각 국가의 배경을 이루는 집단적인 다양한 사상, 종교 및 문화적 배경들이 개인의 하나님 이미지에 영향을 준다고 제시하고 있다.

따라서 이 책의 주인공들은 '여성 1인가구'라는 공통된 배경을 가졌지만, 그들의 삶에 실제적으로 작용하는 하나님 이미지는 매우 개인적인 것이어서 일반화하기는 어렵다는 것을 알 수 있다. 또한 하나님 이미지는 의식적인 차원보다 좀 더 깊은 차원이기에 1인가구 여성들 뿐만 아니라, 대부분의 사람이 하나님 이미지로 이야기하는 것은 하나님 이미지보다는 하나님 개념인 경우가 많음을 알 수 있다.

실제 삶에서 하나님 이미지와 하나님 개념의 불일치가 심리적으로 어려움을 가져오기 때문에 심리 상담에서 내담자의 삶과 정서에 역동적으로 영향을 주는 하나님 이미지를 밝히는 작업은 중요하다. 이러한 심리적 어려움에 심리 상담적 접근으로 하나님 이미지의 개선을 도운 연구(조영진, 2017) 그리고 하나님 이미지 변화를 위한 상담 모델을 제시하는 연구(심정연, 2016)들이 계속되고 있다. 연구들은 작용적 신학의 하나님 이미지 변화를 위해서는 '좋은 대상과의 관계 경험'이 매우 중요하다고 공통적으로 강조한다.

5. 비판적 가족주의(Critical Familism)와 공평한 존중 (Equal Regards)

브라우닝이 건강한 가족문화를 위해 제시한 비판적 가족주의(Critical Familism)를 중심으로 여성 1인가구의 인간관계 경험에서 '가족'과의 관계에 대해 이해하고자 한다. 이를 위해서, 브라우닝이 설명한 비판적 가족주의와 공평한 존중(Equal Regards)의 가족 윤리 그리고 한국의 가족과 공평한 존중에 대해서 살펴본다.

1) 브라우닝의 가족 윤리

브라우닝이 제시한 비판적 가족주의(Critical Familism)에서 남편과 아내는 하나님 형상(imago Dei)을 지닌 동등한 존재이다.

하나님이 자기 형상 곧 하나님의 형상대로 사람을 창조하시되 남자와 여자를 창조하시고(창세기 1:27).

동등한 존재들로 이루어진 기독교 가족의 재정립을 위해 브라우닝은 세 가지 제안을 하였다. 첫째, 남편과 아내 모두는 자기-희생, 인내, 헌신, 용서로 이루어진 예수의 극적인 사건을 수행할 수 있으며, 이러한 순간을 위해서 부름 받았다. 이러한 "희생의 순간에 신성한 힘이 부여된다"(Browning, 1996, 189). 자신의 사랑에 대해 배우자의 보답이 없음에도 가능한 깊은 사랑이 결혼과 가족을 이루는 남성과 여성에게 필요하다고 제안하였다.

둘째, 희생적인 사랑과 공평한 존중(Equal regards)의 사랑을 제안하였다. "네 이웃을 네 자신과 같이 사랑하라"(마태복음, 22:39), "그러므로 무엇이든지 남에게 대접을 받고자 하는 대로 너희도 남을 대접하라 이것이 율법이요 선지자니라"(마태복음, 7:12)의 두 말씀은 이웃(남편)과 자신에 대한 사랑에 대해서 설명한다. 자신도 사랑하고 이웃(남편)도 그만큼 사랑하라는 의미이다. 예수께서 교회에 사랑으로 양분을 주고 보호하듯, 우리도 배우자에게 사랑으로 양분을 주고 보호하기를 제안하였다. 목적으로서의 자기-희생이 아니라, 배우자 또는 이웃과의 관계를 공평한 존중의 더욱 이상적인 관계로 회복하기 위함이다(Janssens, 1977: Browning, 2007에서 재인용).

이와 같이 남편들도 자기 아내 사랑하기를 자기 자신과 같이 할지니 자기 아내를 사랑하는 자는 자기를 사랑하는 것이라. 누구든지 언제나 자기 육체를 미워하지 않고 오직 양육하여 보호하기를 그리스도께서 교회에게 함과 같이 하나니 우리는 그 몸의 지체임이라(에베소서 5: 28-30).

셋째, 가족과 결혼의 생애 주기에 따라서 사랑의 형태와 배우자의 역할이 다르므로, 희생적인 사랑과 공평한 존중의 사랑 사이에 적절한 균형을 위해서 생애 주기와 결혼 생활 주기를 참조할 것을 제안하였다. 한 예로,

자녀가 성장하고, 아내도 사회에서 활동하는 시기가 되면 남편은 활동적이고 보호하는 역할을 양도한다. 이렇듯, 생애 주기에 따라서 가정에서의 역할이 뒤바뀌기도 하므로, 희생은 일시적이고 과도기적인 것이며 평등은 생애 주기 전반에 걸쳐서 이루어진다. 희생이 끝이 아니라 훨씬 깊어진 공평한 존중에 기여한다는 것을 신뢰하면서, 남편과 아내가 공평한 존중과 자가-희생의 리듬을 서로 이해하는 것이 필요하다고 제시하였다.

브라우닝에게 공평한 존중의 가족 윤리는 남편과 아내가 서로 무조건적인 존경으로 대하여 서로의 행복을 강화시키는 것으로써, 아내와 남편 모두가 공적인 세계와 사적인 세계의 특권과 책임감에 공평하게 접근하는 것이다. 이러한 공평한 존중의 윤리가 반영된 비판적 가족주의는 부부 사이의 평등, 자녀의 행복, 가족 구성원의 개인적 성장보다 가족 일체감(Togetherness)을 우선시하는 가족주의와는 다르다(Browning). 비판적 가족주의는 가족들 사이에 공평한 존중의 실현을 방해하는 힘을 드러내고 비판함으로써, 가족 단결과 공평한 존중의 윤리가 조화를 이루지만 부모의 권위를 없애는 것은 아니다. 가족 구성원들 사이에서 서로 존경하는 관계로 성장하도록 자녀들을 양육하고, 공평한 존중과 대화를 촉진시키기 위해서 부모의 권위를 활용한다. 다른 가족 구성원들의 유익을 위해서 노력하고 존경하는 윤리적 의무와 그들에 의해서 자신의 유익도 촉진되고 존경받을 권리도 지닌다.

2) 한국의 가족과 공평한 존중

현대화와 개인주의가 초래한 미국의 가족 붕괴 현상이 한국에서는 어떠한지 관심을 갖게 된, 브라우닝은 제2차 세계대전과 일본의 강점기 이후에 한국의 유교적인 가족 문화를 현대화가 크게 변화시켰음을 알게 되었다. 그가 이해한 한국의 유교적 가족의 아버지는 주로 사회에서 활동하고, 유교적 덕목을 배우고, 조상을 위한 의례를 따르며 명예를 얻었다. 가사와 가족을 돌보며, 주로 집안일을 하는 종속적인 신분의 어머니는 가문과 대를 잇는 아들을 중요시하는 문화에서 성공한 아들이 그녀의 큰 명예가 되었다. 자녀들은 부모를 존경하도록 배웠으며, 대부분의 유산을 물려받은 장자가 주로 부모를 모셨다.

19세기 미국의 중산층 가족은 남편들이 임금 노동을 하면서 시작했고, 가족법과 기독교 부흥은 가족에 더 책임감을 갖게 하였다. 한편, 미국 가족에서 보였던 개인주의와 가족 붕괴가 2000년대 현대화에 대립하는 종교철학적 이념의 영향으로 한국의 유교적인 중산층 가족에서는 덜 나타났다고 브라우닝은 생각하였다. 제2차 세계대전 이후부터 유교의 왕에 대한 아버지의 충성이 회사와 국가의 부와 명예를 위한 아버지의 기여로 변화되었고, 아버지들은 도시로 모여 들었다. 아내는 가정을 위해 일하는 남편을 돕고, 자녀들의 교육에 집중하였으며, 유교의 영향으로 여전히 자녀의 교육적 성공을 명예롭게 여겼다. 미국 가족에 비해 한국 가족이 시댁에 좀 더 결속력을 가지며, 중산층 여성의 직장은 자기 성취보다는 가족에 보탬이 되기 위한 것이다.

살펴본 바와 같이, 가정 밖의 일과 가정 안의 일에 대한 책임과 특혜가 남편과 아내에게 공평하게 이루어지지 않으므로, 한국 가족에서 공평한 존중은 아직 실현되지 않은 것으로 브라우닝은 지적하였다. 또한 서양에 비해 이혼율이 낮지만, 직장에 충성해야 하는 아버지와 자녀들의 교육과 성공, 조상에게 예를 보여야 하는 어머니의 높은 압박감은 이혼율을 높일 가능성이 있다고 보았다. 이러한 한국과 미국의 건강한 가족을 위해서 공적인 삶과 사적인 삶의 개혁을 요구하는 공평한 존중의 필요성을 제안하였다(Browning). 브라우닝이 제시한 비판적 가족주의(Critical Familism)와 '공평한 존중(Equal Regards)'은 한국의 '여성 1인가구'의 가족 관계 경험을 목회신학적으로 성찰하는 데 도움을 줄 것이다.

2장

한국의 여성 1인가구

I. 청년, 중장년, 노년 여성 1인가구

본 장에서는 11인의 여성 1인가구들의 인터뷰 내용을 정리하여 가명으로 소개한다. 4인의 청년 여성 1인가구, 4인의 중장년 여성 1인가구 그리고 3인의 노년 여성 1인가구의 이야기이다. 더불어, '여성 1인가구의 관계 경험의 본질'을 드러내기 위하여 van Manen(1994)의 해석학적 현상학에 근거하여 인터뷰 내용을 분석하고 해석하여 소개한다.

1. 4인의 청년 여성 1인가구

1) 이은아 이야기

이은아는 서울에서 거주하는 31세 여성이다. 경기도에서 태어나서 14세까지 그곳에서 생활하다가, 15세에 유학을 위해 미국으로 혼자 보내졌다. 1인가구로 생활한 것은 그때부터 지금까지 16년째이다. 그녀의 1인가구 경험의 색상은 핑크색이며, "내 개성대로, 내가 원하는 대로⋯ 진짜 맘대로 살 수 있는" 삶을 의미한다.

미국에서 대학을 졸업하고, 유럽, 중동, 동남아시아 등의 여러 국가에서 외국계 기업에서 일을 하며 생활하였다. 현재는 2020년부터 서울에서 생활하며 직장에 다니고 있다. 가족은 엄마, 아빠, 남동생이 있지만 함께 살지는 않는다. 초등학교 때까지 부모님이 사업으로 바쁘셔서, 낮에는 주로 친할머니와 친할아버지께 맡겨졌다. 어렸을 때부터 "부모가 있기는 한데, 그냥 고아 같은 느낌"이었다. 4~5세부터 엄마의 학대와 폭력, 아빠의 방관 그리고 학교에서는 '왕따'를 경험하였다.

1인가구로 생활하며, 깊고 끈끈한 관계를 이어가고 있는 사람이 생겼다. 2년 전부터 자신처럼 아픈 가족 이야기를 가진 이웃 언니는 "엄마" 같다. 현재 가족은 4년 동안 함께 살고 있는 강아지이다. 상호적이고, 변함이 없으며, 혼자가 아니라는 것을 상기시키는 강아지에게 외로운 마음도 풀고, 사랑의 표현도 맘껏 한다.

유학 동안, 일요일이면 한인교회에 나갔고, 좋은 말씀, 좋은 사람들, 자신도 뭔가 씻기고 자신의 선함이 부각되는 느낌을 받았다. 학교도 가톨릭 학교여서 채플시간도 있었고, 힘든 일이 있으면 혼자 채플실에 가서 많이 울고 뭔가 위로를 받기도 하였지만, 하나님이 계신다는 믿음은 없다. 요즘은 힘들 때, 교회나 성당보다는 절에 가서 가만히 앉아 있거나, 집에서 다도와 음악으로 마음을 추스른다. 절대자(하나님)의 이미지는 '대자연과 부처'의 모습이다. 절대자(하나님) 안에서 인간은 아주 작은 존재이며, '모든 것을 다 정해 놓으신' 것 같다.

2) 서예림 이야기

서예림은 경기도에서 6개월 전부터 혼자 생활하고 있는 33세 여성이다. 1인가구로 생활하고 직종을 바꾸면서, 사람들이 더 좋아지고 주변 사람들한테 관심이 많이 생기는 요즘이다. 집이 재개발되어, 본의 아니게 혼자 살게 되었다. 그녀에게 1인가구의 삶은 초록색이다. "자유롭고, 제가 지금 긍정적인 느낌으로 살고 있으니까, 좀 기분 좋아지는 자연"의 색상이 연상된다.

1인가구로 생활하며 코로나와 다리 깁스로 한 달 동안 많이 불편했고, 주말부부로 주중에는 혼자 지내며 우울해 하는 엄마를 생각하면 지금도 눈물 짓게 된다. 그래도 먹고 싶은 것을 먹을 수 있고, 많이 좁지만 인테리어를 본인의 취향대로 꾸미는 것은 많이 좋았다.

시골에서 친할아버지, 친할머니, 부모님과 함께 살았는데, 엄마는 계속 일로 바빴고, 아빠에 대한 기억은 없다. 4살에 성당에서 집에 왔는데, 외롭고 우울하고 죽고 싶다는 생각을 했다. 초등학교와 중학교에서 자신이 애들을 괴롭히고 소외시키고 폭력적이어서 친구들이 없었다. 그래서 언제부턴가 친구들은 가상에서 만나는 게임하는 친구들이다. 주로 게임에서 만나고, 게임하며 살아가는 이야기도 나누며, 오래된 사람들은 실제로 만나기도 한다. 현재 남자친구도 그들 중의 한명이다.

26세에 부모님 앞에서 자살을 시도한 경험과 첫 직장의 인간관계에 의한 트라우마 경험이 있다. 그러나 머지않아서 격려하고 이야기를 나누는 동료들이 하나, 둘 생기면서 관계와 일에서 즐거움을 느끼기 시작했다. 롤 모델인 상사처럼 직원들을 격려하고 마음을 헤아리는 역할을 하고 싶은 목표도 생겼다. 현재 제일 의지하는 사람은 남자친구이며, "시련을 줬다가 사랑을 줬다가" 그렇게 자신을 성장하게 하는 사람이다. 이러한 이미지가 그녀에게는 절대자(하나님)의 이미지이다. 어릴 때에는 엄마와 성당에 다녔고 아빠는 무교였다. 고등학교 시절에 엄마가 기독교로 바꾼 후에 그녀도 무교가 되었다.

요즘은 종교적인 훈련보다는 '사람들과 자연'을 통해서 에너지를 얻는다. "사람하고 말하는 게 에너지를 얻게 되는 거죠" 지금은 직접 만나서 어울리며 이야기하는 것과 출퇴근길에 보이는 새벽 별과 밤하늘의 별, 하늘, 구름을 넋 놓고 보는 것을 좋아한다. 잡생각을 없애고 머리를 비우는 시간이다.

3) 전유미 이야기

전유미는 29세 여성으로 경기도에서 생활하고 일하는 직장 여성이다. 18세에 프랑스에서 유학하는 동안 혼자 살기 시작해서, 어느덧 1인가구가 된 지 11년이 되었다. 7년 반 동안 프랑스에서 지내다가, 코로나로 귀국한 후에 여러 지방을 옮겨 다니며 생활하였다.

'여성 1인가구의 첫 날'을 프랑스에서 보냈는데, 장보기조차 혼자 해 본 적이 없어서 마켓에서 한꺼번에 많은 물건을 담았다. 20kg이 넘는 봉투를 찢어진 채로 간신히 집까지 가져왔다. 혼자 산다는 것이 좋기도 하지만, '장점과 단점이 강력'하여, 서로 보색인 빨강과 파랑을 섞으니 보라색이다. 어느 정도 큰 틀이 있는 다른 가구 형태에 비해서, 1인가구의 스토리가 더 다양할 것 같다고 그녀는 생각한다.

초등학교 때 부모님이 이혼하시고, 외동딸인 그녀는 엄마와 살았다. 이후에 한참이 지나서, 엄마와 동거 관계로 지내는 분을 '아빠'라고 부르며 함께 살았다. 현재 친아버지와는 연락을 끊고 지낸다. 부모님의 이혼의 주된 이유가 친할머니의 아들 출산에 대한 압박이었다. 자신도 괴롭힘을 많이 당해서, 성인이 되자마자 엄마 성으로 바꾸었다. 현재 남자친구가 가장 중요한 인물이지만, 결혼제도가 싫어서 '비혼주의자'이다. 결혼하고 헤어질 때, 여성에게 얼마나 불리한 상황인지 잘 보았다. 오히려 현재 아빠와는 동거 관계임에도 잘 사는 것과 프랑스의 동거제도를 보면서 비혼주의자가 되었다.

자연 생태계 관계에서 자연은 말로 형언할 수 없이 그저 느낄 수밖에 없지만, "나도 모르는 구석들이 밝아지는 느낌"을 준다. 그래서 일상이 자연 속의 피크닉이다. 친구들과 하늘, 잔디, 풀 냄새, 날씨, 노을을 잔디 위에 앉거나 누워서 느낀다. 친구들과 함께 편안함, 자유로움, 치유를 경험하고 싶다.

4) 오주은 이야기

서울에서 '혼자 대학 생활'을 하면서 오주은은 1인가구가 되었다. 8년차 1인가구로 현재 28세이다. 이직을 준비하는 동안 대외 활동으로 청년 정책에 관한 기획을 정부기관들과 함께 하고 있다. 1인가구의 장점은 부모님의 간섭을 피할 수 있다는 것과 자유로움이다. 항상 혼자 있고 혼자 밥을 먹으며, 가구 조립 등의 도움을 받는 것이 어렵지만, 그녀에게 1인가구는 자신의 "가능성을 스스로 개발할 수 있는 시간"이다.

부모님이 두 여동생들을 돌보느라, 3녀 중에 첫째 딸인 그녀는 "케어"를 안 해주신다. "새엄마와 새아빠"라고 생각한 적도 있었다. 힘들 때에는 도움, 위로, 응원을 부모님한테서 받고 싶다. 특히, 아빠는 동생에게는 책, 도서관, 학원 등 지원을 넉넉하게 해주면서, 그녀에게는 그렇지 않아서 서럽다. 여린 체격에 여성스런 그녀의 성향은 무시하며, 21세가 되면 군대에 보낼 거라는 아빠의 말을 들을 때마다 많이 싫었다.

그녀를 강하게 키우고 싶었던 아빠가 그녀를 억지로 가파른 산으로 데려가는 것은 싫었지만, 산에서 오디를 따 먹고 배낭 가득 담아왔던 추억은 어린 시절의 소소한 행복으로 기억한다. 회사에서 실적 중심의 치열한 분위기에서 살던 그녀에게 자연 속의 산책은 그녀를 편안하고 즐기게 만드는 "치유의 시간"이다. 그녀에게 자연은 "평화가 실현이 되는 장소"이다.

기독교인인 그녀에게 하나님은 "믿고 싶은 존재"이다. 사회에서 억울한 일에 연루되었을 때, 그녀를 믿어주고 도와준 분들을 통해서 하나님을 경험하였다. 교회에서 "담대하라!"는 말씀을 붙잡고, 용기를 내어 시도했던 일들에서 좋은 결실을 얻은 것 또한 하나님 경험으로 기억한다. 어려서부터 엄마와 딸들은 교회를 다녔으며, 그때 배운 찬양과 추억이 생각난다. 대학 시절에 기독교 학생모임 동아리(CCC) 활동으로 찬송가를 많이 연주했고, 요즘은 성경 스터디 모임을 1주일에 1~2회 갖는다.

좋은 배우자를 만나서 "서로 아껴주고 사랑하는 그런 가족 문화"를 꿈꾸지만, 직장 생활을 하며 "사랑하기 싫어져야 된다"고 되뇌인다. 누군가를 좋아하면 일에서 좋은 기회를 포기해야 되기 때문이며, 한 사람을 사랑하고 그에게 올인했다가 나락으로 떨어질까 두렵기 때문이다. 현재 친구는 많지만, 진정으로 가깝다고 느끼는 사람은 없다. 그러나 "가족이 해주지 못하는 역할을 항상 따뜻하게" 맞아주는 1인가구 지원 센터의 매니저와 1인가구 멤버들을 만나며 각박하지 않은 사회와 희망을 느꼈다. 고슴도치 같이 뾰족했던 마음이 조금씩 열리는 요즘이다.

2. 4인의 중장년 여성 1인가구

1) 김혜진 이야기

52세의 김혜진이 1인가구가 된 것은 1년이 조금 안 되었다. 그동안 사이버 대학에서 학업을 시작했고, 학업과 관련된 봉사 활동 그리고 몇 개월 전부터는 요양보호사로 일하며 서울에서 바쁜 하루하루를 보내고 있다. 1인가구로 살아가는 그녀에게 "지금은 자신을 돌봐야 되는 시간"이며, 밝고 따뜻하지만 차분한 초록과 밝은 파랑색을 연상시킨다. 정돈, 위안, 안식이 있으며, 자신을 내려놓고 받아들이고 감싸주는 "안전한 나만의 공간"을 의미한다.

결혼 이후, 남편의 직장 때문에 계속 주말부부였으며 어린 자녀들은 그녀가 거의 혼자 키웠다. 자녀들이 성장한 후에 남편과 함께 살았는데, 가족 갈등, 우울증, 갱년기 증세가 심하여 현재 별거 상태이다. 대학생인 두 자녀는 남편과 생활한다. 가끔 자녀들은 만나지만 "단절된 상태"이며, 가족이 모두 상처를 주는 말들로 대화가 어렵다. 10세 이전에 그녀에 의해 폭력적으로 양육된 첫째 딸은 중학교 때부터 심리 치료를 받는다. 고등학교 시절에는 자살 소동이 있었고, 현재는 더 심해져서 자기만의 세상에 빠져있다. 둘째와도 계속 부딪치는 상황이이서 말과 인사도 거의 나누지 않는다.

○○도 시골에서 태어난 그녀는 언니들이 많은 막내딸이었다. 고3 때 아버지가 술로 돌아가셨고, 집에 대해서 기억하는 것은 중학교 때부터 "살얼음판 같은" 집과 자신의 생일에 있었던 부모님의 자살 소동이다.

"긴장의 연속"에서 생활해서인지, 혼자 사는 현재가 오히려 편안하고 행복하다. 혼자 사는 두려움과 외로움보다는 한 발짝 뒤로 물러나서 자신을 다독이고 자신에게 자유와 시간을 줘야 되는 시간으로 느낀다. "자기보호"가 먼저라고 생각한다.

시골 사람으로 시골을 좋아하는 그녀는 집에서 가꾸는 화초나 정원보다는 자연 속에서 "사계절의 변화되는 모습"을 보고 느끼며 활동하는 것을 좋아한다. 매일 공원, 산, 개천, 한강, 고즈넉한 능(陵) 등에서 자연과 햇빛을 보고, 걷고, 느끼며, 자연의 소리를 듣고, 사색하고, 관찰하는 편안함은 그녀 자신에게 주는 "선물"이다.

절대자(하나님)와의 관계는 현재 실족한 상태로 교회에 나가지 않는다. 하나님은 "진짜 내 편"이지만, 느낀 경험은 없으며 지금은 억울함, 분노, 서운함이 크다. 딸한테 많이 미안한 마음과 자신과의 화해가 하나님과 자신과의 관계에 숙제처럼 남아있다.

2) 윤수연 이야기

서울에서 10년 이상 1인가구로 살고 있는 윤수연은 38세 직장 여성이다. 대학 기숙사에서 생활하다가 대학을 졸업하고 일을 시작하며 완전히 독립하게 되었다. 그녀에게 1인가구의 삶은 무지개 빛깔이며, "뭔가 가능성이 열려있는 삶… 그 가운데에서 자기만의 색깔을 찾아나가는" 삶이다.

올해 결혼을 앞두고 있는 윤수연은 삶의 목표가 '행복하게 사는 것'이다. 인간관계에 대한 이미지로 초등학교 고학년 때, 저학년인 '사촌 동생을 엄마처럼 안아주었던 자신의 모습'을 연상하였다. 큰 아빠의 이혼으로 힘들어하던 사촌 동생을 향한 모성애는 실은 그녀가 그토록 받고 싶은 것이었다.

20대 초중반에 결혼한 그녀의 부모님은 그녀가 초등학교 1학년 때 이혼하고, 이후 각자 재혼하여 두 가정에서 동생들이 몇 명 생겼다. 이른 나이에 결혼하여 외로움을 많이 느꼈던 엄마의 입장을 이해하고, 하나님의 관점에서 부모님의 이혼도 해석이 되었다. 양가가 불교였는데 이혼 후에 아빠와 오빠, 모두 목회자가 되었다. 그녀 역시 하나님을 만난 것이 인생의 터닝 포인트이며, 심신이 치유되고 긍정적으로 변하는 계기가 되었다.

현재 가장 중요한 인간관계는 결혼 준비를 하고 있는 남자친구이다. '멀리 있는 가족보다는 가까운 이웃'이 함께 하면 큰 힘이 될 수 있다는 생각으로, 회사와 집 근처에 있는 사람들 중심으로 오픈 채팅방을 만들었다. 2년째 1개월에 1회씩 정기적인 모임을 갖고, 가끔 식사, 영화, 운동, 이야기 등을 함께 한다.

그녀에게 자연환경은 편안함, 스트레스 해소, 기분 전환, 더 밝아진 기운을 가져다준다. 주말에는 바다, 산, 캠핑, 자전거 타기 등으로 자주 자연과 함께 하며, 평일에는 종종 산책을 한다.

3) 홍진아 이야기

홍진아는 26세부터 21년 동안 혼자 살고 있는 여성이다. 프리랜서로 일하며 경기도에서 생활한다. 현재는 노후를 위한 일의 방향에 대해 고민 중이다. 그녀에게 1인가구의 삶은 단점보다는 장점이 우월하게 많다. 자유로움과 편안함과 함께 누군가에게 얽매이지 않으며, 자신에게 집중할 수 있어서 큰 불편함이 없다. 그녀의 1인가구의 삶에서 연상되는 색상은 병아리의 연노랑색이다. "뭔가 깨고" 막 나온 어린 병아리를 의미한다.

대학 졸업 후에 이탈리아에서 유학 생활을 하며, 그녀의 1인가구의 삶이 시작되었다. 8년 정도 유학 생활을 하였고, 그전에는 부모님과 오빠와 함께 살았다. 혼자 살며 이웃분들로부터 청소, 요리, 살림 등에 대해서 배웠다. 귀국해서 가족들과 생활하려고 했지만, 그녀만의 삶의 패턴으로 함께 사는 것이 불편하여 다시 1인가구로 산다.

천식으로 자주 병원에 다녀야했던 2살 많은 오빠 때문에, 그녀는 1살 때부터 자주 시골 외할머니 댁으로 보내졌다. 그녀가 3살 때, 하루는 엄마를 못 알아보고 이모 뒤로 숨어서, 엄마가 많이 울었다고 한다. 부모님이 오빠만 좋아한다는 생각과 "약간 버림받았다는 느낌은 항상" 있었다. 아빠와 중3 때부터 오랫동안 관계가 소원했는데, 아빠의 '표현 방식, 완벽성, 갱년기 증상' 때문인지 그 이유는 확실하지 않다. 의견 충돌이 늘고, 윽박지르는 강도가 심해졌다. 아빠는 가정적이었지만 휴일도 없이 일했다. 그녀가 중3이던 때부터 아빠는 집에서 지내는 시간이 늘었고 "되게 어색한" 느낌이었다. 그래도 현재 가장 의지하고 중요한 사람은 부모님이다. 자주 찾아뵙고, 엄마와는 자주 통화한다.

친한 언니, 후배, 성당 대모는 자주 통화하고, 만나서 깊은 이야기도 나누는 편한 사람들이다. 8년 동안 사는 동네에서 긴 이야기는 아니지만 진솔한 이야기를 나누며 친목이 생긴 그녀는 "이웃들에게 정을 붙이고" 산다.

21세부터 이유 없이 아팠다. 유학 중에 증상이 더 심화되었고, 숨 쉬는 것이 어려워 다가오는 지하철에 뛰어들 뻔했던 경험이 있다. 이후 공황장애 임을 알게 되었는데 이유는 모른다. 약은 끊었지만, 커피에 많이 의존했다.

하루에 8~10잔 마시다가 요즘은 4~5잔으로 줄였다.

어릴 때는 엄마와 성당에 다녔으나 아버지의 반대로 중단하였다. 하나님은 존재한다고 생각했지만, 때로는 '배신감'도 느꼈다. 10년 전, 큰 교통사고에서 가해자의 죽음과 본인도 정신을 잃는 경험 후에 '인생의 허무함, 죽음, 안식처의 필요성'을 느꼈다. 그래서 2년 전에 세례를 받고, 현재는 성당에서 미사, 교육, 소모임, 대모와의 교제에 열심이다.

갓난아이 때부터 자주 시골로 보내졌던 그녀는 자연 하면 감나무, 대청마루, 우물, 돼지, 염소, 소, 병아리, 오리, 강, 매기 잡이, 귀뚜라미 소리가 떠오른다. 지금은 여행, 등산, 한강에서 노을 보기, 탄천에서 걷기 등으로 자연을 느끼며 '재충전'한다.

4) 민은혜 이야기

서울에서 영어 강사로 일하는 민은혜는 43세 여성이다. 시골에서 부모님, 오빠, 언니, 여동생과 생활하다가, 서울에서 대학을 다니며 자매들과 함께 살았다. 함께 살던 언니와 여동생이 결혼하여 자연스럽게 1인가구가 되었다. 그녀에게 1인가구의 삶은 노란 주황빛으로, '따뜻하고, 편안하며, 밝은 이미지'를 의미한다. 불편함은 없지만, 건강검진에서 수면 내시경을 받으려고 하니 보호자가 필요했다. 병원에서처럼 보호자가 필요한 경우에는 염려가 된다.

혼자 살면서 많이 힘들었던 경험은 그녀가 밤에 외출한 사이 함께 살던 강아지가 혼자 죽은 것이다. 그 아픔이 너무 커서, 지금 돌보는 강아지에게 최선을 다한다. 강아지는 그녀에게 "무한한 사랑을 주는 존재"이며,

‘강아지의 죽음’ 이후에 삶에 대한 태도가 바뀌었다. ‘현재를 즐기는 것, 소중한 것을 지키고 더 많은 시간을 보내는 것, 자연을 느끼는 것’이 그녀에게는 의미 있는 것들이다. 식물도 좋아해서, 텃밭을 1년 정도 가꾸었고 지금도 허브를 키운다. 산과 자연에서 겸손, 감사 그리고 욕심으로 혼란했던 마음이 ‘정화된 자신’을 발견하였다.

네 형제 중에서 셋째 딸이다. 오빠는 아들로 사랑을 많이 받고, 언니는 9년 만에 얻은 큰 딸로 사랑받았지만, 그녀는 “부모님한테 사랑을 충분히 받지 못했다는 생각이 약간” 있다. 현재 가장 중요하고 가까운 사람들은 부모님, 자매들, 남자친구이다. 결혼을 계획하는 남자친구와의 관계에서 “바라는 것보다 내가 주는 것”이 더 만족스럽다. 사람들과 함께 하는 것을 좋아하고, 잦은 만남에서 “사람들을 통해서 시너지”를 만들며 다양한 분야에 대한 새로운 자극이 좋다.

종교는 없지만, 남자친구가 나가는 교회에 몇 번 참석하였다. 그녀에게 절대자는 “빛과 같이 흔들리지 않는 힘” 그리고 “인내할 수 있는 만큼 고통”을 주시는 분이라는 믿음이 있다. 비행기의 엔진 고장과 도로에서 자동차가 멈춘 사고에서 ‘죽음과 인생의 허무함을 느낀 경험이 그녀에게는 절대자를 만난 경험’이다. 개인적인 훈련으로 새벽에 일어나자마자 조용한 시간에 일기를 쓰고, 아우렐리우스(Marcus Aurelius)의 『명상록』(*Meditations*)을 영어로 필사하며 “자신이 웅대해지는” 느낌이 든다. 이러한 훈련을 통해서 이루고 싶은 것은 “마음의 평화”이다. ‘세속적이고 시기와 질투’가 많다고 느끼는 자신을 그런 감정으로부터 단련하기 위한 훈련이다. “사람들과 교감하면서 에너지를 얻고” 혼자만의 시간으로 충만해지기를 원하는 그녀는 사회에 기여하는 일을 하고 싶다.

3. 3인의 노년 여성 1인가구

1) 김정숙 이야기

3년 전에, 김정숙은 남편과 사별하고 혼자 살고 있다. 83세의 여성으로 경기도에서 거주하며 자녀들은 서울과 외국에서 생활한다. 치매로 남편이 4년 정도 고생을 하였는데, 오랜 시간 치매인 것을 몰라서 많이 힘들었다. 돌아가시고 혼자 살며 이야기 상대가 없어서 힘들었고, 생전에 모진 소리를 한 게 아직도 '가슴이 많이 아프다.' 혼자 사니까 마음대로 활동할 수 있고, 자녀들 집에서 자고 올 수 있어서 좋다. 그래도 하룻밤이 지나면 집에 오고 싶어서 바로 온다. 아무리 자녀들이 잘해주어도 '내 집에서 혼자 있는 것만 못하다.'

남편을 보내고 새롭게 시작한 것이 두 가지 있는데, 하나는 앞마당에 만든 '화초밭'이다. 화초를 들여다보고 있으면 '나쁜 기억들을 잊는 것' 같아서, 수시로 들여다보고 풀 뽑고 진 꽃도 딴다. 또 하나는 자녀들의 권유로 성당에 다니기 시작했다. 성당에서 다들 반겨주니 즐겁고, 고통 속에서 기도하다가 오히려 "하나님 감사합니다!"를 외치는 순간에는 하나님을 느끼는 것 같다. 매일 아침에 일어나면, 씻고 촛불 켜고, 오늘 하루도 무사히 보내게 도와달라는 기도로 시작한다. 성당책(매일미사)을 틈틈이 읽고, 저녁에는 오늘도 즐겁게 살게 해주셔서 감사하다는 기도를 드린다.

그녀에게 중요한 사람은 자녀들, 큰 시누이, 20년 전부터 '가족처럼 지내는 이웃분들'이다. 집도 서로 가까워서 하루에도 몇 번씩 오며가며 만나고, 차 마시고 먹고 이야기한다. 남편의 임종의 순간에 처음 부른 이들도 그들이다. 마을회관에서도 사람들과 자주 함께 생활한다.

22세에 결혼한 김정숙은 14명의 시댁 식구들과 함께 살며, "시집와서 배도 엄청 곯았다." 다른 식구들에게 주느라 제대로 먹지 못했던 시어머니가 늘 아팠던 원인도 영양실조였던 것 같다. 인터뷰를 하는 동안, 어렵게 살았던 신혼 시절과 남편을 일찍 여의고 딸 셋을 키우시던 어린 시절의 다정한 어머니가 새삼 떠올랐다.

2) 왕수진 이야기

왕수진은 4년 전에 암으로 남편을 잃고, 혼자 살게 된 65세 여성이다. 경기도에서 지내며, 아들과 딸들은 서울과 경기도에서 생활한다. 30년 넘게 우울증 약을 복용 중인데, 남편을 잃고 더 심해졌다. 혼자 살면서 불편한 것은 '돈, 교통, 글쓰기'이다.

그녀에게 1인가구의 삶은 빨간색과 보라색이다. 빨간색은 잠깐이고 보라색이 주로 많은데, 빨강의 환함과 내가 나를 다독이는 마음은 보라색이다. 남편이 올 시간이면 여전히 기다려지는 그녀는 평생 남편만 아는 비밀이 있다. 그녀는 글을 읽을 줄 모른다. 그래서 더 많이 신랑한테 의지한 것 같다. 얼마 전, 딸과 손녀와 청보리 축제에 갔다. 모처럼 신명나게 맘껏 놀았다. 속은 시원해지는데, 왜 나오는지 모르는…. "눈물이 나. 눈물이 나더라구…." 남편과 참석했던 체육대회에서 친구들과 막 놀던 그때가 생각이 났다.

현재 자녀 외에 가까운 사람은 '40년 동네 친구들'이다. 한 명은 매일 만나는데, 새벽마다 그 친구네 밭에 가서 박스 붙이는 작업을 도와준다.

다른 한 친구는 일을 해서, 쉬는 월요일에는 만나서 밥도 먹고 커피도 마시고 바람도 쐰다.

남편을 떠나보내고 딸들이 사다 준 화초들한테 의지를 한다. 종일 들여다 보고 물 주고 닦아주고 이리 옮겼다 저리 옮겼다 한다. 석 달 전부터 의지하는 것은 말없이 웃으며 바라보는 '부처'다. 절에는 1년에 두 번 가고, 아침과 저녁마다 불공을 드린다. 일어나자마자 씻고 자녀들과 건강을 위해서 기도한다. 자기 전에도 오늘 하루 잘 보냈다고 기도한다. 마음도 편해지고 남편 생각도 덜 나서, 변화가 좀 있다.

3) 이경아 이야기

현재 86세인 이경아는 20년 전에 남편과 사별하고 경기도에서 혼자 사는 여성이다. 혼자 사는 게 힘들기도 하고 아플 때에는 외롭기도 하지만 '편하다.' 현재 건강 이외에 걱정은 없다. 그녀에게 혼자 사는 삶은 "외로움"이 다. 현재 가까운 사람은 올케인데, 그녀가 많이 의존했던 남동생을 잃고 둘은 더 가까워졌다. 가까이에는 그녀의 의붓아들이 살지만 가까운 관계는 아니고, 그보다는 '이웃들'이 더 가깝다. 하루에도 몇 번씩 만나고 함께 먹고 이야기하는 이웃들이 없으면, "동네가 빈 것 같이 허전"하다. 이틀에 한 번씩 그녀가 재활용 분리수거 하는 날은 마을회관의 경로당에서 사람들과 밥도 먹고 화투도 치다가 저녁에나 집에 온다.

첫 결혼에서 바람둥이로 소문난 선남편의 아이들을 그 집에 두고, 자신만 나온 것이 평생 후회가 되고 원망스럽다. 아이들에 대한 미안한 마음으로 많이 힘들었다. 절대자 하면, 예수님이 고난받으신 것과 십자가에 못 박히신 것이 떠오른다. 하나님의 용서를 받기 위해서 남편과 사별하고 15년 전부터 성당에 다닌다. 주일마다 미사를 보고 신자들을 만나는데 많이 반갑다. 아침과 저녁에 묵주기도를 하는데 보통 1시간 정도 한다. 자연에서 특히 꽃을 좋아해서 집 앞 마당에 꽃을 조금 기른다. 아침에 일어나면 꽃부터 본다. 꽃을 보노라면 자신도 꽃처럼 고왔던 열일곱, 열여덟, 그때가 생각난다.

II. 여성 1인가구의 관계 경험

1. 인간관계 특성: 혼자여서 신중하지만 적극적인 '나'

'인간관계'는 둘 이상의 인간이 서로를 느끼고, 말하고, 행동하며 연결되어 있는 방식이다. 타인과의 관계 뿐만 아니라, 자신과의 관계를 포함한다. 거의 모든 여성 1인가구들은 <세상에서 혼자인 '나'>를 경험하였다.

1) 세상에서 혼자인 '나'

(1) 가정에서 혼자라고 느낌

청년 여성 1인가구들의 이야기이다. 이은아는 부모님이 계셨어도 어려서부터 '고아'라고 생각하였고, 가정에서 의존할 수 있는 대상이 없다고 느꼈다. 서예림도 친할머니와 부모님과 함께 살았지만, 어려서부터 외로움을 느끼며 혼자라고 생각했다.

어려서부터 가족이 있지만, 혼자라고 생각함

"저는 솔직히 말하면 가족이 있지만 어렸을 때부터… 이게 딱히 심적으로 의지를 하거나 그런 것은 많이 없는 것 같고… 부모가 있기는 한데 그냥 고아 같은 느낌이 항상 있었던 것 같아요." (이은아)

"제 첫 기억으로 글자도 모르는 그 어렸을 때, 외로움을 느꼈을 때 꼭 시골에 저 혼자 있었던 것 같은데." (서예림)

윤수연도 어렸을 때부터 "세상 가운데 혼자"로 느꼈으며, 친구들이 많았음에도 공허했다. 오주은 역시 어려서부터 늘 혼자 알아서 하라는 부모님은 그녀에게 의존의 대상이 아니며, '관계 자원'이 아니다.

가족과 친구가 있어도 공허함

"저는 어렸을 때부터 혼자라는 생각을 많이 했거든요. 그래서 17~18살 때 방황을 했었던 이유도 뭔가 세상 가운데 혼자인 것 같고. 친구는 진짜 많았어요… 공허하더라구요." (윤수연)

가정은 관계 자원이 아님

"전 지금 따로 살고 있구요. 그래서 부모님은 지금은 저를 케어를 안 해주세요 … '너는 다 컸으니까 니가 혼자 해야지. 기대하는 네가 너무 어린 아이다.' 사실 이거를 중, 고등학교 때 포기를 해봤고, 대학에 와서도 그런 말씀을 하시면서 저를 안 도와줘요. 계속, 계속 꾸준히… 관계 자원이 '없음'이에요." (오주은)

20~30대의 '청년 여성 1인가구'의 관계적 특성을 보여주는 이야기이다. 전유미를 제외하고, 모든 청년 여성 1인가구는 가정과 관계에서 '혼자라고 생각하며, 외로움과 공허함'을 느낀 경험이 있다. 한국 영화 「혼자 사는 사람들」(2021)에서 청년 여성 1인가구인 주인공 진아도 '혼자'라고 느끼며, 아버지, 직장의 신입 직원, 이웃과의 관계에서 '거리'를 두고, 누구와도

정서적인 '친밀감'을 나누지 않는 모습을 보였다.

(2) 어린 시절 부모님의 부재 경험

서예림과 전유미는 어린 시절에 부모님이 일을 하셔서 거의 친할머니가 돌봐주셨다. 이은아도 부모님의 사업으로 친할머니와 친할아버지가 초등학교 때까지 키워주셨다. 홍진아는 어머니가 천식으로 위급 상황이 종종 있었던 오빠를 돌보느라, 1세 때부터 외가댁에서 컸다.

부모님이 바쁘셔서 할머니, 할아버지가 키워주심

"전에도 늘 거의 혼자 있던 기분이어서. 엄마도 일하고. 오면은 집에서 대화가 별로 없으니까, 그냥 저 놀 것 놀고. 지금이랑 별반 차이가 없어요." (서예림)

"할머니, 할아버지가 저를 키워주셨거든요. 엄마, 아빠가 사업해 가지고, 바쁘셔 가지고. 초등학교 때까지 그렇게 했었고." (이은아)

"할머니한테서 크기는 커서. 지금은 미워하지만. 그래서 더 애증의. 초등학교 때 할머니 손에 컸지만, 뭐 아주 행복하게 자라지는 않아서." (전유미)

"오빠는 집에서 케어하고, 저희 오빠 천식이 있었거든요. 위급 상황이 되면 병원을 바로바로 가야되는 상황이다 보니까, 오빠는 다른 곳에 둘 수가 없으니까. 그래서 저를 혼자 보내셨죠. 갓난아기 때부터." (홍진아)

한편, 윤수연은 부모님의 이혼으로 초등학교 시기에 어머니의 돌봄을 받지 못했다. 새어머니가 오시기 전까지 아버지 혼자서 돌봐 주셨다. 김정숙은 아버지가 일찍 돌아가셔서 어머니가 혼자 딸 셋을 키우셨다.

이혼을 하셨기 때문에 어머니가 안 계셨음

"이혼을 하셨기 때문에 어머니의 케어가 필요했었을 때, 이제 초등학교 1학년부터 6학년 정도까지 공백기로 살았거든요. 어머니가 안 계시게. 초등학교 1학년 때 이혼을 하시고." (윤수연)

아버지가 일찍 돌아가셨음

"어릴 때 생각. 어릴 때 생각이 좀 나지. 어릴 때… 나두 아버지가 일찍 돌아가셔갔구, 어머니가 날 키웠어요." (김정숙)

(3) 충분하지 않은 부모님의 사랑

청년, 중장년, 노년 여성 1인가구의 이야기이다. 홍진아는 1세 때 외가댁으로 보내져서, 할머니와 할아버지의 사랑을 받았음에도 "버림받았다는 느낌"이 항상 있었다.

"버림받았다는 느낌은 항상 가졌던 것 같아요."

"좀 약간 버림받았다는 느낌은 항상 가졌던 것 같아요. … '나 혼자 보내지고, 엄마가 나 혼내킬려고, 엄마가 나 미워해서' 이런 생각을. 그 별 생각을 다 한 거죠. … 할아버지, 할머니랑 같은 추억을 받았고, 또 사랑을 거기서 받았지만, 그건 다른 것 같아요." (홍진아)

딸 셋 중에 장녀인 오주은은 동생들 챙기기 바빠서, 그녀를 돌볼 수 없다는 부모님에게서 서러움을 느꼈다. 민은혜도 다른 형제들에 비해서 부모님의 사랑을 충분히 받지 못했다고 생각한다. 3녀 중에서 2녀인 김정숙도 다른 자매들보다 자신을 많이 구박했던 어머니로 기억했다.

"넌 잘하니까 알아서 해."
"동생만 챙기기 바쁘고 막내가 어리잖아요. 한 참 이러니까, 넌 잘하니까 알아서 해. 정신없다. 너 못 챙긴다. 니가 알아서 해라. … 서울에 혼자 있는 게 외로울 때도 있지만, 그 서러움을 겪는 것보다는 나은 것 같아요." (오주은)

다른 형제들에 비해 부모님의 사랑이 적음
"제가 셋째로 우리 집에서 네 명 가족 중에서 셋째로 있다 보니까, 오빠가 먼저 태어나고 언니가 9년 뒤에 태어났어요. 오빠는 아들로 사랑을 많이 받았고, 또 언니는 9년 뒤에 딸이었으니까, 또 사랑을 많이 받았고. 부모님이 이제 아들을 낳아볼까! 그래서 저를 낳고 또 동생을 낳아서 마지막이 된 거예요. 그러니까 나는 세 번째에 있으면서, 내가 생각하는 것만큼 부모님한테 사랑을 충분히 받지 못했다는 생각이 약간 있었던 것 같아요." (민은혜)

"엄마는 왜 만날 나만 구박 하느냐구!"
"우리 어머니가 딸만 셋을 키웠어. 언니 하나하고, 동생하고 나하고. 그때는 안 좋지. 엄마는 왜 만날 나만 구박해느냐구. 언니가 잘 못해두 나한테 구박, 동생이 잘 못해두 나한테 구박." (김정숙)

(4) 죽고 싶은 '나'

'세상에서 혼자'라고 생각했던 1인가구 여성들 중에는 혼자여서 죽음을 생각하거나, 죽으려고 시도한 이들이 있다. 서예림과 이은아는 어려서부터 혼자라고 느꼈고, 죽음을 생각하고 시도하였다. 한편, 왕수진은 남편을 잃고 그리움에 죽음을 생각하며, 홍진아는 공황장애를 앓던 20대 때 이유는 모르지만 다가오는 기차에 뛰어들 뻔했다.

혼자여서 외롭고 우울하고 죽고 싶은 '나'

"4살인가? 그때 처음으로 외롭다는 생각을 했었어요… 죽음에 대한 첫 기억이. 그때부터… 친구들하고 막 놀고 학교 다닐 때도 별 생각 없었는데, 집에 오면 항상 외롭다는 생각을 했었어요. 우울하고 죽고 싶고. 집에 혼자 있으면 … 엄마는 계속 일하셨고. 아빠는 기억이 안나요… 약을 먹고 쓰러졌었단 말이죠. 부모님 앞에서 26살 때… 농약 같은 그런 것. 그리고 바로 병원에 실려 가서." (서예림)

"가족 안에서 정말 혼자였구나."

"죽고 싶다는 생각을 한 1초에 4~5번씩 한 것 같은데… 가족 안에서 정말 혼자였구나. 이것을 느끼는 순간 제가 죽으려고 차도에도 뛰어들고…." (이은아)

남편을 잃고, 그리워서 죽고 싶은 '나'

"저렇게 아퍼서 가더라구. 그러니 내가 얼마나 힘들겠어. 밥도 못 먹구. 밥 먹을 때마다 목이 콱콱 맥히는 거지… 아직도 오는 것 같애… 힘들어요. 아무튼. 그래서 나는 그냥 가고 싶어. 그냥." (왕수진)

이유는 모르지만, 죽고 싶은 '나'

"제가 공황장애에서 겪었던 그 숨 쉬지 못하고 죽을 것 같고, 뭐 이런 것을 다 겪고 나서… 중간에 자살도 한 번 할 뻔했어요. … 그것도 저는 이유를 몰라요. 20대면 제가 '짐이 너무 많아?' 이건 아닌데, 그렇다고 돈에 쪼들려 산적도 없고, '엄마, 아빠가 나를 아무것도 하지 못하게 해?' 이것도 아니예요. 그리고 집안이 시끄럽거나 이런 것도 없고. 그냥 평범한 가정에, 어떻게 보면 화목하고 남들이 봤을 때는 편하게 사는 것으로 생각했을 텐데." (홍진아)

2) 엄마(첫 돌봄자)에 대한 마음

대부분의 1인가구 여성들은 엄마(첫 돌봄자)에 대한 마음을 이야기하였다. '용서하고 싶지 않은 마음', '이게 사랑인가? 의문이 들게 하는 마음', '이해가 되는 마음', '그립고 걱정스러운 마음'이다.

(1) 용서하고 싶지 않은 마음

'용서하고 싶지 않은 마음'은 청년 1인가구 여성들의 이야기이다. 어머니에게서 심한 학대와 폭력을 어린 시절 경험한 이은아 그리고 손자를 심하게 원했던 첫 돌봄자였던 친할머니에 관한 전유미의 이야기이다. 한편, 세 자매들 중에서 맏딸인 오주은은 동생들에 비해서 돌봄을 받지 못하는 차별을 경험하였다. 세 명의 청년 여성들은 가정이 서로 사랑하는 '사랑의 보금자리'(표준국어대사전, 2023)로 경험되지 않았다.

엄마의 학대와 폭력

"당구채나 쇠파이프로 때린다든가… 빨개 벗겨서 사람들이 엄청 많이 지나
다니는 마트나 이런 것 앞에 서 있게 하고. 팬티까지 다 벗겨 가지고. 5~6살
까지… 제가 맨날 밤에 맞고 피 흘리고, 제가 맨날 피를 봤어요. 거의. 가위로
찌르려고 하고, 자고 있으면 갑자기 들어와서 배를 밟고 때리고 막… 이유는
있었는데, 그 이유가 자는 척 한다고. 이유 없는 이유였죠." (이은아)

남아선호사상이 심한 친할머니의 괴롭힘

"엄마, 아빠, 할머니, 저 이렇게 산거예요. 근데 할머니가 그 아들 낳으라는
압박이 너무 심했어요. 그래 가지고 엄마가 견디다 못해 본인이 힘든 것과
겹쳐져 가지고 이혼을 하기로 결심을 하고 했는데, 저도 되게 그것으로 괴롭
힘을 많이 당했거든요. '아들! 아들!' 하고 막 '남동생 낳으라고!' 막 그러고.
막 이런 게 수면 위로 나오기 시작했지만. 그때 남아선호사상이랑 이런 게
너무 너무 진절머리가 나고. 막 할머니가 너무 되게 이혼하는 과정에서도
너무 몹쓸… 어린아이에게 몹쓸 짓을 너무 많이 해 가지고. 제가 너무 증오에
가득차 가지고. 이 사람들의 최고의 복수는 정말 그 말 그대로 대를 끊어버려
야겠다." (전유미)

엄마의 심한 차별 대우

"왜 이렇게 차별하는지 모르겠어요. '동생한테 왜 이렇게 질투가 많니?'
오히려, 제 탓을 하는 거예요. 다른 대우를 하니까 부당하다고 말하는 것
가지고. '왜 동생을 질투하니?' … 전 진짜 엄마, 아빠가 엄마, 아빠 같지가
않아요. 약간 새엄만가? 약간 새엄만가 이런 생각도 들었어." (오주은)

(2) 이게 사랑인가?

일반적으로 엄마를 생각하면 모성애, 엄마의 사랑을 떠올린다. 그러나 이은아는 어머니의 사랑이 '이게 사랑인가?' 의구심이 들었다. 어머니에게서 학대와 폭력을 경험한 그녀는 자신이 어머니의 화풀이 대상이자 경쟁 상대로 취급받았다고 기억한다. 이러한 어머니의 사랑은 그녀가 기대했던 무조건적인 사랑이 아니라, 조건적인 사랑으로 여겨졌다.

나는 엄마의 화풀이 대상이자 경쟁 상대

"아들은 또 아들이고. 남동생이 저보다 5살 어리고 그러니까. 애가 좀 모자란 부분이 있어요. 그 친구가. 엄마 아픈 손가락이기도 하고. 그러니까 화풀이 할 사람이 저밖에 없는 거죠. … 아빠가 말씀하셨어요. '너는 제발 애를 애로 보라고.' 그런 말도 하셨었고. 저를 애가 아니라 같은 여자로 보는 느낌이에요. 질투, 경쟁 상대… 둘 다인 거예요." (이은아)

"어떻게 보면 Conditional(조건적인)한 거죠."

"엄마랑 너무 싸우고 엄마가 힘들게 하고 제가 완전 반 정신이 나가있을 때가 잦았어 가지고… 엄마가 도움을 주시겠다고 하시는 거예요. 그래서 집을 찾아보다가 처음에는 저는 거절했거든요. 왜냐면은 그 돈에 제가 묶일 것 같아 가지고… 그랬다가 한 번은 알겠다고… 집을 구해달라고 하고 집을 구하는 와중에 싸우게 된 거예요. 당장 저는 출근을 해야 되고 집을 구해야 되는데 갑자기 엄마가 '나 돈 안 줘' 이러시는 거예요. … 자기 기분 토라졌다고 사람 사는 집 가지고 이렇게 하니까 거기서 또 충격을 받은 거예요…. 어떻게 보면 Conditional(조건적인)한 거죠." (이은아)

(3) 이해하는 마음

어머니에 대해서 부정적인 기억도 있지만, 더 많은 1인가구 여성들은 어머니를 '이해하는 마음'을 느낀다. 조울증, ADHD, 전두엽의 기능이 떨어졌다고 진단을 받은 전유미는 자신이 심리적으로 아픈 이유를 생각하며, 그녀의 어린 시절의 어머니를 떠올렸다. 이혼 후, 30대부터 전유미를 혼자 키우며 우울증도 생기고 힘들었을 어머니가 이해되었다. 윤수연도 20대 초반의 나이에 일찍 결혼해서 일 때문에 많이 부재했던 아빠와의 관계에서 외로워했을 엄마를 이해하였다. 한편 홍진아는 오빠의 잦은 병치레로 외가 댁에 1세 때부터 맡겨져서 엄마가 자신을 싫어하는 것은 아닐까 불안한 마음이 있었다. 외가댁에서 어린 홍진아가 엄마를 알아보지 못하는 모습에 엄마가 많이 울었다는 이야기를 듣고 엄마를 이해하게 되었다. 또한 엄마와 여전히 갈등이 많은 이은아는 엄마도 외할아버지로부터 그러한 폭력적인 대우를 받고 그녀에게 그런 행동을 반복했을 가능성을 생각하며, 엄마의 입장을 생각하게 되었다.

엄마의 외로움, 우울증 그리고 아픔

"부모님 이혼하시고… 그 당시에 과거를 되돌려보면 우울증이 있었던 것 같다. 그 상태로 자녀를 길렀으니까. 그 영향이 있지 않을까." (전유미)

"엄마 입장은 이해는 하지만, 왜냐면 어린 시절에 결혼을 해서 부모님께서 진짜 서른살에 아빠는 저를 낳았거든요. 28에 오빠를 낳으신 거예요. 그때 28. 엄마 나이 20대 초반. 그렇게 결혼하면 뭐 알고 결혼했겠어요? … 계속 같이 있어주고 그런 사람 원하지… '마음이 외로워서 그러셨겠다'라는 생각 도 들고." (윤수연)

"저희 엄마가 너무너무 가슴이 아픈 사건이 있대요. 엄마가 저를 3살 정도, 걷고는 다니는데 막 다니지는 못하고. 몇 달 만에 저를 데리러 시골에 왔는데, 왔을 때는 이모들도 다 친정집에 왔을 거 아니예요. 그때 결혼들을 안 하셨으니까. 언니 왔다고 서울에서. 주말에 다 모이면, 그렇게 제가 이모들 뒤에 숨었대. 엄마를 못 알아보고. 엄마가 그래서 엄청 울었다고 하시더라구요. 그러니까 '나는 내 사정이 있어서 하고 싶었지만, 정말 그게 잊혀지지 않는다구'… 저도 모르는 면이 있었을 것 같긴 해요." (홍진아)

"어렸을 때는 안 그랬는데, 좀 크고 저도 심리 서적을 읽고 공부를 하고, '내가 왜 이럴까?' 생각해 보면, 그런데 이제 원가족으로 타고 올라가잖아요. 그러면 이게 내려오는 거기 때문에, '나한테 이런 행동을 한 사람도 이런 것을 받았기 때문에 자꾸 이렇게 내려오는 거기 때문에, 그랬겠구나!'라는 생각을 하고. 저희 외할아버지가 진짜 북한에서 내려 오셔 가지고, 막 독불장군 같은 그런 스타일의 애들 막 노동시키고 이런 스타일이셨어 가지고. 근데 그거를 제일 많이 닮은 게 저희 엄마래요. 그래서 그랬겠구나!" (이은아)

80대의 김정숙은 어린 시절에는 어머니가 자신만 미워한다고 생각했는데, 자녀들을 키워 보니, 부모의 마음은 사랑으로 다 똑같다고 이해하게 되었다.

"부모 미음은… 사랑은 다 똑같으니까"

"그때는 나만 미워 가지고 그러는 줄 알았는데… 그게 아니잖어. 살다 보니, 그게 잘못이 나한테 오게끔 돼 있지. … 그래서 그렇게 된 건데. 부모 마음은 사랑은 다 똑같으니까. 부모두 나한테 사랑으로 얘기를 했겠지. 뭐… 정말 미워서 얘기를 했었어… 지나다 보니까 그렇구나. … 우리 어머니가 좀 오래 사셨는데, 내가 보러 가면은 어머니도 그게 걸리니까 그렇게 해시는 거야. '아휴. 고생은 니가 젤 많이 했는데, 결혼을 해서두 니가 고생을 해고 사니까 맘이 아프다. … 어려서도 고생을 많이 했는데 결혼해서두 고생을 많이 해니까. 안 됐다.'" (김정숙)

(4) 그립고 걱정스러운 마음

명절에도 부모님을 뵙지 않는 오주은은 그래도 어릴 때 자신을 사랑해주던 부모님을 기억하고 그리워한다. 80세가 훌쩍 지난 이경아도 어머니가 다정하게 해주었던 기억이 있다.

어릴 때 나를 사랑해주던 부모님

"저 명절에도 부모님을 안 봐요. … 저도 이제 지쳤기 때문에. 근데 마음에는 남아있는 거죠. 어릴 때 나를 사랑해주던 엄마, 아빠." (오주은)

"어릴 때 생각. 어릴 때 생각이 좀 나지. 어릴 때… 엄마가 그 해주구, 그 뭐 좀 다정해게 했던 생각…." (이경아)

서예림은 어머니와 떨어져 살면서 어머니를 걱정하게 되었다. 어머니를 위해 자신이 운동도 하고 나아지는 모습으로 모범을 보이고 싶은 마음이 있다.

"엄마한테 마음이 가서 좋은 것 같기도 하고."

"집의 문이 고장 나거나 제가 아프면, 아니면 엄마가 연락했는데 연락을

안 받으면 서로가 걱정을 하는데. 엄마가 외로워하는 것 같은 것… 예전에는
그런 생각이 없다가… 엄마한테 마음이 가서 좋은 것 같기도 하고." (서예림)

엄마한테 모범이 되고픈 마음
"엄마가 저도 없고 아빠도 없고 망나니처럼 되서 밥도 이상하게 먹고 너무
환경이 안 좋은 것을 보니까, 제가 운동도 하고 좀 나아지는 모습을 보이면,
엄마도 보고 배우지 않을까? 전반적으로 모범이 되려고 하는 게 변화예요."
(서예림)

3) 아빠에 대한 마음

아빠에 대한 '실망과 두려움', '거리감', '존경하고 감사한', '이해가 되는'
마음을 노년 여성들을 제외한 대부분의 여성들이 이야기하였다.

(1) 실망과 두려움
이은아는 엄마가 폭력적으로 양육을 할 때 말리다가 포기하고 나갔던
아빠에 대한 실망과 배신감을 경험했다. 김혜진은 술을 자주 마시고 폭력적
인 아버지를 두려워했고, 현재도 두려워하는 자신을 발견하였다.

아빠도 가해자
"아빠는 말리긴 말렸어요. 근데 말리다가 중간에 안 되니까, 저를 냅두고
집을 나가시는 거예요. 그러다 보니까 저는 이제 아빠가 들어오면은 '나
이제 좀 살았나!' 생각이 들다가 아빠가 포기하고 나가버리니까… 끝나면
들어오세요… 그런 게. 그러니까 애가 눈에 초점이 없어지면서 그냥 좀 포기

하게 되는 경험. 진짜 5~6살 때부터 그냥 제가 미국에 가기 전까지 계속 있었어요. 그랬던 것 같아요. 계속 그랬던 것 같아요. 그런 게 되게 많았던 것 같아요. … 드라마인데 정신과를 배경으로 한 드라마거든요. 근데 거기에 저랑 비슷한 케이스가 나오는 거예요. 근데 정말 아무 생각 없이 보고 있다가 아빠와 같은 포지션을 가진 사람을 방관자라고… 정의를 내리는 거예요. 저는 그것을 보는 순간, 그나마 '가족에서 그래도 한 명은 기댈 수 있는 사람'이라고 생각을 했었는데, '저 사람마저 방관자이자 가해자였구나!'" (이은아)

"술을 많이 드셔서, 늘 집안이 우울하고 답답한… 아빠로 인해서 환경이 파괴되는 것을 보고 자라서, 그거에 대해서 굉장히 두려움. 술을 마시거나 큰 소리가 나면 움츠려들거나 갑자기 조용한 공간 속에서 큰 소리가 나면 제가 예민한 것." (김혜진)

홍진아는 아빠가 바빠서 많은 시간을 함께 보내지 못하다가, 다 커서 시간을 보내며 어색한 느낌이 들었다. 아빠의 완벽주의와 표현 방식 때문에 그녀가 스트레스를 받은 것으로 생각했다. 또한 오주은은 아빠가 늘 강하게 키우려는 방식에 지친 경험이 있다.

강하고 완벽하게 키우려는 아빠

"어릴 때부터 쌓은 게 없어서 그런지, 같이 있으면 되게 어색한 거예요. … 이게 표현 방식인 것 같기도 해요. … 성격이 너무 완벽하시니까. … 그게 내가 모르는 은연중의 스트레스였을까?" (홍진아)

"7살 때였는데… 되게 경사가 졌는데, 무서워서 '아빠 무서워'… 이렇게 했는데 아빠가 '계속 달려!' 이러는 거예요. 저 같으면 뒤에 뛰어와서 잡아줄 것 같거든요. 근데 아빠가 되게 강하게 키우는 스타일이에요. '약하면 못 산다!' … 그래 가지고 한참 달리다가 그 끝이 보이는데 무서움을 참고 겨우겨우 달렸던 거죠… 굴렀어요. … 그제서야 아빠가 달려오더라구요. … 피가 일곱 군데가 났어요. 흉터가 아직도 있거든요. … 항상 그렇게 키우시니까. 저도 지치고… 안 맞는 옷을 입는 느낌." (오주은)

(2) 거리감

어린 시절에 아빠와 많은 시간을 보내지 못했던 홍진아는 중3 때부터 아빠와 소원한 관계를 경험하였다. 서예림도 아빠에 대한 좋은 기억이 없으며, 전유미는 초등학교 때 부모님이 이혼하시고 친아버지와는 연락을 끊고 지낸다.

소원한 관계의 아빠

"중3 때부터… 대화를 하게 되면 피하고, 봐도 그냥 모른 척하고, 그 기간이 너무 긴 거야. 근데 이유도 없어. 아빠가 싫은 이유가 명확하지가 않은 거예요. 아버지가 되게 외로우셨죠. 저 때문에. 지금은 잘 얘기를 하는데… 엄청 길게 소원했던 거죠." (홍진아)

"아빠가 멀리 떨어지고 나서, 좀 친근해졌는데 가끔 아빠가 안 좋은 행동을 하면, 한 달에 한 번 보는 것도 싫은 거예요. … 아빠한테 좋은 기억은 따로 없어요." (서예림)

"집안 사정도 평범하지 않아 가지고. 초등학교 때 부모님 이혼하시고… 아버지는 연락 끊고 지냈는데." (전유미)

(3) 존경하고 감사한

윤수연에게 아빠는 유일하게 존경하는 분이다. 이혼하고 모든 것을 포기하고 싶은 상황에서도 남매를 포기하지 않고 잘 키워주신 것에 그녀는 많이 감사한 마음이 있다. 홍진아도 중3 때부터 아빠와 소원한 관계로 오랜 시간 지냈지만, 어린 시절에는 아빠가 수호천사였던 경험도 있다.

유일하게 존경하는 분

"아빠가 근데 저희 얘기를 엄청 잘… 들어주실려고 하시고. 엄청 좋으신 분이셨어요. 지금도 좋으세요. 저는 유일하게 아빠는 존경하는 분이시거든요. … 포기하고 싶은 상황에서도 저희를 포기하지 않고, 그렇게 책임져 주신 것에 대해서 되게 감사하게 생각하고. 아빠도 힘든 이런 부분들이 있었거든요. 막 자살하고 싶은… 이혼에 대한 그런 부분에 대해서." (윤수연)

수호천사 같은 아빠

"저한텐 아빠가 수호천사 같았죠. 어릴 때에는. 그래서 아빠를 찾으러 가야겠다." (홍진아)

(4) 이해가 되는

홍진아는 자신이 사춘기 때, 아빠는 갱년기의 시기로 몸과 마음에 많은 변화가 있었고, 특히 몸이 많이 안 좋았던 것이 관계와 소통에도 영향을 준 것으로 이해하였다. 한편, 오주은은 아빠의 원가족 관계의 상처 때문에 첫째인 그녀보다는 여동생을 더 챙겼다고 이해하였다.

심신이 약해진 아빠

"아버지도 그때 제가 봤을 때는 갱년기였던 것 같아요. 갱년기 증상 나오기 전에 좀 뭔가 심적 변화가 있다던가, 힘드시잖아요. 제가 조금 느끼겠더라구요. 아빠가 그때 그러지 않았을까? 좀 의견 충돌이 많이 생기고… 예전에는 십대 때 아버지가 하는 표현이 싫었겠죠. … 아마 그때가 그 시기였을 것 같아요. 왜 당신이 '외롭다고', 그 얘기를 많이 하신 것 같아요. … 당신이 '혼자고, 외롭고, 내 가족들은 나를 봐주지 않고, 나를 돈 버는 기계로 생각하나?' 이런 생각을 좀 하셨지 않았을까? 요즘 그 생각이 조금 많이 들었어요. 그때가 제 아버지가 50대이니까. 40대 후반 되고, 아버지가 많이 쓰러지셨긴 했거든요. 몸이 안 좋으시다 보니까. 그런 부분도 영향이 컸던 것 같아요. 표현력. 커뮤니케이션." (홍진아)

아빠의 상처

"아빠가 둘째인데, 할머니가 큰 아버지를 그렇게 챙기셨던 거예요. 그게 서러웠던 거예요. 아빠 입장에서는 자랄 때… 저를 보면 큰 아빠가 연관이 되고, 둘째가 자기라고 이렇게 생각이 드는 거예요. 그래서 아빠가 항상 제가 '독서실 해달라!' 했는데 오히려 애한테, 프리미엄 독서실 있지요? 그냥 '일반 독서실 해달라!' 했는데, 그것도 안 해주고! 근데 프리미엄 독서실 진짜 좋은데, 그런 데를 다 1년짜리를 끊어주고." (오주은)

4) 마음에 남아있는 아픈 관계들

청년, 중장년, 노년 여성 1인가구의 <마음에 남아있는 아픈 관계들>은 크게 '헤어짐'과 '회복이 어려운 관계'이다.

(1) 헤어짐
남자친구, 가족, 사별한 남편과의 헤어짐에 관한 것이다. 남자친구와의 헤어짐은 청년인 오주은과 중장년인 윤수연에게 남아있는 아픈 관계이다.

남자친구와의 헤어짐
"오래 사귀었던 남자친구랑 헤어졌었을 때, 되게 힘들었던 때였던 것 같아요. 그때가 대학교 졸업하고, 20대 초. 그때였던 것 같아요." (윤수연)

"대학교 4학년 때 남자친구하고 헤어졌잖아요. 그때 사실 그 친구랑 결혼을 하고 싶은 만큼 사랑하는 사람이여서… 인간에 대한 배신감이 큰 거예요." (오주은)

전유미는 어린 시절 부모님이 이혼하여 가족이 해체되고, 아빠와의 헤어짐을 경험하였다. 재혼하기 전에, 자식을 두고 나와서 평생 자녀들을 애절하게 그리워하는 이경아 그리고 사별한 남편을 그리워하는 김정숙과 왕수진의 마음은 배우자의 사별, 이혼, 별거 등으로 피치 못하게 사랑하는 가족과 떨어져 홀로 생활하는 여성 1인가구의 마음을 보여준다. '아픈 이별과 그리움'을 지닌 채 '청년, 중장년, 노년 여성 1인가구'는 살아가고 있다.

이혼으로 가족(자녀, 부모님)과의 헤어짐

"저는 워낙 어렸을 때, 이혼하셔 가지고 당연히 엄청 힘들고, 엄청 괴로운
시간을 보냈는데." (전유미)

"애들 그렇게 두고 온 게 그게 생각이 나죠. … 항시 그게 죄책감으로… 이름
은 기억나요. 근데 나이는 잘 모르고. 몇 살인지 잘 기억이 안 나고. 딸 하나,
아들 셋. 내가 너무 바보 같았지. 아주 너무 그래 가지고. 참고, 그냥 애들
키웠으면 됐는데. 그 당시에는 그걸 못 참고. '혼자 애들하고 살겠다.' 생각하
고 그렇게 나왔는데, 그게 뜻대로 안 되더라구요. … 이렇게 왔다는 게, 내
자신이 너무 원망스러워… 내가 바보 같애. 너무 바보 같애… 첫째는 내가
바보지. 내가. 내가 바보야. 진짜 매일 지옥 같았죠." (이경아)

사별한 남편과의 헤어짐

"진짜 허무해더라구. 엄마, 아부지보다 더 기대구, 그러구 살았는데. 저렇게
빨리 갈 줄은 몰랐지." (왕수진)

"'아휴, 참 오랜만에 들어보는 소리다. 고마워.' 이래믄서 나를 끌어안는
거야. 그렇게 좋아하는 거를 그런 소리를 못해주고 맨날 나쁜 소리만 했으니,
그 가슴에 멍이 들었을 섯 아녀. 맨날 니쁜 소리만 하고. '지겨워서 죽겠다고.
이런 악연을 주냐고. 차라리 죽어! 얼른 죽어!' 이랬거든. 그랬으니까, 그
사람 미움이 죽으면서까지, 마음이 아팠을 것 아니야. 그런 생각을 하면
'아휴, 내가 왜 그랬나?' 싶은 생각이 들어… 그 말 한 마디 했는데, 그렇게
좋아하더라구." (김정숙)

(2) 회복이 어려운 관계

'회복이 어려운 관계'는 이혼한 친아빠와 친할머니, 자기 자신, 부부, 이웃 그리고 자녀들과의 관계이다. 전유미는 손자를 지나치게 원하면서 엄마와 그녀를 괴롭혔던 친할머니와 아빠와의 관계 회복이 어렵다.

성도 바꾼 친할머니와 아빠와의 관계

"할머니가 남아선호사상이 너무 박혀 있어 가지고. 근데 또 너무 아이러니 하게. 본인도 너무 당하면서 사셨는데, 아들 못 낳는다고 엄청 구박받으면서. 고모가 위에 다섯이고. 아빠가 여섯째고 막 이러거든요. 근데 그것을 똑같이 괴롭히고 있는 게 너무 이상해요. … 제가 성을 바꿨어요. 원래 *인데, 엄마 성씨로 바꿨거든요." (전유미)

김혜진은 어린 딸에게 폭력을 가했던 자신이 용서가 안 되고, 상처를 주는 말들로 대화가 어렵고 잦은 갈등을 가지는 남편과도 관계 회복이 어렵다. 한편, 이경아는 재혼한 남편의 일곱 자녀들을 키우며 애썼지만, 대부분과 왕래 없이 지낸다.

자녀에게 폭력을 행사한 자신

"가장 최악의 엄마… 가장 약자. 내 뱃속에서 태어난 애한테 폭력을 행사한 … 남들한테 못하고. 그래서 요즘 남들한테 하려고 노력하는 거예요. 오히려. 차라리 남한테 하면 되는데… 딸한테 너무 미안하죠… 아직 (화해) 못했어요. 다 참아주고 기다려 줘야 되는데, 아직도 그게 계속 올라오고. 계속. 아직도… 아직 그게 제가 안 되니까. 제가 그것 때문에 책 읽고 상담 받고… 양육 방식이나 제 태도가 잘못되어서 그런지 지금 오히려 그 아이들과 단절된 상태…큰 아이 같은 경우는 폭력적으로 제가 많이 대해 가지고 그 상처가 지금의 아이가 중학교 때부터 심리 치료… 첫째… 자살 소동을 했는데도 부모가 모르고… 아이가 마치 제 언니 같은… 개한테 의지를 했는데 이게 의지의 대상이 잘못되어서." (김혜진)

쏟아내는 말로 상처를 주는 부부

"주말부부였다가… 다 커서 오히려 같이 살게 되었는데 그게 더 부딪침이 많아지면서… 대화라고는 하지만 대화 아니고, 일방적인 서로의 쏟아내는 말에서 상처가 되고 있는 상황." (김혜진)

찾아오지 않는 자녀들

"그만큼 저한테 해주구 했는데, 저를 그렇게 생각 안 하더라구. 그리고 오지도 않고. 그리고 다 그래요. 애들이." (이경아)

5) 혼자여서 더 간절하지만 위험한 관계

<혼자여서 더 간절하지만 위험한 관계>의 주제에서 여성 1인가구의 심리적 특성을 살펴볼 수 있다. 집에서 늘 혼자이기에 '외로움'과 '마음 둘 곳을 기대'하며, 다른 이들과의 관계를 원하고 필요로 하였다. '혼자라는 환경과 '혼자'이기에 더욱 원하는 관계 욕구의 틈새는 원하는 목적을 위해 의도적으로 다가오는 이들에게 노출의 가능성을 높였다. 또한, 가족의 "울타리"가 없는 상황과 높은 관계 욕구로 이루어진 외적인 환경과 내적인 여건은 좋지 않은 관계임에도 의존하게 하는 가능성을 높였다.

(1) 외로움

김정숙과 왕수진은 남편과 사별하고, 이웃들과 자주 왕래하고 서로 도우며 생활해도 이야기할 사람이 없어서 외롭다. 중학교 생활부터 미국에서 1인가구로 살기 시작했던 이은아도 그때나 지금이나 변함없이 외롭다. <나 혼자 산다>(2013~현재)에서 유명인들이 혼자서 식사, 건강, 자기돌봄, 취미 생활을 즐기는 모습 이면에 몇몇 1인가구 남성들의 지나친 음주 습관은 그들의 깊은 '외로움'을 대변하는 듯하다. 한편, 프로그램에서 보여준 여성 1인가구들은 남성들보다는 좀 더 적극적으로 식사 및 자기돌봄을 하며 '외로움'은 많이 부각되지 않아서, 외로움을 모두 느끼는 1인가구 여성들의 실제의 삶과는 다소 차이가 있어 보인다.

"얘기 상대가 없잖아요."

"할아버지 돌아가신 지 3년 정도 되었는데, 할아버지하고 같이 살았을 때에는… 자식들 얘기도 있고, 이런 얘기를 하고 살았지만, 지금은 얘기 상대가 없잖아요. 얘기 상대가 없으니까, 돌아가시고 바로는 좀 힘들었어. 힘든 것은 같이 살다가 혼자 있으니까 외롭고 쓸쓸한 것." (김정숙)

이웃이 잘 해도 외로워

"지금은 인저. 외로운 거는 외로워. 암만 이웃사람이 잘 해도 외로운 거는 외로워… 그래두." (김정숙)

혼자는 외로워

"십대 때 나랑, 지금의 나랑 변한 게 없이, 그냥 똑같이 혼자라서 외롭구나." (이은아)

(2) 마음 둘 곳을 기대함

청년 여성 1인가구들은 부모님의 사랑을 기대한다. 오주은과 이은아는 힘들거나 지칠 때 부모의 응원과 사랑을 기대하며, 서예림도 자신에게 관심을 가지고 사랑과 염려로 함께 했던 시간이 제일 좋았다.

부모님의 사랑을 기대함

"저도 힘들 때가 있고 뭔가 도움이나 위로나 여러 가지 필요한데, 그런 건 아예 안 해주시고… 가끔씩 나한테 뭔가 '고생한다. 응원한다. 사랑한다' 이런 말 했으면 좋겠는데, 아예 없으셨어요. 그래서 그게 혼자서 지치는 거예요. 아직도 그걸 기대하고 있는 것 같아요. 부모님이 사랑해주기를." (오주은)

"병원에 3개월 있었거든요. 근데 그 병원에 있던 시간이 제일 가족이 좋았어요." (서예림)

왕수진은 남편과 사별하고 자식들도 다 소용이 없다고 느껴져서 '마음 둘 곳을 기대'하고, 홍진아는 자신을 믿어주는 부모님이 돌아가시면 고아처럼 혼자라는 생각에 '마음 둘 곳을 기대'한다.

"자식들도 다 소용없고"

"자식들도 다 소용없고. 요새는 다 그런 생각이 들어요. 처음에는 아빠 그렇게 되고, 너무 잘 해서. '그래 너희들 믿고 살아야겠구나!' 그랬더니." (왕수진)

돌아갈 곳이 필요한

"'난 항상 혼자야' 생각했기 때문에 '크게 외로움을 느낀다' 이건 아닌 것
같아요… 전 혼자잖아요. '자식이 있으면 저 아이가 어떻게 클까?' 혹은 제가
남편이 있다면 남편과 알콩달콩 살던 시간들이 있으면 다를 것 같은데. 저는
혼자니까, 사실 죽음에 대한 미련은 없어요. … 내 삶이 좀 누군가에게 안기고
싶다. 홀로 떠돌아다니지 않고… 그냥 혼자라는 거… 나를 전적으로 믿어줄
수 있는 사람은 남이 아니고, 형제도 아니고. 가끔은… 부모님 돌아가실
시기도 올 거고. 그 생각을 잠깐 하면 '이제 내가 갈 곳이 없구나!' 부모님
돌아가시면, 저도 고아가 되는 거잖아요. 나이가 많아도. 누군가 갈 곳이
없다는 자체는… 그런, 약간 그런 느낌이 드네요." (홍진아)

(3) 혼자여서 더 위험한 관계

적당한 분량의 이야기를 나누지 못하면 스트레스와 외로움이 커지는
경험 그리고 이러한 외로움을 지닌 여성에게 '헌팅'을 목적으로 다가오는
남성들에 대해서 윤수연은 이야기 하였다. 오주은도 부모 없이 혼자 사는
자신에게 상업적인 이익을 취하기 위해서 의도적으로 다가왔던 이들을
경험하였다.

소통의 부족은 스트레스와 외로움을 높임

"기본적인 집에 와서 얘기해줘야 하는 언어 수가 있잖아요. 사람마다. 그것
을 못하면은 스트레스가 되고 외로움이 커지고, 이렇게 되는데. 그런 부분
(헌팅 등)에 휘말리기가 쉽다. 범죄에 쉽사리 휩쓸리기가 쉽다." (윤수연)

"연민으로 다가와서" 악용하는 사람들

"'쟤는 부모님의 케어를 못 받는 상황이구나!' 이걸 악용해서 연민으로 다가
와서 저를 또 막 그렇게 할려는 사람도 있고… '얘 되게 쉬워 보인다.' 신나게
대략 겉으로 지내면서, 본인들이 뭔가 커미션 뽑을 수 있는 것 소개하면서
팔려고 하는… 이런 것을 보면, 나 스스로에게는 되게 힘든 점이라서 드러내
고 싶은 건데, 이것을 악용하는 사람들은 내가 제대로 보호받지 못하는 사회
적 약자. 부모님이 있지만 부모님의 케어를 못 받으니까 이걸 활용해서,
괜히 이걸로 적극적으로 접근한 사람들이 있거든요." (오주은)

윤수연은 혼자 사는 젊은이들에게는 함께 사는 가족의 "울타리가 없으니
까" 이성 친구가 가장 친밀한 관계로 큰 영향을 준다고 생각한다. 이성
친구에게 많이 의존하고 사랑을 주다가 헤어짐이나 부정적인 영향으로
받은 상처는 관계에 폐쇄적이게 만들기도 한다. 이성 친구에게 많이 의지했
던 경험에 대해서 이은아도 이야기하였다.

울타리가 없어서 안 좋은 관계에 더욱 의존함

"가장 많이 인간관계 형성을 딥하게 할 수 있는 그런 게 남자친구였다고
생각을 해요. … 혼자라면은 이런 부분에 대해서 훨씬 안 좋은 쪽으로 빠질
가능성도 높다. … 울타리가 없으니까… 1인가구들이 이런 것들 때문에 상처
받고 또 인제 폐쇄적인 경우도 많을 것 아니예요. 왜냐면 보통 애정결핍이면
남자친구들에게 올인하는 케이스들이 많아요. 그러면 그 친구들은 이것만
목 매달고 있다가 이게 탁 사라져버리면, 이것 때문에 자기 자신이 무너져버
릴 수 있으니까." (윤수연)

"남자친구에 되게 의미를 부여하고 사실 제가 저를 많이 좋아하거나 아끼지 않다 보니까 저는 저보다 항상 남을 더 아끼고 남을 더 Valuable(소중)하게 생각하다 보니까 남자친구를 더 소중하게 생각하고 우선적으로 생각하는 것 같아요. 그래서 남자친구랑은 항상 만나고 데이트하고 그리고 나서 또 다른 사람들을 만나는데. 제가 한국에 아는 사람들도 많이 없고 그런데. 그래서 항상 마음이 불안하고 그러다 보니까 남자친구한테 더 많이 의지하게 되고…." (이은아)

6) 어렵고, 서투른 관계

청년 1인가구 여성들은 모두 경험하는 주제이고, 노년 1인가구 여성들은 경험하지 않고 있는 주제이다.

(1) 어려운 관계

관계가 다양한 이유들로 어렵다. 서예림과 홍진아는 자신이 상대에게 상처를 줄까봐 관계가 어렵다. 홍진아는 일 때문에 가진 관계에서 마음을 주고받으면 상처를 받아서 관계가 어렵다. 한편, 이은아와 전유미는 실수하면 안 되고, 자신을 감추고 좋은 것만 보여야 하기 때문에 관계가 어렵다.

자신이 상처를 줄까봐 두려움

"친해지면 아빠 같은 모습이 저한테 나오니까. 그게 무서워 가지고. 더 관계가 어려운 것 같아요… 애들 괴롭히고 왕따 시키고. 그런 거. 싸우고 초등학교 때까지 되게 폭력적이었다가, 그래서 주변에 친구들이 없었던 것 같아요."

(서예림)

"마음을 주고받게 되면 거기서 상처를 받는 것"

"일적으로 만나고 관계를 끝내면 되는데, 이제 마음을 주고받게 되면 거기
서 상처를 받는 것 같아요… 스트레스를 받고. 두려운 것이 대인 관계예요."
(홍진아)

"나를 감춰야 되고, 좋은 것만 보여야 되고"

"부모님의 영향으로 도덕성과 올바름이 중요… 실수하면 안 된다." (이
은아)

"나를 감춰야 되고. 좋은 것만 보여야 되고. 잘 보여야 되고. 막 약간 약점
보이면 안 되고. 그런 것들에 항상 사로잡혀 살다 보니까… 친구들이랑도
막 말하면 이런 것을 왜 했지, 후회하기도 하고. 이런 것은 괜히 했다. 이러기
도 하고… 저를 내 생각과 내가 말하고 싶은 것을 드러내야 하는 직업을
하고 싶으면서 그것을 제일 두려워하는 거예요. 내 생각이나 내가 하고 싶은
말, 나를 드러내는 거를 제일 두려워해요. 그거에 대해서 평가가 될 거고
비난도 받을 거고… 이거를 고쳐야 뭐라도 할 수 있을 것 같은데." (전유미)

부모님의 지나친 간섭을 피하기 위해 부모님과의 관계를 단절한 오주은,
이웃의 지나친 의존으로 어려움을 가졌던 홍진아, 왕따 경험과 깊은 관계
갖는 것을 두려워하는 이은아와 서예림의 이야기이다.

의존, 간섭, 소외로 깊은 관계를 두려워하는

"부모님이 말도 안 되는 간섭이 너무 많아서… 그걸 피하고 싶어서, 혼자
사는 게 오히려 좋아요. 그냥 단절시키면서 내가 바른대로 행동할 수 있으

니까." (오주은)

"그분도 좀 약간 혼자 살면서 외로움 때문에 누군가 친구가 필요했던 것 같은데. 제가 그것을 처음 받아줬을 때, 그냥 가끔씩 이렇게 하면 되는데. 혼자 사는 게 외로우셨는지, 계속 그렇게 지나치게 의존을 하셨죠." (홍진아)

"맨날 그림을 그리다가, 다른 사람들 있는데 취업을 하니까 너무 어색한 거예요. 그래서 두 번 정도는 같이 일하기가 힘들어서 제가 저 사람들하고 못 지내겠어 가지고 그만 두었다가, 세 번째 일을 시작한 게 ○○○였는데, 거기서도 관계 맺는 게 어려워서 첫 매장에서는 너무 힘든 거예요. … 일도 제대로 안 알려주고, 너는 일 못한다 이렇게 막 하다가, 이간질하고. 근데 저는 이간질인지도 모르고 그냥 당하고 있고." (서예림)

"왕따 당했던 거… 초등학교 4학년 때부터… 깊은 관계에 빠져 들어갈 때, 선을 긋고 그것을 넘는 것을 굉장히 불편해 하고 손절을 한다든가… 깊은 관계를 가지는 것을 두려워하는." (이은아)

(2) 서투른 연애 관계

윤수연, 민은혜, 이은아는 혼자 살면서 이성 친구가 친밀하고 많은 영향을 주는 존재이나, 서툴고 잘못된 방식의 관계와 헤어짐으로 이성 관계에서 어려움을 경험하였다. 한편, 전유미는 이혼한 부모님의 결혼생활을 통해 결혼제도를 싫어하는 비혼주의자가 되었다.

배워본 적 없는 연애와 결혼

"10년 사귀었던 친구랑 헤어지면서 너무 힘들어서 애증의 관계였거든요. 그랬는데 그 친구랑 헤어지는 게 힘들다 보니까. 제가 못하는 게 연애였고, 배워본 적도 없고… 그래서 전 연애 코칭도 받았고… 많이 생각이 바뀌고 좋아졌거든요." (윤수연)

"제가 지금 결혼을 하기 싫은, 약간… 요즘 말로 하면 비혼주의자 그런 건데. 그것이 엄마, 아빠를 보면서 생긴 것 같기는 해요. 이게 정말 결혼이란 제도를 싫어하게 된 게, 충분히 결혼을 하고 나서 헤어지는 게 얼마나 여성에게 불리하고 힘들고 스트레스고 이게 얼마나 본인의 에너지를 깎아 먹는지도 봤고… 옛날 이혼한 아빠와 산 시간보다 더 길게 넘어섰거든요(새아버지). 그런 제도 없이도 멀쩡히 잘 살 수 있다는 것도 봤고. 프랑스에서는 동거제도가 있잖아요. 동거제도도 있고, 결혼을 하지 않아도 아이를 등록할 수 있고, 엄마 성을 따르는 것은 옛날부터 가능했고… 비혼주의라고 말을 하면은 '너 평생 혼자 살 거야?' 그 말이 아니라, 결혼제도가 싫다." (전유미)

한편, 이은아는 1인가구로 생활하며, 이성 관계와 인간관계에서 '상처와 소외'를 경험했지만 '사랑'을 포기하지 않는다. 「사랑하라, 한 번도 상처받지 않은 것처럼」(2005)의 제목처럼, 한 번도 상처받지 않은 것처럼 '용기'를 내어 다시 사랑하며 살고픈 그녀의 마음을 표현하였다.

"용감하게 한 번 더"

"1인가구라고 하면 외롭고 뭔가 상처받을 일도 있을 것 같고. 어려움도 있을 것 같고, 아무래도 소외받을… 소외감이 있을 수도 있을 것 같고. 하지만

혼자여도 살아는 가야하고. 근데 살아가는 거를 사랑 넘치게 살아갔으면
좋겠는데. 삶은 상처이나, 그래도 용감하게 한 번 더, 상처받지 않은 것처럼
살아갔으면 하는 마음.” (이은아)

“잘못된 방식으로 계속 관계를 맺는 것 같아요.”
“삐뚤어져 있고 첫 단추부터 너무 잘못 끼워진 느낌이여 가지고. 사람이랑
관계를 맺는데 있어서 잘못된 방식으로 계속 관계를 맺는 것 같아요.” (이
은아)

7) 관계에서 적극적인 ‘나’

관계에서 어려움이 있음에도 적극적으로 관계를 가지는 모든 1인가구
여성들의 이야기이다. 소주제는 “혼자보다는 여럿”, “관계에서 배워요”,
“받고 싶은 것을 하는 ‘나’”이다.

(1) 혼자보다는 여럿

서예림은 혼자 생활하며 외로움을 많이 느끼면서 다른 이들에게 관심이
더 많아졌으며, 만남을 즐기게 되었다. 윤수연은 이성 친구와 헤어지고
혼자가 된 후에, 다양한 사람들과의 만남과 대화로 환경을 바꾸었던 경험이
있다. 이러한 경험을 통해, 1인가구지만 “혼자 있는 것 보다는” 다른 이들과
부딪히며 연결되어서 살아가야 된다는 것을 경험하였다. 홍진아도 다른
이들을 만나며, 만족감과 살아있음을 실감한다.

외로움을 느끼고 사람들에게 관심이 생김

"혼자 살면서 외로움도 많이 느끼고 하면서 사람들도 더 좋아지고. 오히려 그래서 요즘 주변 사람들한테 관심이 많아지는 중이에요." (서예림)

"나는 환경을 좀 바꿔봐야겠다. 계속 이 친구한테 올인하고 이랬던 것을 떠나서 다양한 사람들, 다양한 친구들을 만나서 얘기를 들어보고 한 번 해봐야겠다." (윤수연)

"'아직 나 살아있구나!' 그런 느낌 있어요."

"사람은 사람이 빛나게 한다는 표현이 그것 정말 딱 맞는다고 생각했어요. … 혼자 있는 것 보다는 나와서 뭐라도 해보고 부딪치면서 하는 게 좋다. 그래서 '1인가구의 삶이 단순히 1인이니까 1인만 살아야 되는 것이 아니라, 이렇게 연결, 연결되어서 해야 된다'라고 생각이 들었어요." (윤수연)

"'아직 나 살아있구나!' 그런 느낌 있어요. 집에만 나 혼자 갇혀있으면 되게 폐쇄적으로 되고. 전화 통화는 그냥 우리 일상적인 얘기만 하다가, 얼굴을 보면 느낌이 달라져요. 내가 지금 어떤 존재, 존재를 만나는 거잖아요. … 전화 통화를 많이 하는데도 불구하고 자주 만나요. 얼굴 보는 게 확실히 눈과 눈으로 얘기하는 거니까요. … 확실히 만나서 뭘 얘기하면 짧게 만나더라도 그냥 다 안 것 같은 느낌이에요. … 저는 만나는 게 좋은 것 같아요. … 저는 그냥 그 사람하고 오늘 하루를 즐겁게 보냈다는 거, 그거에 만족을 느끼는 것 같아요. 보고 싶었던 사람이니까. 오늘 봐서 기분 좋아진 거." (홍진아)

전유미와 민은혜도 사람들 만나는 것을 좋아해서 가능한 같이 시간을 보내려고 한다. 민은혜는 혼자 지내면 우울감을 느낄 수 있는데, 사람들을 만나면 시너지를 얻는 것 같다. 전유미는 친한 친구들도 자주 만나지만, "니(네) 친구가 내 친구고 내 친구가 니(네) 친구"라는 마음으로 처음 만난 사람들과도 어울린다. 깜깜한 공간에서 서로 어깨를 붙잡고 함께 단합하여 방을 탈출하는 게임을 처음 만난 이들과 재미있게 즐겼던 경험이 있다.

다양한 모임에서 사람들을 만나고 즐겁게 생활함

"저는… '시간되니? 같이 밥 먹자!' 이렇게 해 가지고 종종 그렇게 같이 밥 먹는 것 같아요. … 워낙에 사람 만나는 것을 좋아하니까. 누가 만나자고 했을 때… '최대한 어떻게 하면 만날까?'… 저는 사람을 좋아하는 사람이잖아요. 나 혼자 있으면 되게 우울해질 수가 있단 말이에요. 사람들을 통해서 저는 시너지를 많이 얻는 것 같아요." (민은혜)

"인간관계 엄청 많은데… 제가 사람들 다 불러 모으는 것을 좋아하거든요. 모르는 사람들도 니 친구가 내 친구고 내 친구가 니 친구지. 이런 거 되게 좋아하거든요. … 한번은 이렇게 생판 모르는 조합 6명이서 '방 탈출'을 하러 갔어요… 불을 다 끄고 어깨를 잡으래요. 기차처럼. 처음 보는 사람 다 어깨 잡고. 저는 그래도 다 아는데. 저도 다 아는 사람이 아니잖아요, 사촌 동생 친구가 있어서. 그래서 이 조합이 너무 웃긴데 역대급이라. 근데 부른다고 다 온 애네들도 웃긴 거예요. 그래서 '아 이게 무슨 조합이야?' 그러면서 아직도 그 친구들이랑 만나면 그 얘기 떠들면서 놀거든요. 처음 보는 여섯이 '방 탈출'하러 갔다고. 그 경험이 뭔가 좋았어요. 한 획을 그은 것 같아요. … 저는 누가 껴달라고 하거나 정말 어색하고 모르는 조합도 이제 얼마든지 다 수용할 수 있을 것 같은. 그때 너무 재밌었어 가지고. 이러한 이상한 만남이 이런 의외의 뜻밖의 이상한 조합이 더 평생 기억에 남고 웃기다. 누구랑도 친구… 얘는 3초 만에 다 친구 된다고 애들이 이러면서 놀리고 그러거든요. 그때 그 웃긴 사건이 난 누구랑도 인간관계를 할 수 있다. 자신감. 재밌음. 처음 어색함을 못 견뎌서 그런 거지, 더 기억에 남고. 친한 친구들이랑 노는 것도 좋지만.” (전유미)

김정숙과 이경아는 마을회관의 경로당에서 음식을 함께 준비하고 먹으며, 10여 명의 할머니들과 함께 생활하고, 동네의 이웃들과 하루에도 여러 번 왕래하며 지낸다. 한편, 오주은은 소개팅, 1인가구 지원 센터의 프로그램, 교회의 성경 모임에 참석하여 일주일에 3일은 정기적으로 모임을 갖는다. 서예림은 혼자 살면서 사람들에게 관심을 가지고 관계 맺는 것을 좋아하게 되었지만, 그전에는 주로 온라인에서 게임을 하며 몇몇 사람들과 관계를 맺었다.

“회관에 놀러 가면은 별 것 아닌 것도 자꾸 아웅다웅… 75세에서부터 오는데, 제일 고령자가 95인가. 그런 할머니도 건강하게 오셔. 83, 84, 85가 제일 많아. 우리 한 80대에서 모이는 사람들이 10명 정도 돼요. 여기 100가구가 되는데… 거기서 생활하면 재밌어요. 거의 매일. 집에 일이 없는 사람들은 거의 가고. 집에 볼 일 있는 사람들은 또 볼 일 보고 가고… 또 전화가 와. ‘점심 먹으러 와. 왜 안 올라와?’ ‘그려.’ 그러면 ‘오늘은 쉬어요. 오늘은 안 가요.’ … 재밌어요. 내가 어떤 때 아들네 가면은, 내가 없으면 허전하대.” (김정숙)

"경로당 갈 때 가끔 만나죠. 자주 못 가요. 제가 분리수거하는데, 그때마다 가는 거죠. 이틀에 한 번. 그때 가서 거기서 놀다 오는 거죠… 저녁때나 오지요. 한 다섯 시. 여섯 시쯤 내려와요. 밥도 해먹고. 가면 좋지요. 화투 치고. 안 가는 날은 이웃에. 요기… 하루에 몇 번씩. 우리 이웃은 좋아요… 이런 저런 이야기 하고 놀죠… 혼자 있는 시간은 별로 없고, 이웃에 다니고. 어디가면 나 혼자 있으면 외롭지. 좀 외롭지 그때는." (이경아)

"일주일에 3번, 일주일에 1번씩 소개팅에 나가고 있고요. 저도 이제 인연을 찾고 싶어서… 하나는 1인가구 커뮤니티 강좌, 1주일에 한 번씩 가는 것 있고. 그리고 아까 그 교인들. 성경 스터디… 저는 여러 가지 다채롭게, 골고루. 균형 잡히게 하고 싶어서." (오주은)

"온라인에서 그런 관계는… 전보다는 사람한테 관심이 생긴 것 같아요. 왜냐면 예전에는 그냥 게임만 하면 땡이었는데, 지금은 무슨 일 하는지도 알고 어제는 어땠고, 그런 거에 좀 신경이 쓰이더라구요. 제가 말하는 것마다 상대방이 어떻게 느낄지 그런 것을 처음에는 생각을 못하거든요. 그런 것 좀 배웠으면 좋겠고. 일단 말투로 직감하게 되는 것 같아요. 회사에서는 회사니까, 그런 것 더 감추고 있어서. 온라인에서는 오히려 자기를 더 표현하니까, 더 잘 느껴지는 것 같아요. 그리고 회사는 또 뒤에서 욕하는 게 많잖아요. 앞에서 하는 것보다는. 그러다 보니까 의중을 더 알 수가 없어서 아직은 온라인이 더 쉬워요." (서예림)

(2) 관계에서 배움

청년과 중장년 여성들의 이야기이다. 서예림은 첫 근무지에서는 관계 맺는 것에 어려움을 느꼈지만, 다른 근무지에서 격려하고 인정해주는 직원들과 친근하게 다가왔던 상사와의 관계에서 마음이 열리는 경험을 하였다. 민은혜는 다양한 분야를 접하며 발전하게 하는 사람들과의 관계를 좋아한다. 사람들을 만나서 재밌게 해주는 것을 즐기는 전유미도 자신과 다른 다양한 사람들과의 만남이 자신에게 "좋은 영양분"으로 도움이 된다고 생각한다.

인정과 친근함으로 열린 마음을 경험함

"두 번째 매장 갔는데, 사람들이 잘한다는 거예요. 왜 욕을 먹었는지 모르겠대요. 그래서 거기서 마음이 열려서 다 같이 잘 지내게 되고… 점장님이 좀 파트너한테 친근하게 다가와주는 사람이었어 가지고… 스스럼없이 취미 얘기를 한다거나 그리고 3번째, 4번째 매장에 가서 덕분에 잘 지내게 된 것 같긴 해요." (서예림)

다양한 사람들과 분야들을 접하게 되어 유익함

"내가 관심 분야는 요거였는데, 이 사람은 관심 분야가 이건데… 다양한 분야에 눈을 뜨게 해주니까 너무 좋죠. … 만나서 이야기를 해주면, 내 마음이 쏠리는 것 같아요. 그러면서 "나도 해봐야겠다!" 행동하는 스타일이잖아요. 내가 삶의 교훈을 얻어서 이렇게 이렇게 발전해 가는 것 같고… "아! 내가 발전하고 있구나!" 이런 것을 느끼는 게, 저한테 큰 행복이고 이러니까." (민은혜)

"재밌으니까… 웃기는 것을 좋아해 가지고. 약간 좀 개그하는 것 좋아하고. 애들 웃으면은 기분 좋잖아요. 그것도 있고… 많은 사람들 만나서 많은 얘기를 듣고 다양한 사람… 나랑 잘 안 맞는 것 같은데… 싫어도 다 같이 모여서 자주 보다 보면은 왜 안 맞는지 찾을 수 있을 거고. 안 맞다가도 맞아질 수 있는 거고… 그냥 모든 만남은 다 또 저한테 좋은 영양분이 될 거라고 생각을 해 가지고… 평가하거나 판단하지 않고. 나랑 안 맞으면 안 놀잖아요. 왜냐하면 얘랑 얘기하는 것 재미없으니까. 얘랑 관심사가 다르니까 할 얘기도 없고, 얘랑 재미없고 하면은 그냥 멀어지고 잘 안 만나기도 했는데. 요즘에는 그냥 놔두고. 나는 안 맞는 사람과도 친구를 할 수 있다. 왜냐하면 그런 관계가 있는 것도 나에게 도움이 된다." (전유미)

또한 자신이 가지지 않은 장점을 가진 사람과 관계를 맺는 것에 적극적인 김혜진은 관계를 통해서 인성을 배우는 경험을 하였다. 민은혜와 오주은도 상대방의 감정을 배려하고 격려하는 태도와 말을 배우고 있다. 인간관계를 통해서 좋은 인성을 배우기도 하고 삶의 방식을 배우기도 하는데, 홍진아는 요리, 청소, 난방 등 삶의 패턴을 혼자 살면서 이웃분들에게서 배웠다.

"배울점이 다 많아요."

"수단과 목적으로 사람을 만나는 게 아니라, 사람을 보고 만나는 거잖아요. 인성이나 뭐 이런 걸 보는 거지… 대화를 했을 때 나눔을 할 수 있는. 배우는 거지만, 나눌 수 있고… 배울점이 다 많아요. 사람을 사귈 때 되도록이면 제가 가지지 못한 사람하고 친구를 맺으려고 노력을 해요. 그래서 그 사람한 테 좋은 점을 배우려고 노력을 하고. 따라가려고 노력을 하고…. 동생이지만, 보고 배울 점이 많고, 늘 나쁜 것도 '언니, 그러면 우리 이렇게 생각하면 안 될까?' 이러면서 항상 좋은 쪽으로 바꿔주고. "언니, 나쁜 얘기는 하지말자. 기분 좋은 얘기만 하자." … 자녀가 사춘기가 심하게 와서 자기랑 분리하 려고 공부에 몰입하고, 그러면서 또 하나는 그런 쪽을 택하게 된 게, 엄마,

아빠가 연세가 드시는 것에 대한 엄마, 아빠를 기준으로. 그리고 사춘기 아들과 어긋나지 않으려고. 연세가 드시면은 치매가 올 수도 있고 안 올 수도 있잖아요. 정말 노인들을 위한 복지를 하고 싶었던 거야. 근데 기준이 모든 사람들을 엄마, 아빠처럼 대하려고. 성실함. 너무. 정말 본받고 있어요." (김혜진)

"우리 동생은 거절, 부탁 같은 것을 엄청 잘 해요. 근데 상대방이 절대 기분 나쁘지 않게. 아주 구렁이 담 넘어가듯이. 그런 것 보면은, '저렇게 하면 좋겠구나!' 이런 생각도 많이 들죠. 제가 엄마들한테 메시지 같은 것 보낼 때에도 최대한 엄마들이 이 아이의 부족한 점을 알아듣게 하는 데에 마음 상하지 않게 하는 데에 단어 선택? 이런 것들도. 인간관계를 통해서 말 예쁘게 하는 사람들 있잖아요. 그런 사람들에게서, '저렇게 하면 되겠구나!' 많이 배우고… 인간관계를 통해 가지고 나 혼자 있으면 굉장히 모난 부분들이 많이 있을 수가 있는데, 모난 부분들을 관계 경험을 통해 가지고 이렇게 깎아내는 것! 나 자신을 이렇게 다듬어 갈 수 있는 시간이 될 수 있는 것 같아요. 인간관계를 통해서." (민은혜)

"1인가구 커뮤니티에도 제가 가끔씩 나가잖아요. 제가 안 나와도 꼬박꼬박 나오시라고 이렇게 막 문자를 길게 예쁜 말 써주시는 분이 계세요. 이분의 행실을 보면 되게 적극적이고 먼저 나서서 앞장서서 남을 지휘를 하는 게 아니라 남을 Support(지지)해 주는 그런 성격이시거든요. 그것도 참 대단한 것 같아요. 보통은 내가 나서서 들어내고 싶잖아요. 나를 뽐내고 싶어 하고. 나를 따르게 하고 싶은데. 그 사람은 지원을 해줘요. 밀어주고 잘 되라고. 그래서 약간 저럴 수 있다는 여유는 참 품위 있어 보인다." (오주은)

"살아가는 방식을 부모님한테 배운 게 아니라, 그 사람들을 통해서 배워간 것. 그 사람들이 제가 너저분하게 살고 살림할 줄 몰라서 밥을 굶고 있고 이런 거에 요리도 가르쳐 주고, 청소하는 법도 가르쳐 주고, 난방 어떻게 해야 되는지도 다 가르쳐 주시고, 그게 어떻게 보면 저에게 생활화가 되어 가지고, 21년 동안 그게 패턴이 되었어요." (홍진아)

(3) 받고 싶은 것을 하는 '나'

부모님의 이혼으로 엄마가 많이 그리웠던 윤수연은 인간관계 하면 떠오른 장면이 자신처럼 부모님의 이혼으로 힘들어하던 어린 사촌 동생을 엄마처럼 안아주었던 순간이다. 자신에게 절실히 필요했고 받고 싶었던 엄마의 돌봄을 다른 이들과의 관계에서 자신이 해주는 경험을 하였다. 한편, 전유미는 인간관계에서 자신과 다른 의견에 대해서 배척하기 보다는 상대의 관점을 고려하는 태도로 "자신이 받기를 원하는 대접과 대화"를 하려고 노력한다.

"제가 필요한 것을 남들한테 해줬었어요."
"초등학교 고학년 때, 초등학교 저학년짜리 사촌 동생인데 그 친구한테 제가 엄마처럼 가슴을 이렇게 해 가지고 안아준 적이 있었어요. 근데 그 이유가 그 친구가 그때, 큰 엄마랑 큰 아빠가 이혼하시면서 이런 상실감을 걔가 맛봤었을 때… 그 당시 저는 제가 필요한 것을 남들한테 해줬었어요. … 더 그렇게 제가 받고 싶은 것들을 해온 것도 있어요. 맞아요." (윤수연)

"저를 가르치려고 그러는 사람은 싫다. 근데 또 경계해야 하는 게 내 가치관 이 굳건해지고 굳건해질수록 꼰대가 되기 쉽잖아요. … 저도 오히려 나랑 맞지 않는 생각을… '아니야!' 말고, 약간 '그래? 그렇구나.' … 근데 '나는 이렇게 생각을 해서 너랑 좀 다르네' 이렇게 하면서 조금 '나도 생각해볼까?' 이런 마음이 드는. 내가 받기를 원하는 대접? 대화? 그런 것을 하려고 노력을 하고 있기는 해요." (전유미)

8) 현재를 지탱하게 하는 친밀한 관계

친밀한 관계가 없다는 오주은을 제외하고, 모든 여성들은 <현재를 지탱하게 하는 친밀한 관계>를 가지고 있다. 친밀한 관계들은 '이웃사촌', '취미 수업, 학교, 또는 종교를 통해 함께 배우면서', '가족', '남자 친구', '사별한 남편과 남동생', '온라인 친구들'이다.

(1) 이웃사촌으로

'1인가구 비혼 여성들'은 친밀한 대상이 없는 것으로 김현화(2019)가 제시하였고, 「혼자 사는 사람들」(2021)의 진아도 비슷하였다. 이 책의 1인가구 여성들은 모두 친밀한 관계를 즐긴다. 6인의 여성들은 '이웃'과 "정이 들어 사촌 형제나 다를 바 없이 가까운"(표준국어대사전, 2024) 관계로 지내는 '이웃사촌'을 경험하고 있다. 홍진아는 거의 8년 동안 살고 있는 동네의 이웃들과 진솔한 이야기를 나누며 "정을 붙이고" 산다.

"이웃들에게 정을 붙이고 사네요."
"이 동네에 와서, 혼자 있다 보니까 말을 안 하니까 편할 때도 있지만, 가끔은 말하고 싶은 때 있잖아요. 그때 수퍼에 가면 그분이 어떤 얘기를 하면, '예, 예, 예' 이러다 보니까, 친목이 쌓이게 되더라구요. 그 앞집에 전집이 생겼는데, 새로 오신 분도 또 이렇게 조금 대화를 하면서 인생 얘기도 하고… '제가 혼자 살지 않고 그랬으면, 이분들하고 커뮤니케이션을 했었을까?' 저도 사람이 필요하잖아. 혼자 있으면 사람 냄새도 그렇고. 그렇게 또 관계가 형성되더라구요. 그분들도… 저도 이 부분이 '참, 웃기다!'고 생각이 될 때가 있어요. '난 저 분들하고는 대화가 잘 되는데, 왜 사람들하고 나가서 하는 게 무섭고 두렵고 스트레스 받지?' 가끔은 그런, 네… 이상하게 그분들하고는 마음 편하게. 집 앞이라서 그런 건지, 좀 이상하게 그런 대화를 하더라구요. 길진 않지만. 진심된 얘기를 하니까. 어떻게 보면 같이 오랫동안 일한 사람보다 더 진솔하게 얘기하는 것 같아요. 7년 째, 아! 거의 8년 다 되어 가는 것 같아요. 이웃사촌… 이웃들에게 정을 붙이고 사네요." (홍진아)

윤수연은 직장에서 가까운 거리에 살며, 그 동네에서 일하는 직장인들을 대상으로 '오톡(카카오톡 오픈 채팅방)'을 개설하여 2년 넘게 운영 중이다. '오톡'에서 대화를 나누기도 하고, 점심시간에 시간이 맞는 사람들은 만나서 차, 식사, 대화, 산책, 번개 모임 등을 갖기도 한다. 전체 인원은 한 달에 한 번 정기적으로 만나서 식사와 대화를 나눈다.

"○○○로 직장인들 커뮤니티를 운영하고 있거든요. 그래서 '오톡'이라고 해서 오픈 채팅방을 방장으로 운영하고 있어요. 2021년도부터 했거든요. 오픈 채팅방은 여기 ○○○로에 있는 사람들이 다 들어올 수 있는 거예요. 2년 넘게. 나이 다른데… 20대 후반에서 40대 초반까지…. 여기에서 일하거나 살거나. 그냥 ○○○로에서 뭐 커뮤니티를 형성시킨 거죠. 카톡방에서. 직접도 만나요. … 가까이 있는 정말 좋은 친구 같은. 오래 볼 수 있는 사람들을 찾으면, 오히려 멀리 있는 가족보다 가까이에 있는 이웃사촌이 훨씬 더

친하게 지낼 수 있겠다." (윤수연)

한편, 김정숙은 멀리에 살고 있는 자녀보다 이웃과 더 가깝게 지낸다. 거의 매일 마을회관에서 이웃을 만나고, 집에서도 그녀처럼 남편과 사별하고 혼자가 된 이웃들을 매일 만나며 서로 의지하고 도우며 생활하고 있다.

"자식은 어려서 키울 때나 자식이지, 성장해서 크면은 뭐 남이라. 나가 사니까, 남이라고 볼 수 있는거여. 남이라고. 나가서 사니까. 아무래도 같이 사는 사람마냥 같이 접촉을 못해니까. 자식이라 믿고 의지해고, 그거 하나지. 이래 가찹게 지내는 거는 이웃이 더 나아. 가찹게 지내는 거… 회관에 가서 만나는 거는 매일 만난다 생각해구… 회관에 안 가는 날은 저 집에 가서 커피 먹구, 또 뭐 먹구, 놀다가 집에 잠깐 왔다가, 또 답답해믄 또 저 집으로 갔다가… 사는 게 즐거워요. 즐거워. 여기 살면서 부터 자주 만난거지. 되게 오래됐지. 먹거리 같은 거 얻어 오면은 '뭐 얻어 왔다구, 같이 먹자구' 또 부르고. 여기서 산지가 60년… 그렇지요. 그러니까 다 인저 세월이 흘러서 혼자 살게 되니까… 좋은 거가 뭐 '같이 생활해니까, 좋다!' 그거구. 그냥 허심탄회하게. 나쁜 건 나쁘다 좋은 건 좋다. 이렇게 받아들여도 서로 화안 내구. 그냥 다 받아들이니까. 그래서 인저 내가 어디 갔다 왔는데 몹시 괴로워 가지고 누구를 불렀으면 좋겠는데, 부를 사람이 없다. 그래믄 '아휴, 아무개 엄마 나 죽겠어. 와서 나 좀 뭐 좀 해줘. 나 뭐 좀 끓여줘' 이래면 와서 또 끓여 주구. 또 예를 들어서 내가 어디 갔다 왔는데, 만약 실수를 했다. 오줌을 쌌대거나, 변을 묻혔대거나 이러면은… 와서 그렇게 처리해주구. 서로 많이 도와주니까… 서로 고맙다. 서로 의지하며 사니까 고맙다." (김정숙)

이은아도 "어쩔 땐 엄마" 같은 이웃의 언니와 친밀하게 생활하며, 김혜진은 자원봉사를 하며 가까워진 이웃이 그녀의 새로운 직업에도 영향을 주었다. 왕수진도 40년 동안 알고 지내는 이웃들과 자주 만나고 나들이도 하며, 바쁠 때에는 서로 도우며 생활한다.

"어쩔 땐 엄마 같아요."

"언니도 착하고 남 배려해주고 되게 많이 챙겨줄려고 하는 사람이어 가지고. 되게 선한 기운을 가지고 있는 사람이라고 생각해요. … 어쩔 땐 엄마 같아요." (이은아)

자원봉사로 친해진 이웃

"제가 최근에 갑자기 요양보호사를 하게 됐잖아요. 직업 자체를 하게 된 동기가 둘째 아이의 친구 엄마들 중의 한 친구가 저랑 친해져 가지고 하는데. 걔도 도서관에서 자원봉사를 하니까 둘이 스타일이 맞으니까 친해져 가지고… 걔는 돈이 아예 안 되는 무료 도서관인데… 그 후배가 관장님이 된 거예요. 걔가 자원봉사를 15년을 했나? 그만큼 성실한 거죠. … 그 친구가 어느 날 공부를 하기 시작하는데, 사회복지를 공부하기 시작하는 거예요. 재가복지센터까지 차리게 된 거예요. 음악을 전공한 친군데. '언니 내가 이것 차릴 건데, 언니 요양보호사 자격증 좀 따놓으면 안 돼?' '알았어.'" (김혜진)

"한 두세 명 있어요. 하나는 위에고, 하나는 동생뻘… 한 40년 친구. 동네 친구… 둘은 거의 매일 만나구. 하나는 주일마다 한 번씩 보고. 월요일만 쉬니까. 그 동생 만나면 여기저기 커피숍도 가고 밥도 사먹고. 그 동생이 와야 바람도 한 번 쐬여 주고…다른 한 명은 같이 작업해. 내가 박스 붙이고.

그런 거지. 옛날엔 내가 바빴으니까, 지금은 놀고 있으니까 바쁜 사람들 도와주고. 그리고 살아… '오늘 하루 즐거웠다!' 그거지. 이루고 싶은 것은 없어요. 있을 때 와서, '같이 놀아주고 하루 즐겁게.'" (왕수진)

(2) 배우면서 친해짐

중장년 여성 1인가구들은 '취미 수업, 학교, 또는 종교를 통해 함께 배우면서' 친밀한 관계를 맺게 되었다. 민은혜, 김혜진, 홍진아는 취미인 외국어 수업과 3D 프린팅을 배우며 만난 이들과 친구가 되어 생활을 나누는 관계가 되었다. 또한 홍진아는 유학 중에 만난 언니, 학교 후배, 성당에서 만난 대모와 친밀한 관계로 전화로도 자주 소통하고 만난다.

취미 수업에서 친구가 됨

"사람들이 대체적으로 오픈마인드가 되어 있어서, 만났을 때 저랑 더 잘 맞는 것 같아요. … 선입견이나 편견들도 더 적어서 우리가 대화를 할 때, '내 말이 맞아!' 이러면서 막 독단적으로 행동하지 않고. 대화를 할 때, 우리가 훨씬 부드럽게 이어갈 수 있게 되네요." (민은혜)

"모든 사람들이 의외로 수업 가서 친구 돼요. ○○ 친구랑 3D 프린팅 배우러 가서 만나서 친구 되었고, 한 10년 전… 이 친구가 아니었으면, 나가는 것에 있어서 혼자 많이 힘들어 했을 텐데… 굉장히 도움이 되어 가지고. 이 친구 덕분에 많이 성장했어요." (김혜진)

"○○ 언니 같은 경우는… '나 좀 도와줘?' 이렇게 해서 연락오구. 그럼 와서 보구. 그 기간 동안 못했던 얘기도 하고. 그렇게 지내고." (홍진아)

학교나 종교를 통해 가까워짐

"이태리에서 알던 언니인데, 친하거든요. 그 언니랑은 일주일에 한 번씩
꼭 통화를 해요. 많으면 2~3번 통화를 해요. 한 시간 뭐 이렇게 하고. 그 언니랑
맨날 약속을. 만나자! 그 약속을 매번, 매번 잡아서 못해도 한 달에 두 번
정도 만나거든요… 그분하고 대학교 후배. 후배가 자주 전화가 와요. 그
친구도 갑자기 프랑스에 가서 빵을 배우고 싶다고. 빵을 배우러 갔다가,
○○○에 빵집을 차렸어요. 그래 가지고 거기 가끔 가고… 대모님하고 자주.
그래도 매일 매일은 아닌 게, 저희가 월례회 첫째 주 토요일 날 뵙고, 오늘
같이 3주차 일요일 날 뵙고. 그러면 따로따로 성당을 다니지만, 전화를 좀
많이 해서 못해도 일주일에 2~3번은 하는 것 같아요." (홍진아)

(3) 그래도 가족

중장년과 노년 여성들은 '가족'과 친밀하다. 이경아는 막내아들과 좋은
관계로 지내며, 홍진아는 자신만 바라보는 부모님께 가장 의지를 많이
한다. 김혜진은 집 근처에 살고 있는 세 명의 친정 언니들에게서 도움도
받고 의지하며 생활한다. 민은혜도 부모님 문제와 연애 상담을 시시콜콜
나누며 서로 응원하는 자매들 그리고 부모님과 친밀한 관계 경험을 하고
있다.

자녀

"현재는 아들 하나가 그래도 잘 해요. 서울 살어. 제가 낳은 아이. 그 아들이
잘해. 왔다 갔다 하죠. 인저 맹일 때나 생일 때나. 바쁘니까 벌어먹고 살기에
저기 해니까. 명절 때하고 생일 때나. 그럴 때나 한 번씩 오지요. 막내아들.
여기서 낳은 막내아들." (이경아)

부모님과 자매들

"부모님… 현실적으로는 제일 가까이에 있는 부모님이고. 제일 중요한 것 같아요. 솔직히 오로지 저를 바라보시는 분들이시고, 저에게 기대하시는 분이고. 제가 어떤 잘못을 하더라도 칭찬할 일이 있더라도, 남들보다 저보다 더 좋아하시고 더 슬퍼하시는 분들이니까. 가장 의지를 많이 하고." (홍진아)

"친정 식구 언니들. 둘째 언니, 저랑 비슷한 성격인데, 암튼 쟤네 엄마가 최고, 첫째 언니. 그 다음에 셋째 언니, 엄청 성실함. 셋째 언니랑 제일 대화가 통하는 것 같지만." (김혜진)

"제가 가장 가깝고 중요한 인간관계는 뭐지… 우리 자매, 우리 부모님 그리고 남자 친구. 자매들끼리 더 많이 더 뭉치게 되는 것 같아요. 왜냐하면 엄마, 아빠 문제 때문에. 엄마, 아빠 병원에 모시고 가는 일도 그렇고. 할 얘기가 많은 것 같아요, 우리 자매들은. 그래서 되게 내 연애 상담 이런 것도 시시콜콜 다 공유하고 얘기하고 하니까, 모르는 게 없으니까, 아무래도 우리 자매는 가식적이지 않고…. '굉장히 잘 한다!' 응원의 메시지…. 우리 엄마 같은 경우에도 그렇고… 서로 용기를 북돋우는 말…." (민은혜)

한편 김정숙은 시집와서 그녀에게 잘해 준 큰 시누이와 가까운 관계이며, 이경아는 올케와 가장 친한 관계로 종종 전화로 대화를 나눈다.

시누이와 올케

"우리 큰 시누님이 그렇게 잘 했어요. 나한테. 당신 어머니, 아버지한테 잘

한다구. 그렇게 나한테 잘 해 가지고, 나도 그 양반이 친언니같이 느껴졌어
요. 애들 제하고는 시누지. 시누. 옛날에 해주신 것도 고맙고. 아직 지금까지
도 지금도 가면은, 그 양반이 그렇게 좋아해유. 지금도 내가 가면은 손 붙들
고 눈물을 흘리면서 '올케가 이렇게라도 찾아오니 고맙다 옛날에 살 던 생각
이 난다.'" (김정숙)

"제일 가까운 사람은 우리 올케. 우리 올케가 인저 혼자 됐어요. 제 동생이
저하고 남맨데 그냥 갑자기 죽었어요. 그래 가지고 올케가 혼자 있는데,
제일 친하지. 올케랑. 서울이요… 전화. 한 2주에 한 번씩 하고. 못 만나요.
힘드니까. 제가 어디 걷지를 못해요. 잠깐 해요. 안부 전화. 몸 아픈 거, 그런
얘기 하고." (이경아)

(4) 너무 가까운 남자친구

결혼을 앞두고 있는 윤수연은 가장 가깝고 중요한 사람이 남자친구이다.
자주 만나지는 못하지만, 서예림도 많이 의지가 되는 사람은 남자친구이다.
전유미 역시 1년 정도 사귀고 있는 남자친구가 "중요한 역할"을 하며,
민은혜도 많은 이야기를 나누는 남자친구와 많이 가까운 관계로 생활한다.

"중요한 역할을 하는 것 같아요."

"지금은 남자친구인 것 같아요. 가장 가까운 건 남자친구고, 중요한 것도.
이제 가정을 만들어 가야 되니까… 토닥토닥 엄마처럼 해주는 것들이 심신
의 안정을 주더라구요. 그러다 보니까 또 기댈 수 있고, 또 신뢰할 만하고.
그런 것 같아요… 좋은 가정을 이루고 싶고. 어렸을 때는 이런 게 되게 크기는
했거든요. 왜냐하면 부모님이 이혼하셨기 때문에 '나는 더 좋은 가정을 이뤄

야지' 이런 생각을 했었는데. 지금은 그런 부분은 많이 내려놨고, 실패라는
생각도 안 들어요. 안 맞으면 헤어질 수도 있고. 맞춰갈 수 있으면 좋은 거고."
(윤수연)

"저도 이 사람이 좋아서 같이 지내는 거지… 솔직히 부모님보다는 더 많이
의지가 되고. 제일 의지하는 것 같아요. 한 달에 몇 번 못 보기는 하지만,
이해심이 많아서 그냥 온전한 저를 좀 보여줄 수 있는 사람이라서… 예전보
다 더 깊이 있게 좋은 것 같아요." (서예림)

"지금은 남자친구가 있어 가지고… 그냥 감정적인 거로는 보고 싶고 같이
있고 싶으니까. 그런 것도 있고. 그것도 느껴요. 약간 나를 좋아하면서 그리
고 내가 얘가 남자친구니까 보이는 면들이 있잖아요. 나도 모르고 가족도
모르고 친구도 모르는, 내 모습을 얘는 아니까. 얘가 봤을 때, 저의 그런
변화들이나 뭔가 '얘가 요즘 이러네, 저러네, 변화도 얘가 제일 잘 느끼고.'
그래서 나 스스로한테도 얘가 되게 중요한 역할을 하는 것 같아요… 1년이
되어가고 있어요. 가을쯤." (전유미)

"많은 얘기를 나누니까."
"남자친구랑은 진짜 많은 얘기를 나누니까, 너무 가깝죠." (민은혜)

(5) 없어도 가까운 이들
김정숙, 왕수진, 이경아는 현재 생존해 있지 않지만, 곁에 없어도 가까운
이들이 있다. 바로 사별한 남편과 남동생이다. 김정숙은 남편이 치매로
그녀를 많이 힘들게 했었지만, 그래도 남편 생각이 많이 난다. 왕수진도

‘제일’ 보고 싶고, 그리운 사람이 남편이다. 한편 남동생이 먼저 세상을 떠난 이경아는 부모의 죽음보다 남동생의 죽음이 더 슬펐다.

사별한 남편

"'암만 잘 하는 효자래두 악한 처만 못해다' 그랬던 게, 그게 인저 생각이 나는 거지. 진짜! 암만 자식들이 잘 해도, 그 오줌 싸고 똥 싸고 했던 그 영감만 못해. 그 사람은 미워서 '왜 이런 고난을 나한테 주냐구! 밉다구!' 똥 싼 것 치우면서 왜… 엉덩이를 몇 번, '진짜 지겨워서 죽겠어!' 엉덩이를 몇 번 때렸어도, 그래도 그 사람이 만만해지. 자식들은 그렇게 만만해지 않어유. 자식들은. 그래두. 암만 나한테 그 악연을 주고 나쁘게 했어두 그래두 그 사람이 생각이 나는 겨." (김정숙)

"애기 아빠하고 나하고만 알아요. 중매를 했는데, 내가 못 배운 거… 내가 어디 가도 자신이 없어. 글을 쓸 줄 모르니까. 간신히 이름만 쓰고. 아휴, 그래서 망설이다 어쩔 수 없이 이름만 쓰는데. 글씨는 거꾸로 안 붙이고 바로 붙이니까. 그렇게 해서 살아나갔고. 지금도 제일." (왕수진)

사별한 남동생

"우리 동생이 그렇게 갑자기 가니까… 엄청 외로워… 부모 돌아갈 때 보다 그 형제 가는 게 더 슬프더라구요. 의지할 데가 없는 거예요. 지금도 그 애 생각만 하면 눈물이 나고… 너무 외로워요." (이경아)

(6) 온라인 친구들

서예림은 온라인을 통해 소통하는 사람들이 가장 친밀한 사람들이다.

게임은 여러 사람들이 접속해서 함께 하는데, 거의 매일 게임을 하며 가상의 공간에서 자주 만나는 관계가 되었다. 처음에는 게임만 하다가, 조금씩 서로에 대한 소개와 삶에 대해서 나누며 몇몇 사람들과는 실제로 만나고 경조사에도 참석하는 관계가 되었다.

게임도 하고 얘기도 하고

"보통의 친구들, 평범한 친구들은 없었고… 게임하는 친구들. 제가 그림 그리니까, 또 그때는 그림을 그리며 게임하는 애들, 만화 좋아하는 애들. 지금은 사람들이 '오타쿠'라고도 부르는데, 딱히 걔네가 오타쿠는 아니지만 그런 것을 좋아하는 애들. 그런 애들하고 친하게 지내다 보니까, 지금 제 관계에 있는 사람들은 다 그쪽 관련 사람들이에요. '지금도 동호회를 나가서 누구를 만나라!' 그러면, 그런 것 진짜 못하고 사람들과 게임하면서 그냥 게임에서 가상 사람들 만나는 게 훨씬 낫고… 게임을 통해서 사람을 만나지만, 자주 만나고 그런 것은 아닌데… 게임에서 일단 다 같이 하는 거니까. 사람은 많은데, 그런 사람들 중에서도 오래 지내다보면 실제로 만나기도 하고. 그런 편이죠. … 쉴 때에는 게임하면서 그 사람들하고 얘기하고… 가상에서." (서예림)

소속감이 안정감을 줌

"학교 친구들 보다는 온라인 친구들이 더 친하고 그러니까. 후회하기는 하거든요. 차라리 게임 안했으면, 나도 보통의 인간들처럼 대화도 하고 만남도 편하게 가지고 사회생활도 미리 잘 되어 있었고. 너무 집 안에서 게임만 해 가지고… 너무 늦었다고 생각해요… 좀 아쉽긴 해요… 그래도 소속감이 있어서 안정감을 느끼는 것." (서예림)

(7) 그 외

오주은은 매주 모임에 정기적으로 참석하고 만나는 친구들도 많다. 그러나 진정으로 가깝다고 느끼는 사람은 없어서, 조금 힘들거나 공허할 때 혼자 눈물을 흘리기도 한다. 그녀가 원하는 관계 자원은 부모님의 격려와 지지이다.

친구는 많지만 없음

"관계 자원이 없음이에요. 그래서 지금도 약간 힘들 때, 공허할 때, 어… 이게 힘들더라구요. 그래서 눈물이 날 때도 있고. 이게 부모님이 '내 딸, 잘 할 수 있어!' 이런 말을 해주면 좋겠어요…. 내가 스스로 가깝다고 느끼는 사람이 크게 없어서. 진정한 사람. 물론 친구는 많죠. 지금은 없는 것 같아요."
(오주은)

9) 관계에서 발견한 자기-능력

'자가능력'은 스페리의 심리적 영역에 근거한 것이다. 스페리는 심리적, 도덕적, 영적 영역이 서로 상관관계가 있어서, 심리적 영역의 '자가-능력'은 영적 영역에서는 '영적 실천'이며, 도덕적 영역에서는 '미덕'으로 설명하였다. 따라서 이 책의 여성 1인가구들이 관계에서 발견한 '자가능력'은 '영적 실천이자 미덕'이다.

스페리는 자가-능력을 13개의 능력인, 자가-활성화와 자가-통제(신체적 차원), 자가-인정, 자발성, 자가-위로, 친밀감, 자가-연속성, 창조성, 자율성(심리적 차원), 자가-포기(영적·종교 차원), 헌신(도덕적 차원), 비판적 반성(지적 차원), 사회의식(사회·정치적 차원)으로 세분화하였다. 13개의 능력 중에서

이 책의 여성들은 '자가-인정, 자가-위로, 자발성, 비판적 반성, 자가-포기, 사회의식'에 관하여 이야기하였다.

(1) 자가-인정 & 자가-위로

스페리에서 '자가-인정', '자가-위로'는 심리적 차원인데, 도덕적 영역의 '동정, 자가돌봄' 그리고 영적 영역의 '마음 치유하기, 사랑하는 법 배우기'와 상관관계가 있다. '자가-인정과 자가-위로'를 통해서 1인가구 여성들은 자신을 동정하고 돌보며, 마음을 치유하고 자신을 사랑하는 법을 배운다. 모든 청년과 중장년 여성 1인가구의 경험이다. 이은아는 대학을 졸업하고, 부모님으로부터 분리하여 1인가구로 살아가는 자신의 '용기'에 대해 자가-인정한다. "어떤 일이 닥쳐도" 부모님의 도움 없이, 해결할 수 있을 거라고 스스로를 인정하였다.

원가족에서 분리하는 용기

"원가족에서 분리될 수 있는 용기… '엄마, 아빠 없어도 무슨 일이건 난 잘해 내겠구나! 나에게 어떤 일이 닥쳐도 알아서 하겠구나!'" (이은아)

김혜진은 자신을 인정해 본 적이 없었지만, 1인가구로 생활하는 요즘은 자신이 많이 성장해서 자가-인정을 할 수 있다. 아버지의 완벽주의를 보았고 완벽을 요구받았던 홍진아는 자신이 완벽하지는 않지만, '노력하는 사람'이고 '세심한 사람'이라는 것을 자가-인정하고, 혼자 사는 삶의 자유로움에 대해 자가-위로한다. 이외에도, 전유미, 서예림, 윤수연, 민은혜는 혼자 생활하며 자신의 장점을 발견하고 인정하며, 스스로를 위로하는 경험을 하였다.

"넌 괜찮은 사람이야."

"저를 한 번도 인정을 안 한 거예요. '넌 괜찮은 사람이야!'를 한 번도 안 했잖아요. 많이 성장해서 그거를 당당하게 얘기할 수 있는 거예요." (김혜진)

"저는 완벽하지는 않은데, 할려고 노력하는 애라는 것을 알게 됐죠. … 이런 것까지는 신경 안 써도 되는데. … 난 세심한 아이일 수도 있구나." (홍진아)

"외로움보다는 자유로움"

"외로움보다는 자유로움. 쉴 수 있는. 나에 대한. 안전한. 저에 대한, 혼자만의 그 시간. 아직은 외롭다기보다는 행복감. 온전히 자유로울 수 있다는 것." (홍진아)

(2) 자발성

스페리에서 '자발성'은 도덕적 영역의 '동정, 자기-돌봄' 그리고 영적 영역의 '마음 치유하기, 사랑하는 법 배우기'와 상관관계가 있다. 자발성에 대한 스페리의 정의는 '정서들을 억압하지 않고 적절하게 경험하는 능력'이다. 윤수연은 '긍정적이고 건강한 사람'을 만나고 싶었지만, 아픈 사람들이 주위에 더 많아서 '내가 할 수 있는 것은 해주자!'는 마음으로 실천하게 되었다. 전유미 역시 자신의 의견과는 다른 의견과 관점을 가진 이들을 편견이나 선입견으로 멀리하지 않고, 열린 마음으로 경청하고 대접하려고 노력한다. 이외에도, 노년 여성 3인은 마을회관에서 식사를 준비하고 바쁜 이웃을 도와주며 '자발성'을 관계에서 경험하고 있다.

"내가 할 수 있는 것은 해주자!"

"어떤 사람을 만나느냐에 따라서 정말 많은 영향을 받거든요. … 저는 그래서 밝고 긍정적이고 건강한 사람을 만나고 싶었어요. 어떤 인간관계든. 근데 돌이켜 생각해 보면 지금 제 주변에 아픈 사람이 많아요. … '내가 주세요, 주세요' 하는 사람보다는, '내가 할 수 있는 것은 해주자!' 요런 마인드가 되는 것 같아요. … 아파본 사람이 아픈 사람 마음을 안다고. 저도 그런 것들을 경험해 봐서. 그러다 보니까, 그런 것들이 잘 보여서. 그래서 방장 역할할 때에도 도움이 그렇게 연결이 되는 것 같아요." (윤수연)

"내가 받기를 원하는 대접? 대화? 그런 것을 하려고 노력을 하고 있기는 해요." (전유미)

윤수연과 전유미의 '자발성'은 타인과의 관계에서 체험한 '자발성'인데, 자신과의 관계에서 '자발성'을 경험하는 이들이 있다. 윤수연은 1인가구의 삶이 다양하며, 다양한 가운데에서 '자신만의 색깔'을 찾아가는 삶으로 경험하고 있다. 민은혜도 새로운 것을 시도하고, 그 속에서 자신에게 맞는 것을 "계속 찾아가는" 경험을 하고 있다. 가족과의 분리를 '나는 비상한다(Je vole)'(2015)로 표현한 샹송은 '자신만의 색깔'의 새로운 삶과 미래를 향해 나아가는 '청년 여성 1인가구'의 관계 경험을 노래한다. 그녀들의 '설레임, 희망, 자유로움' 그리고 이제까지 걷기만 했던 삶과는 '다른 자신만의 삶에 대한 추구와 기대'를 표현하였다.

"자기만의 색깔을 찾아나가는 것"

"다양하다고 생각을 해요. 그 가운데에서 '자기만의 색깔을 찾아나가는

거다'라는 생각도 들고." (윤수연)

"새로운 것을 하면서 나에게 맞는 것이 뭔지를 계속 내가 찾아가는 것 같아
요." (민은혜)

(3) 비판적 반성

스페리에서 심리적 영역의 '비판적 반성'은 지적 차원이며, 도덕적 영역
에서는 '신중' 그리고 영적 영역에서는 '지혜와 이해력 개발'과 상관관계가
있다. 김혜진은 50대의 나이에, 사이버 대학에서 실버 산업과 복지를 위한
학업 그리고 요양사의 일도 시작하게 되었다. 이 책에는 사이버 대학에서
학업을 시작하며 '비판적 반성'을 실천하는 김혜진만 소개하지만, '비판적
반성'은 학문적인 영역에만 한정된 것은 아니다. '신중, 지혜, 이해력 개발을
위한 여성들의 개인적인 시간과 종교적, 영적 훈련들이 모두 '비판적 반성'의
경험이다.

사이버 대학에서 학업 중
"대학을 다니고 있잖아요. 사이버. 그래서 열심히. 학업. 도약을 해야 되니
까." (김혜진)

(4) 자기-포기

심리적 영역의 자기-포기는 영적(종교) 차원이며, 도덕적 영역에서는
'사랑, 거룩' 그리고 영적 영역에서는 '영적 비전 자각하기'와 상관관계가
있다. 스페리는 '자기-포기'의 정의를 "버려짐이나 함입에 대한 불안 없이,
자존감을 유지하며 혼자 있는 능력"이라 한다.

중장년과 노년 여성 1인가구의 이야기이다. 민은혜는 삶 속의 다양한 사건과 관계 속에서 교훈을 얻고, 얻은 교훈을 자신에게 체화하기 위해서 오랜 시간 노력하는 자가-포기를 경험하고 있다. 의미 없는 경쟁심과 성취 욕구, 욕심보다는 "현재를 즐기는 게 더 중요"하다는 것을 자신에게 상기시 킨다. 이외에도, 홍진아, 윤수연, 김정숙, 이경아, 왕수진은 종교적인 의례를 통해 자신의 욕망의 추구보다는 신의 계획에 내어맡기는 경험을 하고 있다.

교훈을 체화시키기 위한 노력

"저 자신의 변화는 매일 매일 있지 않나 싶어요. … 이 사건을 통해서 내가 교훈을 얻지만, 교훈을 얻은 것을 내가 다 체화시키기까지는 시간이 확실히 많이 걸리는 것 같아요." (민은혜)

"현재를 즐기는 게 중요하고, 욕심은 끝이 없다."

"이 집안에서 있었던 부족함을 밖에 나가 가지고 얻으려고 되게 노력을 했던 것 같아요. 그래서 저는 경쟁심이 되게 강해요. 경쟁심이 되게 강하고 성취욕이 되게 강하고. 이러면서 '아! 이런 게 의미가 없구나!' 하고 느껴도 사람이 갑자기 바뀌기는 힘들단 말이에요. 나한테 자꾸 '이것보다 중요한 것은 현재를 즐기는 게 더 중요하고, 욕심은 끝이 없다'는 걸 나한테 리마인 드를 해주게 되잖아요." (민은혜)

(5) 사회의식

스페리에서 심리적 영역의 사회의식은 사회(정치) 차원이며, 도덕적 영역에서는 '정의, 꿋꿋함/용기' 그리고 영적 영역에서는 '봉사하기'와 상관관계가 있다. 스페리에서 '사회의식'의 정의는 "사회적 상황에 대해 윤리적 관점에서 분석하는 능력"이다. 오랜 시간 지역 도서관에서 자원봉사와 일을 한 경험이 있는 김혜진은 이주 여성들이 많이 늘어난 그녀의 고향에서 도서관을 만들어 지역사회에 보탬이 되고 싶다.

지역사회를 위한 도서관 만들기

"제가 도서관 일을 오래했다고 했잖아요. 자원봉사도 가장 오래 한 데는 도서관이었고. 직업도 그거였는데, 너무 좋은 것을 보고 산 것 같아요. 너무 잘 돼 있어요. 서울은 말할 것도 없고. ○○ 말할 것도 없는 거예요. … 저희 친정에 갔을 때, '어휴, 내가 도서관을 이렇게 하고 싶어.' 개인적인 도서관을 하고 싶었던 거예요. … 어느 순간 유행처럼 한 5년 전부터 우리나라도 골목 골목 그리고 작은 동네에도 서점이나 이런 게 생기잖아요. 그런 것처럼 저는 도서관을 하고 싶어 가지고. 아까 그 궁극적으로 자연친화적인 도서관과 함께 지역 사람들과 함께 꼭 공동체는 아닌데 그들과 함께 같이 살아가는. 그리고 저희가 수명이 너무 길어졌잖아요. 그것을 어떻게 하면은 덜 지루하 고 혼자 산다고 그러지만 혼자일 수 없는 세상인 거잖아요. 누구나… 저는 지방에 갔는데 그 맘이 굳혀진 게, 저희 동네는 사실은 시골인데도 이주 여성하고 결혼한 사람이 없었어요. 그런데 결혼하고 제가 10년 뒤에 간 다음 부터는 점점 외국인이 늘어나는 거예요. … 그것까지 생각해서… 그런 식으 로 해서, 좀 지역사회에 보탬이 되는 그런 도서관을 좀 만들고 싶어요."

(김혜진)

전유미는 가정 환경에 의해 관심이 생긴, 페미니즘에 관해 객관적으로 알고 페미니즘과 같은 사회 문제에 관한 영화를 만들고 싶다. 사회 문제에

관심이 많은 홍진아는 사회의 부조리에 관해 고발하는 글을 종종 쓰고
있다.

사회 문제에 관한 글과 영화 만들기

"그래서 제가 특히 수업을 할 때 모든 과목에서 빠지지 않는 게 페미니즘이었
거든요. 그런 영화 분석에서도 페미니즘적 분석을 배우고, 역사를 배울 때도
페미니즘의 역사가 나오고. 티비에 대해서 배울 때에 페미니즘적인 분석도
배우고. 그것만 배우는 건 아니지만. 어느 방면에서도 빠지지 않는 이슈가
페미니즘이고. 이런 이런 상태다. 그래서 '여자가 불쌍하고 남자가 잘났다'
이게 아니라, '그냥 이런 상태고' 이렇게 객관적으로 볼 수 있는 그런 것을
많이 배우는데. … 이런 사회 문제 같은 것들을 꼬집거나 다루는 영화도
만들고 싶고." (전유미)

"나는 고발만 잘 하나봐. 이렇게 생각했거든요. 그게 아니었어요. 고발을
하면서 제가 글이 잘 써지는 거예요. 글을 내가 잘 쓰는구나… 글을 잘 쓰는
게 아닌데, 하도 쓰다 보니까 훈련이 된 거예요." (홍진아)

인도의 마더 테레사 하우스에서 자원봉사의 경험이 있는 민은혜는
난민운동가 또는 야학 선생님으로 사회에 기여하고 싶다. 오주은은 고등학
교 때부터 꾸준히 자원봉사를 실천하며, 올림픽, 세계태권도 대회 등의
국제대회에서 다양한 역할로 사회에 기여하고 있다.

야학 선생님과 자원봉사

"환경 운동가 아니면 난민 운동가… 전 세계 사람들이 우리처럼 평범하게

살 거라고 생각하는데, 그렇지 못한 사람들도 굉장히 많잖아요. 그런 사람들도 내가 가서 직접적으로 도와주면서… 사회에 기여하는 일을 하고 싶어요. 또 어떤 분은 야학 선생님을 하시더라구요. 그래서 제가 야학 선생님. 이것도 괜찮은데.” (민은혜)

“저도 사회를 위해서 봉사하고 사랑하고 싶은 마음이 있는데… 제가 고등학교 때도 굳이 대학교를 잘 가려고 봉사 시간을 받은 게 아니라, 그냥 봉사하는 것을 좋아하다 보니까. 1년에 그때 150시간씩 2년을 했었고. 도서관 봉사도 하고. 뭐 그냥 여러 가지. 대학교 때도 대학에 왔으니까 굳이 봉사 시간이 필요가 없거든요. 그런데도 불구하고 국제대회 자원봉사 이런 것 있잖아요. 올림픽 이런 거 있으면 무조건 신청해서 자원봉사하고. 세계태권도 대회도 했었고. 그리고 평창올림픽도 했었고. 전 선수촌에서. 선수촌에서 각 나라들이 모이잖아요… 이 사람들이 ‘어느 시설에 가려면 어디를 가야 되나요?’ … 제가 이것을 검색해서 알려드리고, 문화적으로 낯설을 수 있잖아요. 그런 것들을 설명을 해주면서… 또 다툼이 생길 때도 있어요. 서로 신경전 한다고. 그것도 화해를 시켜주고… 또 태권도 국제대회에서 했던 역할은 대회 운영 본부여서, 미디어팀 총괄 관리도 하고. 대회 내빈들 안내도 하고 했는데, 또 그런 문화를 배우는 거예요.” (오주은)

2. 절대자 관계 특성: 절대자에게서 평화와 희망을 만나다

체험된 인간관계성이 ‘주제 현상과 관련하여 자신과 타인이 어떻게 경험되는지에 관한 탐색’(van Manen, 2014, 303)이라면, 체험된 절대자 관계성은 ‘주제 현상과 관련하여 자신과 절대자(하나님)가 어떻게 경험되는지에 관한 탐색'이다. 절대자(하나님)의 신적 존재와 1인가구 여성들이 서로를 느끼고, 말하고, 행동하며 연결되어 있는 방식에 관한 이야기이다.

1) 다양한 역할과 관계의 절대자

'절대자에 대한 이미지', '나에게 절대자는 누구인가?', '절대자와 유사한 인물', '절대자와 나의 관계'의 주제로 여성 1인가구들은 절대자를 어떤 존재로 인식하고 정의하는지 이야기하였다.

(1) '절대자'에 대한 이미지

이은아에게는 인간이 그 안에서 작은 존재로 느껴지는 대자연의 이미지이다. 김정숙에게는 세상의 전체를 이루는 우주이며, 여기저기를 살피시는 분이다.

자연 또는 우주

"대자연 같은 느낌. 그냥 사람이 개미같이 보이는 광활한 숲이라든지 그런 기운이 느껴지는. 사람이 그런 데 들어가면은 되게 작은 존재처럼 느껴지는 그런 곳." (이은아)

"우주라고 봐야지. 우주. 전체 여기저기 만져보고, 살피시는 분." (김정숙)

이경아와 민은혜에게는 태양이나 빛과 같이 따뜻하고 힘을 주는 존재이며, 서예림에게도 빛의 존재이나, 밝음 뿐만 아니라 시련도 주는 존재이다.

빛의 존재

"하나님은 글쎄… 하나님은 태양 같을 것 같아요. 환하고 따뜻하고." (이경아)

"흔들리지 않는 힘을 주시는 분. 빛과 같은." (민은혜)

"배경은 검은색인데 가운데 빛나는 구체 같은 게 낀…. 그래서 이게 온전히 밝게만 해주는 것도 아니고, 중간 중간 시련도 주고, 그래서 배경이 검은색이라고 떠올렸어요." (서예림)

전유미에게 절대자는 안 보이지만, 원래부터 존재하는 "진짜 존재"이다. 홍진아, 이경아, 오주은, 왕수진의 절대자는 사랑을 전파하는 예수님, 십자가에 못 박히신 예수님, 하얀 옷을 입고 있는 하나님 그리고 말없이 바라보는 부처님 이미지이다.

안 보이는 존재

"하나님은 원래 있는데, 안 보이는 진짜 존재." (전유미)

"신성한 느낌"

"사랑을 전파하러 다니시는 예수님의 이미지가 더 많은 것 같아요." (홍진아)

"십자가에 못 박히신 것 떠오르고. 돌아가신 것. 그것 생각나구." (이경아)

"신성한 느낌, 하얀색 큰 옷을 입고 팔을 벌리고 있는." (오주은)

"부처님은 말이 없잖아. 부처님은 웃는 상. 그게 좋더라구요 저는. 바라보는
거." (왕수진)

김혜진과 윤수연에게 하나님은 "최고의 내편"이다. 든든한 후원자이며,
설명하지 않아도 모든 것을 이미 알고 공감해주는 존재이다.

"최고의 내편"

"최고의 내편. 진짜 내편. 아무도 부정하지 못하는. 내가 너를 만들었어.
그러면 내가 너를 책임질거야. 그냥 내편." (김혜진)

"혼자라고 느꼈었을 때에 그 말하지 않아도 그리고 이런 것들 구구절절
설명하지 않아도 안다. 누군가 알아주는 존재가 있다." (윤수연)

(2) 나에게 절대자는 누구인가?

자신이 가진 이미지의 절대자가 하는 역할에 대해서 이야기하였다.
김혜진, 김정숙, 왕수진, 윤수연, 민은혜에게 절대자의 역할은 자신의 삶에
도움을 주고, 의지하는 든든한 의존의 대상이며, "삶의 이유" 그리고 "삶의
빛"의 존재로서 삶의 분명한 목적을 갖게 하는 존재이기도 하다. 또한,
이은아는 절대자가 모든 것을 주관하는 주관자로 경험하였으며, 홍진아에게
영혼의 주인은 자신이 아니라 절대자이다.

운명을 정해놓으신 분

"하나님은 나에게 이미 쓰여진 이야기의 제공자." (이은아)

나를 책임지는 분

"하나님은 내 편이다. 지금은 불신하지만 원래 최고의 내 편. 진짜 내 편. 아무도 부정하지 못하는. 내가 너를 만들었어. 그러면 내가 너를 책임질 거야." (김혜진)

"하나님 그러면은 우리를 도와주신다 이거 생각나지. 전능하신 분이니까, 우주를 도와주시고. 그 양반은 언제나 착해신 분 아니야. 우리를 착하게 가르치시고. 남한테 해롭게 해지 말고, 좋은 일 해래는 거. 그러니까 그런 거 가르치시는 분이지. 모든 게 다 하나님한테 섬기는 거지. 좋은 일이 있어도 하나님 감사합니다. 또는 나쁜 일 있으면 하나님 여기까지만 해주셔서 감사합니다. 더 이상 나쁘게 안 해주시고. 그렇게 믿고 사는 거지." (김정숙)

"삶의 이유" & "삶의 빛"

"삶의 이유. 왜냐면은 아니었으면, 저는 정말 자살했을 거라고 생각하니까." (윤수연)

"빛, 어둠 속의 빛, 내 삶의 빛… 되게 어려운 상황에서도 빛이 안 보이게 되면 되게 힘들잖아요. 돌파구를 찾기가 어려울 텐데, 절대자가 있다 그러면 그런 얘기 있잖아요. 하나님은 내가 다 인내할 수 있는 만큼의 고통을 주신다. 그런 믿음을 갖고 있다고 그러면, 그걸 내가 확실하게 몸소 알고 있고 기억하고 있고 그렇다고 그러면… 힘든 일이 나에게 닥쳤을 때, 왜 이런 일이 나에게 닥쳐서 너무 힘들어. 너무 주저하고 슬퍼하는 것보다 '이마만큼 나는 인내할 수 있고, 헤쳐 나갈 수 있는 사람이구나! 그러니까 나에게 이걸 주셨구나. 어떻게 내가 그 빛을 찾아갈까?' 이런 생각이 들 것 같아요." (민은혜)

영혼의 주인

"하나님은 나에게 제 영혼의 주인이다." (홍진아)

한편, 서예림에게는 이해하기 어려운 '혼돈'이며, 전유미에게는 따로 떼어 생각할 수 없는 사랑과 증오의 양가적인 감정을 갖게 하는 존재이다. 오주은과 이경아에게 절대자는 믿고 싶은 분이며, 용서하는 분이시다.

"혼돈"

"절대자는 나에게 혼돈이다." (서예림)

"하나님은 나에게 복잡스럽고, 애증의 관계라서 뗄래야 뗄 수 없는 대상!" (전유미)

믿고 싶은 분 & 용서하는 분

"시기마다 달랐던 것 같은데, 요즘에는 나에게 믿고 싶은 존재이다." (오주은)

"제 죄를 용서해주시구. 그거죠 뭐. 하나님하면 예수님 고난 받으신 것. 하나

님은 나에게 첫째로 존경하고 믿는 것이다." (이경아)

(3) 절대자와 유사한 인물

절대자와 유사한 인물을 실제 세계에서 경험한 이야기이다. 김혜진과 민은혜에게 절대자와 유사한 인물은 자신을 낳고, 자신의 편이며, 늘 변함이 없는 '엄마'이다.

엄마

"엄마를 보면 엄마가 온순해지고, 엄마가 하나님을 저렇게 사랑할 수 있고. 그런 것을 보면 우리 엄마. 온전한 내 편. 저를 낳았으니까." (김혜진)

"우리 엄마…. 흔들리지 않는 우리 엄마는 절대 변하지 않겠다. 우리 가족을 배신하고 그런 엄마들도 있잖아요. 가족을 등한시하거나 뭐 자식들한테도 소홀하거나. 엄마는 모든 사람들한테 진심인 스타일. 엄마는 진짜 그런 절대자 같은 느낌이 있긴 한 것 같아요. 엄마가 강압적으로 이렇게 하는 게 아니라, 줌으로 인해서. 다 자기가 Give(주다), Give, Give… 주는 스타일. 엄마는 그런 스타일이에요. 동네 사람들한테도 다 주고. 친척들한테도 다 주고. 엄마가 더 가지려고 하는 마음보다는 주려는 마음이 더 크니까… 엄마는 딱 기준점이 있어서 내가 이익을 보는 것 보다 그들한테 해줄 수 있는 게 뭔가? 이런 걸 많이 생각하는 편인 것 같아요." (민은혜)

윤수연은 전철에서 말씀을 묵상하다가 잘 이해가 되지 않아서 한 구절을 오래 묵상하고 있었는데, 옆자리에서 지켜보던 한 선교사가 그 말씀에 대해서 설명해준 경험이 있다. 그녀에게 현실 세계에서 절대자와 유사한 인물은 이 선교사처럼 전혀 알지 못하는 인물이지만, "성령의 이끌림"으로 다가와서, 말하고, 전도하는 이들이다.

말씀을 깨닫게 도와준 타인

"그때그때마다 하나님이 천사를 통해서 사람을, 사람을 통해서 천사처럼 저희 주변에 보낸다고 생각을 하잖아요. 근데 제 인생의 터닝포인트가 됐었던 게 저도 여러 사람을 만났었는데, 그때 대학교 2학년 때… 전철에서… 서로 알지 못하는 그런 사이인데, 뭔가 그렇게 얘기를 해주시고 이런 것들. 그런 순간순간들이 있었거든요. 성경 말씀에 이런 것이 있잖아요. 성령의 이끌림을 받아서 전도를 하고 이런 것들이 있었잖아요." (윤수연)

서예림과 전유미는 시련과 사랑을 주어 성장하게 하는 남자친구와 자신에게 다양한 모습으로 다가오는 새아빠가 절대자와 유사한 인물로 경험되었다. 한편, 김정숙, 왕수진, 이경아, 오주은은 현실 세계에서 인간을 통해 절대자를 체험한 경험은 없다.

시련과 사랑을 주는 남자친구와 아빠

"남자친구. 근데 이게 제 남자친구만이 아니라, 모든 이들이 다 그렇다고 생각해요. 시련을 줬다가 사랑을 줬다가. 사람을 성장하게 했다가 그런 의미에서. 온갖 감정을 느끼고, 괴로웠다가 좋았다가." (서예림)

"갑자기 생각난 것은 아빠. 왜냐하면 아빠가 되게 가끔 되게 철없고, 가끔 되게 심통 부리고, 가끔은 되게 너그럽고, 막 넓고, 가끔은 저랑 되게 친하고, 가끔은 저한테 느닷없이 화내고. 되게 다양하게, 약간 애 같은데 어른. 약간

애어른이거든요." (전유미)

(4) 절대자와 나의 관계

절대자와 현재 자신과의 관계에 관한 이야기이다. 김혜진, 전유미, 서예림은 기독교와 천주교 신자들이다. 어린 시절부터 교회나 성당에 참석하였으며 종교 생활에 친숙하였지만, 현재 그녀들은 절대자와 종교 생활에서 멀어졌다.

가까웠지만, 멀어진 관계

"기독교인데 실족… 하나님한테 좀 서운한, 초등학교 때부터 당연히 교회는 익숙한 사람. 그래서 열심히 다닌 것은 중학교 때부터 다니고. 너무 웃긴 것은 부끄러운 얘긴데, 제가 전도를 했어요. 제가 조금 뭔가를 하면은 집중적으로 너무 열심히 하는데, 꼭 표현을 '체하는 스타일'이에요. … 교회 안 나간 것은 오래됐어요. 저희 큰 애가 중학교 2학년 때부터." (김혜진)

"제가 초등학교 때부터 초등학교, 중학교, 고등학교까지 신앙생활을 되게 열심히 했거든요… 하나님은 저한테 영화랑 같은 존재. 저한테 영화라는 게 되게 큰 의미가 있잖아요. 그냥 재미삼아 시간 때우는 것도 아니고, 나름 생각하게 만들고. 나도 이것을 통해서 사람들을 생각하게 만들고 싶고. 막 이런 건데. 종교를 생각할 때 비슷한 것 같아요. 네… 하나님이 쭉 저랑 있어 왔고, 뗄레야 뗄 수는 없거든요. 근데 또 좋아하는 것은 아니예요." (전유미)

"제가 어릴 때는 성당 다녔었어요. 별 그냥 생각 없이 다녔던 것 같아요. 그때는 아직 생각이 없을 때니까. 친가 쪽이 다 성당을 다녔는데, 아빠는 처음부터 아예 무교였고, 엄마도 성당 다녔고. 기도문을 외우면서 이런 걸 해야 마음이 편해지는구나! 근데 편해진지는 모르겠지만, 편해진다고 하니까. 또 제가 좀 귀신같은 걸 느끼는 걸 자주 받는단 말이죠. 느낌이 그냥 저기 뭐가 있는 것 같고, 어릴 때부터 그냥 되게 예민했어요. 그럴 때마다 기도를 해야지 저런 게 없어지나 보다 하고. 초등학생 때까지. 아니다 중학교 때까지. 그래서 그때 세례 받고 그랬으니까. 근데 잘 안 가게 되다가… 외가는 다 교회거든요. 삼촌은 목사님이고. 또 큰 이모, 작은 이모 엄청 독실한 기독교 신자여 가지고. 나머지도 교회를 잘 다니시는…. 그래서 엄마가 교회에 가면서 그때부터 제 종교관이 좀 흔들렸던 것 같아요. '왜 성당에 갔다가 교회를 가는 거지?'… 교회를 조금 멀리 하게 되더라구요. 저로서는. 고등학교. 그 쯤. 교회를 아예 안 갔어요. 그때부터 쭉. 20대 중반에 남자친구랑 그전에 사귄 사람이랑 다 불교 쪽인 거예요. 또. 그러다 보니까 불교 얘기도 많이 듣고. 절에도 가보고. 절에 가서 기도를 하고 그런 것은 아닌데, 여행 가면 절에도 많이 가잖아요. 오히려 그게 더 마음이 편하더라구요. 장소에서 그런 것을 느껴 본 것은 너무 새삼스러운 거예요. 절이… 불교 교리도 나쁘지 않다. 이런 참에, 그러면서 무교가 된 것 같아요. 각자의 느낌들이 다 있고."
(서예림)

홍진아는 어린 시절에는 어머니와 잠시 성당에 다니다가 그만두었고, 최근에 세례를 받고 하느님을 좀 더 느끼고 가까워진 경험을 하고 있다. 김정숙도 남편과 사별하고, 성당에 다니며 좀 더 가까운 관계가 되었다. 왕수진도 3개월 전부터 혼자 집에서 불공을 드리며, 좀 더 의존하는 관계가 되었다.

조금 더 느끼고 배우고 있는 관계

"유치원 때 엄마가 세례를 받으셨어요. 처음에. 집안이 뭔가 우환이 생기니까, 아버지께서 종교 탓을 대시면서… 저희가 제사를 지냈어요. 아버지가 첫째시다 보니까. 집안에 우환이 갑자기 생기면서… 아버지가 반대를 하셨어요. … '하나님이 저런 것도 깨고 벗어나길 원하셔서 그런 일도 생긴다'고 다들 얘기를 하는데, 그게 너무 잦아지니까, 가끔은 조금 배신감. '그분의 자녀가 맞나?' 가끔은 그런 생각이 들 때가 있어요. 그래도 최근에 조금 많이 느끼고 있고. 거꾸로 세례 받고 많이 생겼어요." (홍진아)

"애들이 엄마 마음 편하게 하느님을 믿으라구, 애들이 거기를 보냈어요. 찾아서 성당을. 성당을 간 지 한 2년. 우리 할아버지 돌아간 지가 따져 보니까, 난 1년 반이라고 했더니, 3년이 넘었어." (김정숙)

잘 모르지만, 배우면서 알기를 원하는 관계

"어머니 돌아가시고부터 내가 다니는 건데. 한 30년 됐나. 근데 제대로 못 배워서 그래. 절에 잘 쫓아다녀야 되는데, 그렇게 하고 싶지는 않아요. 그냥 내 성의껏 그냥 갔다 오는 거지. 일 년에 두 번. 석가탄신일 전에, 정월달에도 한 번. 사람 많은 게 싫어 가지고… 불경 그런 것도 안 돼. 그런 책도 아직 절에 가서 안 가져 오구. 아직 확실한 내가 저기를 안 해서. 자주 가야지. 절에도. 불경 공부하고 싶어요. 몰라도 자꾸 가서 배우다 보면, 알겠지… 불공은 지금 한 석 달 되어가네요. 맨날 절에 가래는데, 절에 가져요? 버스 타고 한 참 걸어가고 그러니까." (왕수진)

남편과의 사별 이후, 1인가구가 되면서 15년 동안 성당에 다니고 있는 이경아는 용서해주시는 하나님을 믿으며 생활하고 있다. 윤수연도 20년 이상 하나님을 믿고 있으며, 다른 것으로는 채울 수 없는 '하나님의 형상'이 그녀의 안에 있다고 믿는다. 한편, 이은아는 종교가 없어서, 다른 신이나 절대자보다는 '자신'을 믿으며 생활하고 있다.

용서받고 싶은 관계

"천주교 나간지가 한 15년 됐나… 사별하고 혼자되면서… 제가 너무 죄가 많으니까, 용서받기 위해서. 하나님께서 용서할 때, 죄를 다 사해주신다고 그렇게 믿고 있지요 뭐. 지금은 그냥 편안히 살어요." (이경아)

다른 것으로는 채울 수 없는 관계

"절대자에 대한 그 조각이 우리 속에 있기 때문에, 그 부분이 채워져야지 채워지는 건데, 아무리 다른 것으로 채운다고 해도 채울 수가 없다. 이런 생각을 갖고 있지만, 전혀 안 하거든요. 정말 쉽지 않지요. 안타까워요, 보면 은. 제가 그걸 아니까 그게 보이는 것 같아요. … 풀 한 포기 이런 부분들 있잖아요. 하나하나 뭔가 다 먹이시고 입히신다. 그런 것들 있잖아요." (윤수연)

믿는 절대자가 없어서, 자신을 믿음

"저를 믿어요." (이은아)

2) 소중한 절대자의 경험 vs. 경험 없음

왕수진을 제외하고 모든 여성들은 종교의 유무와는 상관없이 절대자(하나님)의 경험을 가지고 있다.

(1) 말로 표현할 수 없는 거룩함

미국에서 가톨릭 고등학교를 다녔던 이은아는 힘든 때에 텅 빈 예배실에서 혼자 울며 뭔가 느끼는 경험을 하였다. 이러한 경험은 프랑스의 시골 마을 성당에서 처음 만난 할머니와 어린 손녀가 초대한 부활절 행사에서 말로는 표현할 수 없는 것을 느낀 전유미의 경험과 유사하다. 윤수연도 아름다운 자연에서 '경이로움'을 느끼며 하나님을 경험하였다.

텅 빈 채플에서 뭔가 느껴짐

"고등학교 때도 되게 힘들었는데. 그때도 막 방과 후에 힘들고 그러면 그 천주교 성당에 있었다고 했었잖아요. 마음이 너무 힘들면, 그런데 거기 가서 아무도 없는 텅 빈 채플에서 뭔가 울기도 하고 그러면, 뭔가 막 좀 느껴지는 그런 게 있는 것 같은 느낌이 들어 가지고. 또 그럴 때는 나는 수업 받으면서 성경 공부하고 이러면서 이게 뭔 소리야 이랬는데. '아! 진짜 뭐가 있나?' 그러면서 들었던 것 같아요." (이은아)

"말을 할 수 없는 거룩… 하다고 해야 되나?"

"프랑스 처음 도착했는데, 시골 마을에서 성당을 혼자 갔는데, 어떤 할머니랑 손주 같은 꼬맹이, 여자아이였나? 그분들이 저한테 말을 걸어서, 부활절이었는데… 계란 모양의 초콜릿을 주고 받고, 어린 아이들은 그런 것을 보물

찾기처럼 계란 모양 초콜릿을 숨긴 것을 찾고, 이런 것을 하는데. 그런 소풍, 파티, 그런 것을 하는 데에 저를 데려간 거예요. … 되게 흐릿하고 아련하게 남아있는데, 되게 '뭔가 그때 말을 할 수 없는 거룩하다고 해야 되나?'" (전유미)

아름다운 자연에서 하나님을 느끼고

"또 아름다운 것을 보고 있으면 그런 석양이나 이런 것들. 이걸 카메라나 그런 것으로도 담아낼 수 없는 지금의 기술로도 담아낼 수 없는… 그 제주도에 갔었을 때, 산이나 이런 거. 한라산. 이런 데를 보면은 더 다른 느낌이 들잖아요. 뭔가 거대한 그런 경이로움… 아침 안개가 막 떠있으면서 이런 걸 보면서 참 신기하다. 신기하고 이것을 보면서도 하늘의 구름이나 이런 것을 보면서 하나님을 느끼고 그랬었거든요." (윤수연)

(2) 말없이 전해진 감흥

절대자의 경험은 말이 필요 없었다. 어린 시절 자신을 돌봐 주신 친할아버지는 이은아에게 특별한 존재였다. 미국에서 유학하던 시절에 느낌이 특별했던 어느 날, 아무도 알려주지 않았음에도 그녀는 할아버지의 죽음을 느꼈다. 먼 공간에서도 느낀 특별했던 대상의 죽음이 그녀에게는 절대자의 체험이다. 또한 남모르게 혼자 기도했던 지인들이 그녀의 기도를 느꼈던 것이 윤수연에게는 절대자의 체험이다.

"말하지 않아도 모든 것을 다 아는"

"어 뭔가 느낌이 되게 슬프거나 되게 안 좋거나, 되게 요상한 느낌이었어요. 그래 가지고 제가 전화를 했는데… 아무 일도 없다고 하시는데 저는 그냥 그때 알았어요. 왠지는 모르겠는데, 그때 알았어요. 그때가 제가 14~15살이 었는데 그리고 나서 전화를 끊고 혼자 막 울었어요. … 아빠가 되게 놀라시더라구요. 아무도 (할아버지의 죽음에 대해서) 말해준 사람이 없는데.” (이은아)

“제가 문자 보내거나 기도하거나 그러면, 항상 기도하고 보내고 그랬는데, 사람들이 느끼더라구요. … 저는 뭐 아무 말도 안 하긴 했지만, 그런 것들을 경험하다 보니까… 하나님이라는 존재가 진짜, 저에게 있어서는 진짜, 가족 그 이상. 말하지 않아도 모든 것을 다 아는. 그런 유일한 존재.” (윤수연)

(3) 생명을 구해주심

홍진아와 민은혜는 죽음을 가져올 수 있는 큰 교통사고 또는 비행기 고장에서 그녀들을 안전하게 지켜준 절대자를 경험하였다. 이경아와 윤수연은 병 고침을 통해서 절대자 경험을 하였다. 이경아는 아들이 심하게 맞아서 말을 못했는데, 그녀의 간절한 기도 후에 정상으로 회복한 경험이 있다. 윤수연은 걷는데 불편할 정도의 심한 허리 디스크에서 회복하는 체험을 하고 신앙생활을 시작하였다.

“죽음의 순간 앞에서 느끼는 것 같아요”

“제가 2012년도에 교통사고를 크게 당했었어요. … 어, 그때 사고가 너무 크게 났어요. … 죽음의 그것을 겪고 나니까, ‘하나님한테 가는 길이 이런 느낌이겠다. … 그리고 종교를 너무 믿고 싶다’라는 생각을 그때부터 했죠. … 그리고 그 가해자가 현장에서 즉사를 했어요. … 그 친구를 보면서 인생이 참 허무하다. 저보다 3살이 어렸거든요. … 그때는 제일 많이 생각했던 시기

였던 것 같아요. '하나님의 존재가 뭐지? 반면에 또한 왜 이렇게 시련을 주실까?'" (홍진아)

"예를 들자면 제가 뉴질랜드에 갔다가 올 때, 엔진이 고장나 가지고 다시 회항을 해서 뉴질랜드를 갔다가 다시 돌아왔단 말이에요. 그 순간이 내 삶의 끝이었을 수도 있잖아요. 근데 나는 세컨(두 번째) 라이프를 다시 살게 되는 거잖아요. 그것도 그렇고. 또 사고 같은 게 있었을 때 내가 죽었을 수도 있는데, 근데 문제없이… 죽음의 순간 앞에서 느끼는 것 같아요. 다른 때보다도." (민은혜)

병 고침 경험

"제 아들이 한번 서울에서 내려왔더니, 애들이 막 질투를 해 가지고 그냥 애를 패 가지고요, 여기를 어떻게 했는지 말을 못하더라구. 고 1때, 서울에서 방학 때 왔거든요. 말을 못하는 거예요. 이 동네… 지 친구들인데 서울에서 왔다고 그냥 막 팬 거야. 이만한 막대기로 막 여기를 팼데. 병원에 가서 말을 못하는데, 너무 황당해 가지고 계속 하나님한테 기도를 했지요. 네, 그래 가지고 애가 며칠 만에 정상으로 돌아오더라구요. 그때 하나님한테 기도한 게, 그게 느껴지는 거예요. '하나님이 도와주셨다!' 그때 하나님이 도와주신 것 같아요. … 그래서 아주 감사합니다… 계속 그냥 감사하며 사는 거죠." (이경아)

"교회는 중학교 때부터. 중학교 1학년 때 갔다가. 저희 아빠나 친엄마 쪽은 불교. 저는 석가탄신일 날 태어났어 가지고, 이름이 원래 ○○인데, 개명했어요. 하도 놀림받아 가지고 개명했어요. 그런데 그런 집안에서 자랐었는데, 중학교 때 모 교회에 오빠랑 같이 다니다가 또 잠깐 쉬다가. 근데 고등학교 2학년 때 질풍노도의 시간을 경험을 하면서, '얘는 교회에 보내야 된다'고 오빠가 그래 가지고. 엄마는 후 신앙이었고. 아빠는 그때 불교 신자. 법명도 있으시고 그랬었는데. 아빠가 '○○이 데리고' 그때는 새엄마한테 '나가봐라!' 해 가지고 나갔어요. 나갔는데, 그때부터 뭔가 터닝포인트… 디스크 좀 심하게 있었는데 다리를 절고 다닐 정도로 심했었어요. … 치료의 은사 있으신 전도사님이 있으셔 가지고, 이제 학교 끝나고 가서 토요일 학교 끝나고 갔는데 기도 받고 그랬는데… 허리 고침 받고 그때부터 신앙을 시작했어요." (윤수연)

신실한 기독교인인 이모네가 시련 속에서도 안전하게 생활하는 것을 옆에서 보며 서예림은 절대자의 경험을 하였다. 김정숙과 전유미도 일상에서 안전하게 지켜주는 절대자를 체험하였다.

"역시 하나님이 지켜주셨구나"

"제가 느낀 경험은 아니고, 이번에 친척 언니가 아프면서 그 언니도 되게 요번에 유방암 판정을 받은 거예요. 언니 나이가 딱 유방암 건강검진을 받는 나이인 거예요. 그전까지 몰랐다가 안 하려다가 했는데. 어떻게 조그마한 게 있어서 검사를 했더니, 그게 암이고. 근데 이게 천만다행인 거잖아요. 힘든 거긴 한데. 그 집안을 보면은 항상 문제는 있는데, 그 시련이 운 좋게 나타났달까? 그런 것 보면은 '잘 믿어야 되나?' 그런 생각 들었어요… 뭔가 사고가 있어도 운이 좋게. 진짜. 차 사고가 나도, 차가 뒤집혀도 본인은 멀쩡해요. 이런 게 엄청 많아요. … '이번 아픔을 통해서 뭔가 깨닫겠구나…' 그다음을 생각하게 된 것 같아요. 그러면서 사람이 성장을 하는구나." (서예림)

"지금은 천주교를 찾구서 부터는 '아, 참 내가 사는 게 감사해구나. 역시 하나님이 지켜주는구나!' 이런 거를 가끔 느낄 적이 있어. 가끔. 나도 모르게 걸려서 톡 넘어졌잖아. 아무데도 다친 데 없이 일어나면은, 역시 하나님이 지켜주셨구나. 이런 게 좀 와 닿아." (김정숙)

"뭔가 좀 '제가 안전한 것도 하나님이 뭔가 진짜 지켜주고 있는 것은 아닐까?' 그런 생각이 가끔 드는 것 같아요." (전유미)

(4) 부르심과 용기를 주심

윤수연은 절대자의 부르심의 경험이 있다. 부모님이 모두 불교였는데, 이혼 이후에 아버지와 오빠가 목회자가 되었으며, 그녀도 병 고침의 체험 이후에 신앙을 시작하였다. 오주은은 절대자의 경험을 통해서 용기를 얻게 되었다.

부모님 이혼 후, 가족이 기독교와 사역으로

"엄마는 불교 신자였고, 아빠도 불교 신자였잖아요. 그냥 두 분이 계속 사셨으면 신앙을 못 가졌을 거예요. 그런 계기도 없었고. 근데 뭔가 나중에 생각해 봤었을 때, 이건 제가 깨달았던 게 그런 거여서. 나중에 돌이켜 봐서 생각해 봤었을 때, 하나님을 알게 하기 위해서 그런 과정들이 있잖아요. 요셉도 그렇고. 하나님을 진짜로 만나게 되기까지 겪어야 했던 그런 과정들이었구나. 그래서 만날 수밖에 없었다. '그런 설계가 들어갔다'라는 생각을 했었어요. 그래서 그러다 보니까, 그때 저를 통해서 좋게든 아니든, 결국에 저희 새엄마도 그렇고, 아빠도 그렇고, 오빠도 그렇고, 저도 그렇고 다 기독교로 바뀌고. 할머니, 할아버지 다 전도하고 그랬었어요. '뭔가 그런 터닝 포인트

가 있기 위해서 그렇게 되었다'라는 생각이 들었어요." (윤수연)

"말씀 붙잡고 용기를 갖고"

"어렸을 때, 되게 낯을 많이 가리는 성격이었어요. 근데 이제 교회에 가서, '담대하라!' 이런 말씀 붙잡고 용기를 갖고, 하나님의 힘으로. '힘을 주신다' … 내가 뭔가 능력 있을 때. 캐릭터가 내가 뭔가 할 수 있는 능력은 있지만, 자신이 없기 때문에 남들 앞에서 나서는 것을 싫어해서. 그냥 할 수 있어도 가만히 혼자 있는데. 언제부터 용기를 내고 시도했던 게 상을 받거나, 잘 될 때마다, '아, 이 용기가 생겨서 내가 할 수 있는'거고. 교회에서 들은 말씀이 영향이 된 거니까, '그것도 하나님이지 않을까?'" (오주은)

(5) 마음의 위로와 평화

기도를 통해서 평안을 되찾았을 때를 절대자의 경험으로 김정숙은 이야기하였다. 전유미는 성당 행사에서 소소한 행복을 느끼며 절대자를 경험하였으며, 윤수연은 찬양 인도와 성극의 가사가 자신에게 "하시는 말씀"으로 다가와서 위로와 치유의 절대자를 경험하였다.

기도로 마음이 풀렸을 때

"그냥 마음이 괴롭고, 이럴 적에 '하나님 나한테 왜 이런 고통을 주셨나요? 얼른 이 고통에서 벗어나게 해주십시오' 기도를 마음속으로 했잖아요. 그게 좀 마음이 풀렸을 때, '아! 하나님이 나에게 이런 거를 주셨구나. 감사합니다. 하나님 감사합니다' 그래요." (김정숙)

교회 활동에서 치유와 행복을 경험

"찬양 인도할 때 하나님의 임재하심을 경험한다고 하잖아요. 정말 그런 것들. 찬양 인도. 제가 중학교 3학년 때도 한 번 그런 적이 있구요. 성극 같은 것 했었거든요. 그때 누구든지 죄 없는 사람이 이 사람을 치라고 했던, 그 여자분 역할을 했었는데, 어서 돌아오라는 찬송을 했었어요. 근데 뭐랄까 찬양을 통해서 제가 또 힐링이 많이 됐었던 것 같긴 해요. 어떻게 보면 저한테 하시는 말씀이라는 생각도 들고, 또 가사의 내용들이 참… 또 제가 그런 상황이었고." (윤수연)

"진짜 뭔가 소소한 행복이랑… '아, 이때 되게 행복했는데!' 하는 기억에 성탄절이라든지, 아니면 뭔가 성당 행사라든지, 그런 시기가 껴 있을 때가 여러 기억이 있고. 대개 지나고 나면 '이게 꿈이었나?' 싶은 그런 시기도 있고." (전유미)

"예상치 못한 때에, 뭔가 위로가 되어주시는"

"내가 숨어서 울거나 이런 것들까지도 다 보고 계시고. 다 알고 계시고. 그런 것들을 하나하나. 어느 순간 예상치 못한 때에, 뭔가 위로가 되어 주시는 그런 것들을 경험을 했었어 가지고." (윤수연)

(6) 그런 경험은 없음

왕수진은 자신이 열심히 안 믿어서인지, 절대자의 경험은 없었다고 한다. 그러나 그녀에게 절대자는 경험하지 않았지만, 의존할 수 있는 대상이다.

"부처님이 나를 도와주시는구나 그런 경험은 없어요. 그런 것은 없어요. 내가 열심히 안 믿어서 그러는지. 없어요… 그냥 한 가지 의지하는 거. 그런 것은 없는 것 같애." (왕수진)

3) 종교 공동체에서 멀어진 경험 vs. 다가가는 경험

모든 1인가구 여성들은 종교의 유무와 상관없이, 일상에서 개인적으로 절대자를 경험하는 시간을 가진다. 종교가 있는 여성들은 개인적인 시간과 종교 공동체와의 시간을 가졌으며, 공동체에서 멀어지는 경험과 가까워지는 경험을 하였다.

(1) 공동체에서 멀어짐

'공동체에서 멀어지기'는 김혜진, 서예림, 전유미, 김정숙의 경험이다. 김혜진은 열심히 다니던 교회에서 구역장으로 일하라는 강요를 경험한 것이 공동체에서 멀어지는 계기가 되었다. 전유미는 성당에서 여성에 대한 차별과 동성애를 혐오하는 것이 공동체에서 멀어진 계기이다. 한편, 김정숙은 시주를 조금하는 이들에 대한 차별이 싫어서, 시어머니가 돌아가신 후부터는 절에 나가지 않았다.

"솔직히 재미로 다니고 있었고, 열심히 다니고 있고, 막 재미를 붙이고 있는데 너무 큰 교회가 단점이 사람은 많은데 일꾼이 없대요. 그냥 일반인인데, 성도인데… 어느 날, 구역장을 하래. 말이 되는 소리를 해야지. 다닌 지 몇 개월도 안 되었는데. 어린 나한테… 그때부터 점점 싫어지는 거예요. 그리고 내가 알아서 열심히 다니고 있는데, 일할 사람 없으니까 계속 시키는 거야. … 사람들이 계속 Push(강요)를 하니까 확 질려 버린 거야. 숨이 막히게. 그리고 사실은 내 생활이 없는 느낌이 드는 거예요. … 믿음이 없는 거지. … 모든 것을 내려놓고." (김혜진)

엄마가 천주교에서 기독교로 바꾸면서

"중학교 때까지. 그래서 그때 세례 받고 그랬으니까. … 엄마가 교회에 가면서 그때부터 제 종교관이 좀 흔들렸던 것 같아요. … 교회를 조금 멀리하게 되더라구요. 저로서는. 고등학교. 그 쯤. 교회를 아예 안 갔어요. 그때부터 쭉… 그러면서 무교가 된 것 같아요." (서예림)

"차별하는 게 그게 좀 안 좋더라구"

"여성을 너무 무시하고 취급하지 않는 것, 그것도 있고. 동성애를 어떻게 보면 혐오하고 막 이런 것도 약간. 사랑하라면서 혐오하면서, '이건 맞는 건가?' 동성애도 특히, 모든 종교인들이 반대를 하지는 않지만, 좀 특히 종교인들이 예민하게 들고 일어나잖아요. '동성애는 악이다' 이러면서. 그런 것도 약간 진짜 배신감이었어요. 그렇게 사랑을 가르쳐 주는, 사랑하라고 항상 하는 종교가. '자연적으로 사랑하지 않은 것은 사랑이 아닌가?' 그 사람들은 자연스럽지 못하다고 정의해버리고. 막 이렇게 하고…." (전유미)

"그런데 그전에 절에 다닐 때 보면은 그게 아니더라구. 절에 다닐 때 보면은 돈 많이 시주하는 사람은 더 치구. 좀 적게 하는 사람은, 없는 사람은 조금 하지. 그런 사람들은 조금 하는 사람들은 또 차별이 있어. 아휴, 그래서 어른들이 다니는 거니까, 따라는 갔어두 그 차별해는 게, 그게 좀 안 좋더라구. 그때두. 그 젊은 맘에두. '아휴, 뭐 누군 없이 살고 싶어, 없나?', '당신네들은 다 부모덕으로, 다 돈 들여서 갖다 바치고 저렇게 해니까. 다 부모 덕으로 대우도 받는구나!' 이런 느낌이 들어서 싫더라구. 옛날에. 그렇게 다니다가, 시어머니 돌아가고 나서부터 안 다녔어요. 그런 게 싫어서 안 다녔어." (김정숙)

(2) 공동체에 다가감

홍진아는 이탈리아에서 유학하는 동안 그녀 주위에 신부님들이 많았는데, 강요하지 않는 분위기에 그녀의 마음이 열려 성당에 다니기 시작했다. 성당에서 기도하는 것에 만족하며 다니다가, 신자 같은 느낌도 없고 소속감도 없어서 세례를 받고 공동체에 소속되어 현재는 공동체 생활을 열심히 하고 있다.

"신자 같은 느낌도 안 들고, 소속감도 안 들고"

"어떤 신부님도 저한테 강요를 안 하다 보니까, 마음이 조금 열리는 거예요. … 거기(이탈리아) 성당에 가서 기도하는 거에 의의를 가지고 있다가, 한국을 왔는데. 내가 성당 다닐 때도 여기 신자 같은 느낌도 안 들고, 소속감도 안 들고. 성당만 갈 뿐이지, 안 되겠다. 그래서 세례를 받게 되었고." (홍진아)

김정숙은 성당에 다니면서 차별하지 않고 "똑같이" 사랑하는 마음이 고맙게 느껴졌다. 성도들의 말 한마디에 감동을 받았고, 현재는 성당에서 즐겁게 공동체 생활을 한다. '공동체에서 멀어지는' 경험을 했던 김혜진은 몸은 공동체에서 멀어졌지만, 늘 하나님을 의식하며 생활하려고 하였으며 현재 하나님과 자신이 화해하는 상황이다.

차별도 없고, 마음으로 도와주는 게 고마움

"그런 사람들도 우리 없는 사람들도 차별 없이 해주는 거 보면은, '아! 역시 배운 사람이라 다르다' 이런 맘이 들어가면서 그게 고맙게 느껴지는 거예요. 차별을 안 하니까… 돈 있는 사람두, 돈 없는 사람두 다 똑같이, 똑같이 사랑혀. 보니까… 마음이래두 도와주는 거. 마음이래두. '힘들지만, 열심히 나와서 고마워. 고마워' 이런 말 한 마디에 감동 먹는 거지." (김정숙)

"반성하고 있는 상황이에요"

"저만 실족했어요. 그런 상황이에요. 당연히 믿고 하나님 사랑하지만, 저만 불신 관계. 기분 나쁘고, 나 삐졌고… 제일 믿고, 때 부리고, 간구했다가 화냈다가 울고… 지금 그런 상황인데. 그렇다고 하나님을 부정하거나 그냥… 애기 때부터 원래 익숙한 교회였다가, 교회 재미있다가 하나님도 알게 되고. 진짜 만났는지까지는 솔직히 못하겠어요. 믿는 건 당연히 있다고 생각하는 사람 중의 하나예요. … 좀 반성하고 있는 상황이에요. '아, 잘못했어요' 이러면서. '흠… 괜히 흉봤나 이러면서…' '하나님, 괜히 씹었나' 저 혼자 지금 계속. 저 혼자 화해하는 상황인데… 어쨌든 신, 절대자라는 기준이 있기 때문에 그 거에 대한 것을 계속 염두에 두면서 조심하려고 노력하죠. 그리고 하나님과 나, 화해 좀 하면서." (김혜진)

4) 절대자를 만난 후 나의 긍정적인 변화

절대자의 경험은 내적으로 외적으로 긍정적인 변화의 경험이었다. 자신의 내적인 변화는 '분노가 누그러지는 경험, 자기 위로의 경험, 상처에서 기쁨을 발견'하는 경험이 있다. 외적인 변화는 '좋아하는 것을 하고 타인에게 는 폐 끼치지 않고 베풀고 싶은 변화 그리고 자신이 체험한 것을 행동으로 실천'하는 변화가 있다.

(1) 분노가 누그러짐

홍진아는 원래 화가 많았는데, 세례를 받고 성당에서 공동체 생활을 열심히 하면서도 여전히 화가 많았다. 40주 동안 잠언을 묵상하면서 분노가 누그러진 변화를 경험하였다. 윤수연도 많이 어두웠고 부정적이었는데, 주위의 지인들이 알아차릴 만큼 하나님을 만나고 긍정적으로 변한 자신을 경험하였다.

화가 진정됨

"제가 그렇게 화가 많다고 했잖아요. 그게 유학 갔다 오고… 원래 화가 많은 편인데 더 화가 많아지고. 내 보호를 하기 위해서 그러다 보니까, 좀 날카로 웠어요. 근데 세례 받고, 부드러워지려고 굉장히. 성경책도 읽고, 모임도 하고 그리고 대모님하고 얘기도 많이 하고. 성당 사람들하고 있으면서 처음 에는 성당 사람들하고도 트러블이 있었죠. … 그러다가 성경을 40주간. 그걸 했는데 그걸 하면서 그 말씀들이 잠언, 이 내용들을 보면 제가 Calm down(차분하게) 되더라구요. 진정되고. '그럴 수도 있었겠다. 저럴 수도 있었겠다…' 그러면서 조금 누그러졌어요." (홍진아)

이전 삶과는 다르게 긍정적이 됨

"그전의 삶과는 정말 다른 삶이 되었고. 지금의 저를 보는 사람들은 제가 어두운 면이 없다고 생각하지만, 하지만 예전에 저를 알았던 사람들은 '제가 많이 바뀌었다'라는 얘기를 많이 한다는 거죠… 사람이 긍정적이 됐고. 왜냐면 제가 약간 부정적이었고 막 그랬었거든요. 그런데 하나님을 만나면서 사실 시간이 오래 걸리기는 했어요. 17~18. 고등학교 2학년이 17살이었거든요. 그 17살 방황하는 나이에, 저는 '자신이 왜 내가 태어났을까? 나는 목적이 무엇인가?' 많이 고민을 했었어요. 그랬는데, 그것을 몰라서 많이 방황을 했었는데. 하나님을 만나게 되고, 단계가 있는 것처럼 점점 저 자신이 성장하게 되더라구요. … 그전의 삶과는 정말 다른 삶이 되었고… 긍정적이게 됐고 … 사실 시간이 오래 걸리기는 했어요." (윤수연)

(2) 자기 위로

이은아는 미국에서 가톨릭 고등학교를 다닐 때에는 성경을 배웠고 성당에도 나갔으며, 힘들 때에는 혼자 예배당에 가곤 했다. 요즘은 회사 근처의 절에 가기도 하고, 혼자 집에서 거울을 보며 차를 마신다. 거울 속에 비친 자신의 눈을 보며 '내 옆에는 그래도 내가 있구나!' 하는 생각에 위로를 느낀다.

"내 옆에는 그래도 내가 있구나"

"○○사가 되게 가까워 가지고, 그런 데 좀 가서 죽치고 앉아있는 것도 좀 하는 것 같아요. 그냥 대웅전이나 조그만 불상이 있는 조그마한 불당에 들어가서. 그냥 주구장창 앉아있어요. 그냥 힘들 때. 그럴 때도 있고… 다도가 좀 취미여 가지고, 차 마시면서 눈 감고 차 마시고… 항상 좀 마음이 울컥 울컥 올라와 있는 느낌인데. 그런 거 하면서 좀 누르는. 그런 거는 있는 것 같아요. … 개인적으로 보면은 본인 좀 컨트롤 하고 본인을 좀 정화하고 삶의 힘듦을 좀 어떻게 타계하려는 노력, 훈련인 것 같아요. 정기적으로는 하지는 않아요. 근데 힘들 때는 꼭 하는 것 같아요. 그리고 저 거울이 있잖아요. 저 거울에서 저 보면서 차 마셔요. … 제가 저를 보면서 마시다 보면 온갖 생각이 다 들어요. 막 가엾기도 하고 불쌍하기도 하고 막 하여튼 온갖 생각이 다 들어요. 그러면서 좀 내가 나를 돌보고 위로한 느낌. 그런 것 들 때도 있어요. 그런 것 할 때도 있어요. 밤에 잠이 잘 안 오면, 잠이 잘 오는 티(차) 같은 게 있거든요. … 조명이란 조명은 다 켜놓고. 요기 쪼그려 앉아가지고 거울 속의 저랑 같이 이렇게 차 마셔요. 근데 그것 좀, 전 좋은 것 같아요. 그게 치유가 되는 건지는 잘 모르겠는데, 위로는 되는 것 같기는 해요. 눈을 보게 되는 것 같아요. 근데 항상, 제가 슬플 때만 해서 그런지 모르겠는데, 항상 눈이 너무 슬퍼요. 그래서 그냥… '내 옆에는 그래도 내가 있구나' 이런 생각이 들기도 하는 것 같아요." (이은아)

(3) 상처에서 기쁨을 만남

오주은과 윤수연은 삶의 '상처'와 '가장 어두운 시기'를 절대자의 체험을 통해 '기쁨'과 '여명'으로 승화시킨 경험이 있다. 오주은은 말씀을 통해 용기를 얻게 되었으며, 그 용기로 도전하여 때로는 상처를 받기도 하지만, 그 상처 속에서 '동기부여'가 되어 한 단계 성장하는 기쁨을 알게 되었다. 윤수연은 인생에서 가장 힘든 고등학교 2학년 때 하나님을 만나며, 가장 힘든 시기가 새로운 날을 처음으로 밝히는 '여명'의 순간으로 체험되었다. 그래서 그녀는 힘든 시기가 있을 때마다 "결국에는 좋은 방향으로 인도해 주신다"는 믿음을 가지게 되었다.

상처의 기쁨을 알게 됨

"어렸을 때, 되게 낯을 많이 가리는 성격이었어요. … 말씀 붙잡고 용기를 갖고 하나님의 힘으로… 언제부터 용기를 내고 시도했던 게 상을 받거나, 잘 될 때마다… 그때부터 뭔가 상처에 대해서 잘 느끼게 된 것 같아요. 상처의 기쁨을 알게 되고… 성취하는 것을 알다 보니까. 나도 뿌듯하고 또 도전하고 싶고 또 잘 하고 싶고. 이게 자꾸 자꾸 동기부여가 되더라구요. 이게 선순환이라서 이 사람이 뭔가 잘 되고, 발판에 잘 올라가게 될 수 있게 되는 그런 거.” (오주은)

좋은 방향으로 인도해 주심을 믿음

“원래 여명이 오기 전이 가장 어둡잖아요. 가장 어두웠던 제 인생의 시기가 고등학교 2학년이었거든요. … 결론적으로 봤었을 때, 단계, 단계별로 제 인생을 나눠봤었을 때, 진짜 큰 계획안에서 저를 이끌어 오셨던 것 같고. 근데 저도 간절하게 하나님을 찾았거든요. 그 신의 존재. 제가 드렸던 기도들이 있어요. 근데 그 기도들이 다 이루어져 있고. 나중에 돌이켜 봤었을 때, 결국에는 다 듣고 계시고 다 알고 계시고 다 이해하고 계시고. 그리고 ‘결국에는 좋은 방향으로 인도해 주신다’라는 것들. 이런 것들이 여러 번 있었거든요.” (윤수연)

(4) 좋아하는 것 하고, 폐 끼치지 말기

민은혜는 반려견의 죽음 앞에서 ‘잘 사는 것’에 대한 관심과 ‘인생의 허무함’에 대해서 깨닫게 된 것이 절대자의 경험이다. 자신이 좋아하는 것을 하고, 타인에게는 폐를 끼치지 않는 삶을 지향하게 되었다. 김정숙도 하느님에 대해서 알게 되고, 읽고, 찾아보며, 다른 이들에게 좀 더 베풀고, 해롭게 하지 않으면서 삶을 더 잘 살고픈 마음이 들었다.

"저는 항상 내 삶에 있어서 죽음, 강아지의 죽음, 이 죽음이라는 것에 대해서 '내가 인생을 어떻게 잘 살까?' 그런 생각이 많이 드는 것 같아요. 어저께도 그 드라마가 '해방일지'라는 드라마였어요. 엄마가 있었는데 엄마가 엄청 가정을 위해서 희생을 하고 엄마가 갑자기… 그날 딱 돌아가셨잖아요. 제가 드는 생각이 '와, 저렇게 인생이 허무하구나!' 이런 생각이 들면서, 이렇게 내가 죽음 앞에서 절대자를 만난 경우잖아요. '아, 내 인생이 오늘 죽더라도 내가 정말 후회가 없도록, 내가 즐기면서 살아야 되겠다.' 그런 생각이 되게 많이 들죠. 순간순간을 되게 잘 지내야 되겠다. 내가 좋아하는 것을 하고, 남한테 폐 끼치는 것은 안하고." (민은혜)

"해롭게 해지말구. 베풀구"

"내가 하느님을 알구서, 그쪽을 자꾸 읽어 보구, 찾아보구 이래니까. 자꾸 좋은 것만 생각이 나니까… 참 좋다. 나머지 인생이나마 잘 살아 봐야지. 남한테 해롭게 해지 말구. 뭐래도 있으믄 베풀구." (김정숙)

(5) 훈련을 행동으로 실천하기

윤수연과 전유미는 절대자의 체험을 본인의 경험으로 만족하지 않고, 타인의 체험을 위해 행동하고 실천하는 모습을 보였다. 윤수연은 하나님에 대해서 알고, 믿고, 다른 이들에게 복음을 전하고, 선한 영향력을 주기 위해 실천하면서 자신이 더 치유되고 성장하는 경험을 하였다. 전유미는 현재 종교에 대해서 실망감이 있긴 하지만, 성경 말씀과 교리에 대해서 믿음이 없는 친구들에게 이야기하며 전도한다.

복음과 성경을 친구들에게 이야기

"선한 영향력을 주려고 하는데, '예수 믿으세요!' 적극적으로 하지는 않지만, 그래도 어떤 기회가 왔었을 때, 이 사람한테는 하나님 아니면 안 될 것 같은데 그런 사람이 있잖아요. 보이잖아요. 그럴 때는 좀 진지하게 얘기를 해줘요. 그런 것들… 개인적인 훈련이라는 게 머리로만 안다고 해서 된다고는 생각하지 않아요. 알고 또 믿고, 행동으로까지 옮겨져야 그것이 의미가 있다고 생각을 하거든요." (윤수연)

"종교에 대해서 1도 지식이 없는 친구들한테 성경 내용이나, 교리 내용 같은 것을 이야기로 시작이 되어서 엄청 가르쳐요. 엄청 열심히 가르쳐요. 재밌게. 쉽게. '잘 들어봐, 재밌다니까!' 막 '성당에 가라!' 이건 아닌데, '야! 이 이야기 재밌다!' 이러면서 약간 좋아하는데 싫어하고, 싫어하는데 좋아하고… 그냥 '적당한 관심과 적당한 신앙생활을 해봤으면 좋겠다!' 하는 느낌. '해봐! 한 번, 좋아!'" (전유미)

타인을 도우며 자신이 성장함

"제가 누군가에게 도움을 주는 역할이 훨씬 많았었구. 그러면서 깨달은 것은 하나님은 그러면서 나를 치유해주시는 것을 느꼈기 때문에. '아! 이게 상처 입은 치유자라는 것이 맞구나!' 그런 것들을 많이 경험했었고. 그래서 더 저를 던지면서까지 했었던 것 같아요. 이 사람을 치유한다고 생각하지만, 그것이 아니라 이 사람은 분명 플러스 되는 요인이 있지만, 제가 더 성장하더라구요. 그러다 보니까, 더 그런 부분들에 있어서 더 성장을 많이 하게 됐던 것 같아요." (윤수연)

김정숙은 자신의 삶을 악에서 멀어지게 하고, 좋은 이야기와 소식을 계속 들음으로써, 자신의 삶이 '즐거운 삶'이 되도록 실천한다.

사는 게 즐거워 짐

"거기 나가면서 부터는 사람이 좀 악이 멀어지구, 선이 자꾸 찾아와… 악은 자꾸 물리치고, 좋은 얘기, 좋은 소식, 좋은 얘기만 자꾸 들으니까 그냥 즐거워지구. 사는 게 즐거워지구. 그렇지…." (김정숙)

5) 일상에서 절대자의 평화와 함께 하는 시간

(1) 기독교 훈련

윤수연은 일어나서 잠언 묵상하고 기도하고 공부하던 때가 있었지만, 현재는 출근 준비로 아침부터 바빠서 주일에 예배드리고 종종 말씀을 읽는 것으로 만족한다. 오주은은 매일 성경 구절을 묵상하고 교회의 소모임의 카톡방에 성경 구절을 올리고, 일주일에 1~2회 만나서 말씀과 기도 제목을 나누며 교제한다. 김혜진은 열심히 교회에 다니다가 몇 년 전부터 다니지 않고 있어서 종교적인 훈련은 하지 않지만, 예전에는 영어 성경 공부, 잠언 필사 등을 하였다.

말씀 보고, 기도하고

"보통 6시에 일어나서, 잠언 보고, 기도하고, 공부하고 이랬었거든요. … 지금은 그렇게까지는 못하는데, 그래도 예배드리고… 말씀 그래도 보려고 노력하고." (윤수연)

말씀을 카톡방에서 나누고, 말씀 모임

"저희 교회에서 스터디처럼 하는 게 있어요. 매일 성경 구절 하나씩 뽑아서 올리는 거. 교회 친구들이랑, 카톡방에. 소모임. 일주일에 1~2번씩 만나고. 한 8명 정도. 남자도 있긴 한데 거의 여자예요. 어쩌다 밥 먹고, 주로 카페에 가요. 말씀 얘기하고. 정기적으로. 말씀은 5~10분 보고, 카톡방에 좋은 구절 올리고. 그 친구들과 만나서 얘기해요. 기도 제목 나누고." (오주은)

영어 성경 공부와 성경 필사

"해본 적이 있죠. 교회를 열심히 다닐 때 해봤고. 사실은 요즘에 혼자 좀 고민을 많이 하는 상황이에요. 영어 성경 공부도 하고, 뭐 열심히 노력 얼마 나 했는지. 영어도 해보고 싶어 가지고. 어쨌든 교회니까, 성경으로 책도 사고, 잠언도 필사해 보고, 온갖 노력은 다 해 보는데. 지금은 완전 내려놨죠." (김혜진)

(2) 천주교 훈련

전유미는 현재 신앙생활을 쉬고 있는 상황이지만, 얼마 전에 성지순례에 서 성당과 다른 순례자들을 만나고, 하나님을 느끼는 시간을 경험하였다. 홍진아는 성당에서 미사와 교육을 받고, 성도들과 멘토와 교제하고, 매일 기도하는 훈련을 하고 있다.

성지순례

"성지순례잖아요. … 중간 중간 성당이며 뭐 순례자들, 종교인들, 종교적인 목적을 위해서 오는 사람들 많잖아요. … 하나님이 주변에서 늘 떠돌고 있는 느낌… 순례를 하러 간 거예요." (전유미)

기도, 교제, 교육

"하느님을 믿고 그분의 길을 따라가는 프란체스코인이 받아들였던 삶을
저희가 조금씩 따라가는, 그런 의미를 부여해서 다니고. 한 달에 한 번 모임
이 있어요. 교육도 하루 종일. 미사도 하고 사람들과 교제도 하고 있는데.
'매일 매일 하루라도 기도를 하자'라고 생각해요. 그런데 그것도 쉽지가
않더라구요. … 시간은 정해져 있지 않지만, 생각 날 때마다… '주님, 저를
당신의 도구로 써주십시오' 이 기도만 해요. 엄청 자주 하거든요. 미움이
있는 곳에 사랑을, 다툼이 있는 곳에… 기도문을 외워서 기도해요. 하루
내내 할 때도 있어요. 왜냐하면 여기에 다 있잖아요. '이웃을 사랑해라!'
내가 뜻깊게 살아야 되는 이유들이, 제가 존재된 이유도 있으니까." (홍
진아)

김정숙도 미사에 참여하고, 매일 아침 기도로 시작하고 저녁 기도로
하루를 마무리하며, 틈틈이 '매일미사' 책을 읽는다. 이경아는 눈이 침침하여
성경을 잘 못 보지만, 미사에는 꼭 참석하고 아침과 저녁에 기도를 드린다.

'매일미사' 읽고, 기도

"'매일미사' 책도 읽고, 시간 있을 때. 매일 아침에 기도부터 하지. 아침에
일어나면… 방에 가서 촛불 켜놓고 기도해요. 기도도 여러 가지인데, 간단한
기도를 그냥 해는 거여. 그냥. '오늘 하루도 무사히 넘어가게 해달라고' 기도
잠깐 받치고, 이래구선 저 밥 먹구. 청소해구 다 해구선, 어디를 가야 되는데
시간이 남는다, 이러면 그 시간에 책도 좀 읽어 보구. 그래구선 또 이제 마실
꾼 오면은 책 읽다가 접어 놓구. 그냥 얘기해구 놀다가 또 저녁에 잠이 안
올 때 읽구. '저녁에는 오늘 하루 즐겁게 살게 해주서서 고맙습니다' 그런

기도하구.” (김정숙)

“성경책도 그전에는 봤는데, 지금은 저기만 보면 그냥 눈이 침침해 가지고
못 봐요. 눈이 가물가물해. 안 보여. 아침, 저녁 기도하고, 묵주기도하는 거죠.
한 바퀴 돌면 5단. 아침에 인저 아침기도 바치고, 묵주기도 한 시간 정도.
사제들을 위한 기도, 자녀들을 위한 기도, 뭐 그런 거. 가정을 위한 기도.
바쁠 때는 그렇게 못하고. 무슨 일 있으면 못하고. 한가할 때는 한 시간 정도.
저녁기도만 바쳐요. 저녁기도, 요기 책에 있는 거 보고. ‘오늘 하루도 무사히
지내 감사합니다’ 그러죠… 기도하는 거. 저녁기도 책이 있고… 사제들을
위한 기도, 교황님을 위해서 하고. 다 있어요, 가톨릭 기도서. 가정을 위한
기도. 다 있어요. 돌아가신 부모를 위한 기도… 다 있어요(가톨릭 기도서에
서 찾아서 읽고 기도).” (이경아)

서예림은 현재 성당에 다니지 않고 있다. 무교가 되었지만, 성경은
신뢰하는 마음이 있어서 성경을 묵상하는 가운데 뭔가 느껴보는 경험은
하고 싶다.

“성경을 읽으면서 뭔가 느껴보고 싶기는 해요.”
“성경을 한 번 읽으면서 그 안에서 뭔가 느껴보고 싶기는 해요. 은유적으로.
당연히 예수가 초능력자라고는 생각을 안 하고. 그 당시에 사람을 이끌어
가는 지도자. 그렇게 주인공으로 삼고 보면, 좀 저도 뭔가 이해가 되지 않을
까.” (서예림)

(3) 불교 훈련

왕수진은 아침과 자기 전에 물을 떠놓고 기도한다. 아들의 건강과 딸들을 위해서 기도하고, 저녁이면 하루를 잘 보낸 것에 감사드린다.

물 떠놓고 기도

"내가 아침, 저녁으로 기도를 해요. 저기다가 물 떠놓고… 우리 아들 아무 저것 없게 해달라구. 바랄 것 없다구. 건강하게 해달라구. … 그럼 조금 편해. … 무조건 눈 뜨는 대로." (왕수진)

(4) 무교 훈련

이은아는 힘든 순간에는 혼자 차를 마시는 시간을 가지며, 민은혜는 아침 일찍 일어나서 명상록을 필사하고 일기를 쓰며 어제의 하루를 되돌아보고, 새로운 하루를 다짐하는 시간을 가진다. 또한 저녁에는 명상앱을 틀어놓고 명상을 들으며 잠이 들곤 한다.

조용히 혼자 차 마시기

"눈 감고 차 마시고… 거울 속의 저랑 같이 이렇게 차 마셔요. … 저도 저를 안 좋아하고… 그런 날은 그래도 나한테는 나도 있지 그런 느낌이 있는 것 같아요." (이은아)

명상록 필사, 일기 쓰기, 명상, 조용한 시간 갖기

"일기 쓰는 것도 좋아하고, 아침에 일어나 가지고 나만의 조용한 시간 갖는 것도 너무 좋아하고 하는데. … 명상록 쓰기… 저 밤에 하는 명상, 아침에 하는 명상 있단 말예요. 저만의 데일리 루틴. 웬만하면 그걸 다 하려고 하죠.

아침에 명상록 쓰고 일기 쓰고." (민은혜)

6) 절대자와 함께 다가가는 희망

1인가구 여성들이 종교적 훈련 또는 개인적인 훈련을 통해 이루고자 하는 목표와 희망은 '마음의 평화 & 즐거운 인생', '온전함을 향해', '말씀과 평안을 전하기 위해'이다.

(1) 마음의 평화 & 즐거운 인생

민은혜는 자신의 삶에 만족하고 좋았는데, 다른 이들의 삶과 비교하면 시기심을 갖는 자신을 발견하였다. 명상록 필사, 일기, 명상의 시간은 이러한 자신을 다독이고 절제시키기 위한 훈련이다.

시기와 질투를 차단해 줌

"제가 굉장히 세속적인 인간이잖아요. 되게 시기, 질투도 많고. 그래서 저는 그런 것들을 차단하기 위한 단련, 훈련인데. 예를 들자면, 저는 인스타그램, 페이스북 이런 것도 전혀 안 해요. 왜냐하면 인스타그램 하면서 어, 좋은 것 보고 하면 좋은데, 어느 순간은 '이렇게 많은 것들을 다른 사람은 즐기고 있는데, 나만 이렇게 못 즐기는 것은 아닌가?' 그전에는 내 인생이 너무 괜찮았어. 너무 좋았는데, 이걸 보면서 내가 현재 할 수 없음에도 불구하고 내가 그걸 하지 못한다는 것에 아쉬움이 생기니까. 나 자신을 계속 다독이고 그리고 절제시키기 위해서 그런 활동들을 내가 하는 것 같아요… 나의 마음의 평화." (민은혜)

민은혜처럼 '마음의 평화'가 목표인 홍진아는 하나님 곁에서 나쁜 기운과 생각에서 벗어나고자 기도를 많이 한다. 김정숙도 기도가 마음을 가라앉혀 주는데 도움이 되어 기도를 드리고, 왕수진도 불공을 드리는데 변화가 있는 것 같다. 한편, 오주은은 심리적으로 단단해지기 위해서, 믿음이 있는 성도들과 꾸준히 모여 교제하고 말씀을 나누는 훈련을 한다.

기도와 교제가 심리적으로 도움을 줌

"중요한 것은 제가 하나님 곁에 있다는 평안함이 있으면 이런 기운도, 나쁜 생각도 접어두지 않을까. 이것 때문에 기도를 많이 하려고 하죠. 저의 마음의 평화." (홍진아)

"했을 때 내 마음도 좀 나은 것 같고, 변화가 좀 있는 것 같아요… 좀 이렇게 다져지는 것. 마음이… 마음이 편안해지는 것. 신랑 생각도 들하고. '내가 이러면 안 되겠구나.'" (왕수진)

"하나님을 믿는 사람들이니까, 이런 종교적인 활동의 연장선… 그냥 꾸준히 모여서 하는 게, 서로 심리적으로 도움이 되고. 그러다 보니까 단단해질 수 있게 하려고 하는 것 같아요." (오주은)

"기도가 마음을 가라앉혀 주는 거야. 기도가. 기도를 해 보니까." (김정숙)

이경아는 가정과 자녀들의 평안과 자신의 영혼을 위해서 성당에 다니고 기도드리며, 윤수연과 김정숙은 행복하고 즐겁게 살기 위해서 교회 또는 성당에 참석하며 신앙생활을 한다.

가정의 평안과 영혼을 위해서

"다 가정이 편안하고 애들 잘 되고… 그리고 나 죽어서 영혼. 그거죠 뭐."
(이경아)

행복하고 즐겁게 살기 위해서

"훈련을 하는 이유는 저는 행복해지기 위해서. 저는 행복한 삶을 너무나
간절히 원하는 사람이고 그러다 보니까. 그래서 이런 훈련을 하고 있고.
해야 된다는 것도 알고 있고. 너무나 명확하게 알고 있기 때문에, 그래서
할 수밖에 없고." (윤수연)

"내 인생을 즐겁게 살기 위해서지. 즐겁게 살기 위해서. 즐거워요. 성당에
나가니까 즐거워. 성당에 가니까 사람들이 '어여 오라구, 어여 오라구' 다
반겨주잖아. 그게 좋구." (김정숙)

(2) 온전함을 향함

홍진아는 종교적 훈련으로 자신의 중심을 잡아줌으로써, '온전함을
향해' 나아가고자 한다. 윤수연은 "하나님이 더 함께 하는 그런 사람이
되어" 그리고 민은혜는 자신 혼자만으로 "충만한 사람"으로 성장하기를
희망한다.

중심을 잡아 줌

"꾸준히 자기중심을 잡아 줄 수 있는 뭔가가 있으니까." (홍진아)

하나님이 더 함께 하는 그런 사람이 되길 원함

"언젠가가 될지는 모르겠지만, 온전한… 하나님이 더 함께 하는 그런 사람
이 되어서….” (윤수연)

"나 혼자만으로 충만한 사람"

"나 혼자만으로 충만한 사람. 그게 궁극적으로 내가 되고 싶은 사람인지도
모르겠어요. 왜냐하면 내가 충만하게 되면, 남한테 그렇게 의지할 필요가
없잖아요. 얘가 나한테 어떻게 하더라도 괜찮아. 있었던 시간만 좋았으
면 되는 거고. 나는 내가 내 집에 가서, 하고 싶은 좋은 것들이 많기 때문에.
이 감정에 휘둘리지 않고, 내 좋은 것으로 승화시키면 되는 거니까.” (민
은혜)

(3) 말씀과 평안을 전함

윤수연과 민은혜는 자신에게 소중한 것을 타인에게 전달하고픈 희망이
있다. 기독교인인 윤수연은 자신에게 소중한 하나님의 말씀을 다른 이들에
게 전하며, 하나님과 사람들 사이를 연결해주는 역할을 하고 싶다. 민은혜도
훈련을 통해 얻은 마음의 평안을 다른 이들에게 전달하고픈 마음이 있다.

말씀을 전하고 싶음

"그렇게 말씀을 더 전하고 싶고, 그런 생각이 있는 것 같아요. … 저를 의존하
게끔 하고 싶지는 않고, 저를 통해서 하나님을… 징검다리가 되어서 연결을
해드리고 싶다. Connector(연결하는 사람)가 되고 싶다.” (윤수연)

마음의 평안을 전파하고 싶음

"마음의 평안을 가져서, 나의 긍정의 에너지를 잘 다뤄 가지고, 사람들한테

전파하는 것." (민은혜)

3. 자연 생태계 관계 특성
: 생태계에서 책임감과 인간의 한계를 배우다

1인가구 여성들과 자연 생태계가 서로를 느끼고, 말하고, 행동하며
연결되어 있는 방식에 관한 이야기이다. 자연 생태계 관계에서 여성들은
<사랑을 받고 싶고, 주고 싶은 '나'>, <사고와 느낌이 변화하는 '나'>,
<인간의 한계를 배우고, 적응하는 '나'>, <외로움을 극복하는 '나'>를 경험하
였다.

1) 사랑을 받고 싶고, 주고 싶은 '나'

<사랑을 받고 싶고, 주고 싶은 '나'>는 '1인가구 여성들'의 '인정 욕구와
초월(사랑) 욕구'와 관련이 있는 이야기이다.

(1) 무조건적인 사랑을 주는 자연 생태계

사랑을 받고 싶은 '나'의 욕구에 생태계는 무조건적인 사랑으로 응답한
다. 이은아는 부모님에게서는 조건적인 사랑을 받았다고 생각하지만, 반려
견에게서는 "그토록" 원했던 무조건적인 사랑을 받았다고 생각한다. 반려견의
사랑으로 "마음이 충족"되는 경험을 하는 그녀는 더 이상 세상에서 혼자가
아니라는 생각을 한다. 민은혜도 반려견이 그녀에게 "무한한 사랑"을 준다.

무조건적이고 무한한 사랑을 주는 반려견

"이 친구는 항상 그런 느낌을 받는 것 같아요. 뭔가 제가 부모로부터 항상 조건적인 사랑을 받아오고 곁을 안 주고 이랬는데, 사실 동물이나 강아지 같은 경우 정말 무조건적인 사랑을 주는 거고. 복종하고, 한 사람만 사랑하고 이런 거잖아요. 그런 거가 가장 Valuable한(소중한) 것 같아요. 복종이라기보다는 그냥 무조건적인… 그토록 원하고 필요로 하는 무조건적인 사랑을 얻으면서, '혼자가 아니구나!' 그런 생각이 들기도 하고 마음이 충족." (이은아)

"내가 힘들고 아침에 기분이 우울하고 그러면 ○○이는 아무 생각이 없잖아요. 애는 항상 행복한 스타일이어 가지고. 계속 와 가지고 막 핥아주고 그러면 애가 저한테 큰 기쁨… 무한한 사랑을 주죠. 무한한 사랑을. 진짜로. ○○이가 약값이 50만 원이 든단 말이에요. '약간 이게 부담이 된다' 이런 생각이 들고. 과거에는 그런 생각도 했었어요. '아, 그러면 차라리 50만 원이면, 강아지를 새로 입양을 하게 되면은?' 그게 돈이 훨씬 덜 들잖아요. 이게 다른 거구나! 내가 애한테 들였던 정이 있었기 때문에. 그런 게 없었을 때에는 그냥 키우던 강아지가 아프게 되면, 얘를 안락사를 하던지 할 수 있겠다고 과거에는 생각을 했는데, 내 강아지와 나의 추억이 많고 얘가 얼마나 소중한 존재인지 너무 크게 있기 때문에 그건 말도 안 되는 소리고." (민은혜)

김혜진과 윤수연에게는 '자연'이 대가 없이 주어진 "선물" 그리고 "아낌 없이 주는" 대상이다. "선물" 같은 자연 속에서 김혜진은 평화로움을 느끼고, 윤수연은 치유를 경험하였다.

아낌없이 주는 선물 같은 자연

"저에게 주는 선물… 새소리, 정말 바람, 인위적이지 않은 자연적인… 저도
같이 동화돼서, 그냥 그 상황에서 사람이든 동물이든 식물이든, 같이 평화롭
게." (김혜진)

"생태계와 교감하고 이런 것에 대해서 이게 정말 치유가 되는구나. 약간
이런 생각도 좀 들었었고. 식물도 잘 자라고 그렇지만, 이식한 것 보다는
자연환경에 있었던 것을 보면서 느꼈었던 게 좀 더 컸던 것 같구요. … 나한테
좋은 것을 아낌없이 주는 이 자연과 이런 것들이. 나도 이런 것들을 소중히
대해야지." (윤수연)

(2) 사랑과 책임감이 필요한 자연 생태계

이은아는 자신이 행복하지 않더라도 다른 한 생명을 행복하게 하며
만족감을 느끼고, 책임감을 가지고 돌보는 자신에 대해서 만족스러움을
느낀다. 민은혜도 자신에게 무한한 사랑을 준 반려견에게 좀 더 책임감을
가지고 돌보고 싶다.

책임감과 사랑으로 돌보고 싶은 반려견

"근데 그냥 해주는 것, 그걸 좀 제 스스로가 대리 만족하는 것 같기도 하고
그래서 뭔가 저의 '삶은 비록 행복하지 않지만… 내가 한 생명의 삶을 행복하
게 만들어 줄 수 있으면 그것으로 되지 않을까?' 싶은 마음이 있어 가지고.
최대한 저의 강아지가 살아있을 때, 좀 행복한 삶을 영위할 수 있게 노력
많이 하는 것 같아요. … 나가기 싫어도 산책시켜야 되니까 나가고. 회사
때려 치고 싶거나 좀 일 가기 싫거나 해도, 애 사료 값 벌어야 되니까 '나가자!'

이런 것도 있고. 제가 돌봐줄 능력이 되고, 돌봐줄 수 있다는 그런 게 좀 그런 책임감을 제가 가지고 있다는 게 좀 좋았던 것… 그러면서 저 스스로도 좀 좋은 주인이네. 자기 스스로 위안 받기도 하고 그냥 저의 강아지가 행복해하는 것 보면은 뭔가 자식 같은 느낌 그런 것 있는 것 같아요. … 숨기고만 살았던 마음을 표현할 수 있는 그런 변화는 있는 것 같기는 해요. 좀 항상 마음에만 담아두었던 사랑, 애정이나 요런 감정들은 인간에게 하면은 인간에게는 아무래도 계산적일 수밖에 없는데. 아무래도 계산적일 수 있는 마음이 이 친구한테는 계산적이지 않을 수 있으니까. 그냥 표현을 많이 하게 되고. 그리고 그냥 그런 변화가 있기는 해요." (이은아)

"친구들과 더 노느라고 더 늦게 왔는데, 강아지가 죽어있는데 이게 아직 체온이 뭐랄까 금방 죽은 거예요. 침도 안 마르고. 근데 그때 내가 혼자 살고 이러니까, 그 아픔이 되게 크더라구요. … 그게 계기가 되어 가지고. 그게 언제야, '양화대교' 그 노래가 나왔을 때거든요. 그때부터는 밤에 노는 것을 진짜 완전, 거의 안 했어요. … 내가 책임감을 가지고 우리 강아지를 돌봐야겠다는 그 생각 때문에… 최대한 해줄 수 있는 만큼 해주고 싶어서 여행도 안 가요." (민은혜)

반려견 뿐만 아니라 모든 생명체는 사랑과 책임감을 필요로 했다. 김정숙이 남편을 잃고 가꾸는 화초밭도 사랑이 필요했다.

"화초를 기르는 것도 사랑을 줘야 되더라구"
"우리 할아버지 돌아가구서, 여기 바깥에 나무 심었던 것 다 치우고 여기 울타리도 쌓고 싹 한 거예요. 올 봄에 새로 했어. 그래서 요 마당에 내가 화초밭 맨들어 놓은 거야. 내가 그거라도 들여다보고 살어야지. 무슨 취미로 살겠냐. 화초나 가꾸며 살겠다. 올해 핸거라 화초밭에 꽃은 많이 없어. 내년에는 화초밭이 이쁠 것 같어. 화초를 기르는 것도 사랑을 줘야 되더라구."
(김정숙)

2) 사고와 느낌이 변화하는 '나'

1인가구 여성들은 자연 생태계 경험을 통해서 치유와 쉼을 얻고, 사고와 느낌이 변화하는 자신을 경험하였다. 또한 자연 생태계는 그녀들에게 옛 시간을 불러오기도 하였다.

(1) 사고를 전환시키는 자연 생태계

사고 전환의 경험으로서, 민은혜는 많이 소중했던 반려견의 죽음 이후에 목표지향적인 삶보다는 현재를 즐기는 삶이 더 의미가 있음을 깨닫게 되었다. 더불어, 자연을 접하며 감사와 소박함의 소중함을 배웠다.

반려견의 죽음이 '현재의 소중함'을 일깨움

"강아지(죽음)가 나한테 되게 많은 깨우침을 줬던 것 같아요. 어렸을 때부터. 집에 서울에 올라왔을 때, 나는 서울에다 집을 사고 차를 사고 이렇게 하는 게 목표인데, 다 이루었어요. 이뤘는데도 불구하고, 뭔가 계속 더 좋은 집, 더⋯ 이렇게 했는데. 이게 정말 소용이 없구나. 내가 더 좋은 것, 더 좋은 것 하다가 현실에 있는 것을 즐기지 못한다고 했을 때 아무런 의미가 없다."
(민은혜)

자연에서 '감사'를 배움

"근데 자연환경에 나가잖아요. 그러면 '이렇게 좋은 게 내 주변에 있는데 굳이 내가 더 많은 것을 바랄 필요가 뭐 있을까?' 내 자신에 대해서 자연이 주는 기쁨과 감사, 소박함이 주는 소중함, 이런 것을 되게 많이 느끼게 해주는 것 같아요." (민은혜)

김정숙과 오주은은 자연환경에 집중하며, 나쁜 기억과 어제 생각났던 잡생각을 잊는 경험을 하였다. 또한 서예림은 출근길과 퇴근길에서 햇빛과 별을 보며 하루를 되짚어보는데, 자신을 좀 더 객관적으로 살피고 자신의 감정을 파악하고 조절할 수 있는 경험을 하였다. 오주은도 산책하며 좀 더 여유가 있는 사고와 느낌을 가지고 반응하는 자신을 체험하였다.

자연이 잡생각과 나쁜 기억을 '잊게 함'

"자연환경. 그런 것을 들여다보면 모든 것을, 다 나쁜 기억을 잊어버리고 거기다가 다 신경을 쓰니까. 거기다 신경을 쓰면은 모든 나쁜 기억을 잊어버리니까." (김정숙)

"사람이 없고, 소음이 없고, 공기도 맑고, 풍경도 예쁘고, 뭔가 제가 어제 생각났던 시간이 사라져버리는 것 같아요." (오주은)

자연이 자기객관화와 '성찰'을 도움

"5시 집에서 나가요. 그러면 구름 사이 햇빛 있는 것도 되게 좋아하고. 퇴근하면서 밤에 별 보는 것도 좋아하고. ○○○는 그래도 별이 잘 보이는 것 같아요 … 넋 놓고 보는 것. 그러면서 잡생각을 그냥 없애려고 하는 편이에요. 생각이 계속 들어서, 머리를 비워야 된다고 의도적으로 그런 시간을 갖고 있어요.
… 하루를 되짚어 보고… 자기객관화를 좀 할 수 있는 것 같아요. … 충동적인
게 없어졌어요. 내 감정적인 것을 들여다보면 '내가 지금 우울하구나!' 느껴
지고. '내가 지금 스트레스가 많구나!' 그러면 제가 스트레스를 푸는 방법이
울면 좀 괜찮아 지더라구요. 일부러 울고. 옛날에는 그런 것을 몰랐으니까,
주체가 안 되어서 여기 저기 막 괴롭히고… 지금은 표현할 수 있게 되고.
스스로를 컨트롤 할 수 있어서 좋은 것 같아요. 직장에서도 손님들이 너무
열받게 하지만, 그냥 무덤덤할 때가 많아졌어요." (서예림)

"'자연환경에 따라서 저도 스스로 느끼는 게 되게 많이 다르다. 그리고 내가
표현할 수 있는 것도 달라진다' 그걸 느꼈어요. … 산책하면서 여유로운
상태가 심적으로 편한 상태니까. 사람들이 '막 미친 듯이 달리기' 이런 게
아니라, 여유롭게 이런 저런 얘기를 하면서. '그래, 나도 그럴 때도 있지'
이런 식으로, 사람들 반응이 되고. 그럼 나도 '어, 맞아 내 생각이… 다른
사람들도 이렇게 생각하는 사람도 있구나' 하고 이런 여유로움을 추구해
요." (오주은)

(2) 치유와 쉼을 주는 자연 생태계

윤수연과 전유미는 자연환경, 공원 그리고 반려견을 통해 스트레스
해소와 치유를 경험하였고, 홍진아는 한강의 노을을 보며 마음에 힘을
주는 충전의 시간을 경험하였다.

스트레스 해소와 치유의 시간

"자연환경인 것 같아요. 뭔가 떠나고 싶고. 스트레스 받으면 바다나, 산이나,

캠핑 좋아해 가지고요. 바닷가에 그냥 텐트 하나 치고 자고 이런 거 좋아하거든요. … 스트레스 해소라든지 도움이 많이 되는 것 같고… 근데 그 강아지는 진짜, 얘가 내 마음을 치유해준다. 이런 마음을 받았었어요." (윤수연)

"공원에서 멍하니 있는 게 할 게 더 많고 그게 낙이었어요. 아무런 뭐가 뭔가 부족하거나 없이, 말 그대로 눈앞도 뻥 뚫리고 스트레스가 풀리기도 하고… 실내가 아니라 하늘 보고 잔디, 풀 냄새 나잖아요. 그게 너무 좋아요. … 그냥 공원에 건물도 많이 없고, 차도 안 지나다니고. 공원에 누워있는 게 저한테… 가만히 있는 것. 하늘을 천장삼아. 힘이 된다." (전유미)

마음에 힘을 주는 충전의 시간
"뭔가 마음에 힘을 더 얻어서 온다. 이런 생각이 들었었어요. 그래서 결국에는 스트레스라든지 이런 게 많이 낮아지고, 삶의 질이 높아지는 것들을 좀 느낄 수 있는 것 같아요." (윤수연)

"요즘 한강 가는 거, 노을 지는 거, 정말 낮에서 쭉 밤 하늘을 주로 봐요. 물쇼 하잖아요. 거기 앉아 가지고 보는 것 되게 좋아해요. … 혼자도 갈 때도 있고, 거의 뭐 혼자 가는 것 같아요. … 저는 그게 충전인 것 같아요. 아무 생각 없이." (홍진아)

긴장한 상태가 잦은 이은아는 흐린 날씨와 비를 통해 편안함을 경험하였고, 민은혜는 산에서 욕심이 없어진 평화의 마음을 체험하였다. 오주은, 전유미, 서예림도 공원, 자연, 바다를 접하며, 경쟁심과 현실에서 벗어나 평안한 시간, 밝아진 마음, 진정되는 느낌을 경험하였다.

마음에 평화를 줌

"남들은 날씨가 좋네 하면, 쨍하고 화창한 날씨를, 날씨가 좋네 하고 표현을 하는데. 저는 '날씨가 너무 좋다!'라고 표현하는 날은 좀 되게 착 가라앉은 듯한 느낌의, 살짝 회색빛의, 비가 올라고 하거나, 아니면 비가 내리는 그걸 보면서… '날씨가 진짜, 날씨가 너무 좋다!' 이 느낌. 근데 그게 우울한 감정이 아니라, 제가 편두통이 되게 심하고 항상 몸이 긴장을 하고 있어 가지고 어깨가 이렇게 올라가 있는 거거든요. 근데 그렇게 뭔가 가라앉은 느낌이 들 때, 제가 살짝 편해지는 느낌이 들어요. 마음두 차분해지는. 마음이 항상 긴장하고 이렇게 되고 있다가 그런 날씨만 되면 제가 좀 유해지고 편안해지는 느낌이 들어요. 우울해서와는 다른 거예요. 저는 그래서 비 진짜 좋아하기도 하고." (이은아)

"마음의 평화. 진짜로. 산에 갔을 때 내가 욕심이 막 이렇게 혼란했던 마음이 산에 딱 가게 되면 산들바람만 불어도, 마음이 샥~ 이렇게, 정화가 샥~ 되고. 마음에 평화가 확실히 오는 것 같아요. 산 같은 데 가고, 식물을 키울 때도 집중을 하잖아요. 잡념이 없어지니까, 마음에 평화가 탁 오는 것 같아요." (민은혜)

"산책을 꾸준히 하고 있거든요. 그래서 뭐 *릉 같은데 좋더라구요. 한적하고. 뭔가 차분해지고. 우리 서울에서 되게 잘 꾸며진 공원, 잘 관리되어 있는, 그래서 거기도 가고. 아니면은 ○○천, 걸을 때마다, 자전거 타는 사람들, 같이 도란도란 걸어가는 커플이 되었든… 분위기도 좋고. 다들 뭔가 '누군가를 경쟁해서 이겨야 돼!' 이런 게 없이 그냥 편안하게 즐기고 이러니까, 이런 분위기가 좋고. 일주일에 4~5번, 거의 이틀에 한 번, 매일. 주로 주변 감상을 해요. 예를 들어서 올림픽공원도 가고, 어린이대공원도 가고. 엊그제는 서울의숲으로 갔다 왔는데. … 제가 되게 회사 생활을 하다보면 혼란스러울 때가 있거든요. 너무 목표지향적이고, 그냥 실적 중심이고, 경쟁이 치열하고 이렇다 보면은, 제가 되게 사람을 제치고 이겨내야만 성공하고 살아남을 수 있는 분위기가 진짜 많이 있어요. 저도 모르게 이 사람이 싫은 게 아니라, 이겨야 되고 강박이 생기는 거예요. 분위기 자체가. 그래야 내가 승진을 하든지… 그게 너무 내적 갈등. 치유하는 시간, 올바른 가치관을 가지려고 아무 방해 없는 평안한 시간, 그래서 갖는 것 같아요.” (오주은)

“진짜 자연이 있으면 ‘미쳤다!’ 말로 형언을 할 수가 없는 것 같아요. 느껴지는 것밖에 없는데, 말로 뭐라고 해야 될지 모르겠는데, 뭔가 마음에 나도 모르는 구석들이 밝아지는 느낌. 이런 것을 한 번 보면은 잊혀지지가 않잖아요. 너무 예쁜 자연을 보면. 그런 게 하나씩 하나씩 밝혀지는 게.” (전유미)

“심적으로 더 좋은 것은 바다 보러 가고, 그런 것이 더 좋은 것 같고요. 예전에는 산이 더 좋았는데, 지금은 동해 뻥 뚫린 것이 더 좋더라구요. 하늘이랑 같이 있는 게 마음이 편해져서 더 좋아요. 종종 시간나면, 그래도 1년에 3번 정도는 가려고 하는 편이에요. 친구랑… 그 친구도, 중학교 때 친구인데, 제가 힘들어 하는 것을 그나마 조금 아는 친구라서. 제일 마음이 편한 친구랑 같이 동해를 갔는데, 그 진정되는 것을 그때 처음 느꼈던 것 같아요. 일단 현실에서 도피되는 느낌. 근데 뻥 뚫려있으니까, 더… 색감도 그렇고. 그 후로 바다를 계속 다녔던 것 같아요.” (서예림)

(3) 옛 시간을 불러오는 자연 생태계

자연 생태계는 현재 '나'의 사고와 느낌을 변화시키고, 쉼과 치유를 경험하게 하였으며, 현재에서 과거의 '나'와 그리운 그 시간을 재경험하게 한다. 홍진아는 어린 시절의 강물, 매기, 귀뚜라미 소리, 바람 소리, 함께 놀았던 송아지를 연상하였다. 어린 시절에 엄마가 곁에 없었지만, 자신의 곁을 메워주던 자연과 동물을 떠올리며 '좋았고, 재밌었던 과거'로 기억하였다. 전유미도 할머니가 그녀를 돌보던 어린 시절의 주말농장과 토끼는 좋은 추억이다.

어렸을 때 부모님의 부재를 메웠던 자연과 동물

"제가 자연환경을 좋아하죠… 여행가는 것 좋아하고… 제가 근데 옛날에는 지금 생각하면 어렸을 때 느꼈던 자연의 느낌도 되게 좋거든요. 사실. 그때에는 엄마의 부재가 있었고, 뭐 아버지가 가끔 오시더라도 그냥 거기서 느꼈던 바람 소리, 그 거기도 물, 강물이 있어서 거기서 매기 잡던 삼촌들이 와서 던져서 풍덩 빠지고 그리고 거기 귀뚜라미 소리, 이런 자연에서 나는 소리… 그것들이 저한테는 굉장히 좋았던 건데, 자연이 좋은 거예요. … 저는 그래서 동물도 좋아해요. 시골에서 오래 있었다고 했잖아요. 시골에 조그마한 초등학교가 있었어요. 저희 엄마도 거기를 나왔고, 이모들도 거기를 나왔는데. … 그 아이들 눈에는 제가 너무 서울 아이인 거예요. 얼굴도 하얗고 이러니까. 담벼락에서 이렇게 보는, 도도한 척… 불쌍했나 봐요, 할아버지가. 옆집에서 송아지를 낳았어요. 어미랑 같이 저희 집에 묶어 놓고, 송아지랑 놀게 했어요. 송아지 태어나자마자 개랑 놀았어요. 어미가 진짜 신경 안 쓸 정도로. 개랑 그 사랑방 창문 이렇게 있으면 놀이 중에 슈퍼마켓 놀이. 그런 거하고 놀고. 너무 똑똑했어요. '이리 와!' 그러면 오고, 손님. 네네… 너무 재밌

었죠. 그런 추억은 있어요." (홍진아)

"동네 앵두나무 있어서 앵두 따먹고, 사과나무 있어서 사과 따먹고, 주말농
장 뒷길에 토끼 있고 토끼 밥 주고, 누구 것인지도 모르는 토끼 밥 주고.
어렸을 때부터. 초등학교 때부터 주말농장. 그래서 주말마다 상추, 깻잎
이런 것 심고. 할머니랑 같이." (전유미)

서예림, 전유미, 이경아에게도 자연은 그리운 과거의 시간을 연상시켰
다. 가족과 함께 갔던 바다, 유학 시절의 파리의 공원 그리고 꽃처럼 고왔던
젊은 시절을 떠올리며 그리웠던 시간을 재경험하였다.

그리운 시간을 연상시키는 자연

"다 좋은 기억들이고 또 가족들이랑 좋은 기억도 다 바다에 갔을 때… 옛날에
속초에 갔는데, 중학교 때인가 고등학교 때인가. 학생 때 아빠랑 엄마랑
셋이서 갔는데, 오징어… 그 바닷가 부두가 앞에 시장이 엄청 컸고, 오징어
회를 먹자고 해서 찾아갔는데. 아빠가 '여기에서는 누가 칼질을 잘해요?'
이렇게 물어봤는데, 거기 사람들이 소개시켜 주는 거예요. '저 아줌마가
칼 솜씨가 좋다고', '오징어는 칼 맛!'이라면서 이렇게 먹는데, 너무 맛있는
거예요. 거기서 먹고, 다른 데 가서 새우 튀김도 먹고, 기분 좋았던 기억이에
요. 딱 거기. 그러고 나서 나중에 가니, 그 시장이 아예 없어졌더라구요. 그래
도 바다 가자고 하면은 항상 부모님하고는 속초 쪽으로 갔던 것 같아요.
그때 처음에 좋았던 것을 생각하면서 맨날 그 얘기하고." (서예림)

"저는 잔디 위에 돗자리 깔고 앉는 것 좋아해요. 그냥 노스텔지어(향수)일수

도 있어요. 공원에서 털썩 앉아서 맥주 마시고, 막 수다 떨고, 다 선탠하고 그러잖아요. 근데 우리나라는 그런 문화는 별로 없고 테라스도 잘 없고. 그래서 그리워해서 좋아하는 것 같아요." (전유미)

"나 젊었을 때, 이 꽃같이 고왔겠다. 꽃도 시들고 다 지나믄 사람이나 식물이나 다 세월이 흐르니까. 그렇구나. 그런 거죠. 뭐, 그립죠." (이경아)

3) 인간의 한계를 배우고, 적응하는 '나'

하나님이 창조한 자연 생태계를 통해서 인간은 자신의 약함과 작음의 한계를 배우며, 주어진 자연 생태계 환경에서 생존하기 위해 적응해간다.

(1) 인간의 한계를 느끼게 하는 자연 생태계

1인가구 여성들은 장엄한 자연 앞에서 작은 자신을 깨닫고, 인간의 능력이 계속 발달함에도 인간이 조절할 수 없는 자연 생태계의 영역이 있음을 인정하였다.

"산에 가면… Humble(겸손)해지잖아요."

"근데, 산에 가면 사람이 굉장히 Humble(겸손)해지잖아요. 대개." (민은혜)

"조작할 수 없는" 자연환경과 날씨

"자연환경, 날씨 이런 게 정말 조작할 수 없는 거잖아요. 동물은 키우고 식물도 컨트롤하고 요즘은 재배도 막 섞어서 하고. 근데 주로 우리가 자연을 파괴하기는 하지만, 그런 인공적으로 마음대로 할 수 있는 게 아니니까.
그런 게 더 와 닿는 것 같아요." (전유미)

(2) 영향을 주는 생태계와 적응하는 '나'

전유미는 자신의 정서와 생활 곳곳에 영향을 주는 생태계를 체험하였으
며, 오주은은 산, 바다, 도시 등의 다양한 환경을 지닌 생태계에 맞게
적응하는 '나'를 경험하였다.

"영향을 받고, 생활에 안 끼어드는 것이 없는"

"날씨도 되게 중요한 역할이고… 날씨 영향을 되게 많이 받아요. 날씨가
되게 중요한 것 같아요. 계절이랑 날씨가 영향을 많이 입히거든요. 계절성
우울증이 있을 만큼… 날씨랑 기후, 나무, 식물, 먹는 식물도 다르고. 맞네,
저의 생활에 되게 많이 영향을 주었어요. … 자연의 영향을 많이 받고, 나의
생활에 안 끼어드는 것이 없어요. 먹을 것, 날씨, 공기, 습도, 먼지, 냄새…
이런 것들… 전 되게 예민하게 받아들이고 있었던 것 같아요. 해 지는 시간,
가로수 종류, 관상용 식물도 다 다르고. 맨날 생각하면서 살고 있었는데,
막상 생태계라고 말하니까 기억이 안 났던 것 같아요." (전유미)

자연환경에 적응하는 '나'

"산에 있으면 산에 있는 대로, 바다에 있으면 바다에 있는 대로, 도시에 있으
면 도시에 있는 대로, 그 환경에 맞게 저도 적응을 하기 때문에. 그런 자연환
경이 되게 중요한 것 같아요." (오주은)

4) 외로움을 극복하는 '나'

<외로움을 극복하는 '나'>는 여성 1인가구들이 혼자 있는 시간에 자연 생태계를 통해서 어떻게 '외로움'을 극복하고 경험하는지 살펴볼 수 있는 주제이다. 하위 주제는 '즐거움과 보람을 주는 자연 생태계', '소통하는 자연 생태계' 그리고 '함께라서 좋은 자연 생태계'이다.

(1) 즐거움과 보람을 주는 자연 생태계

민은혜는 자연 속에서 반려견과 산책하며 소소한 기쁨을 느끼고, 김혜진은 공원에서 계절 따라 변하는 자연의 변화를 보는 것이 기쁨이다. 한편, '이경아와 이은아'는 자신이 돌보는 꽃과 반려견이 삶의 "유일한 낙"이며, 민은혜, 김정숙, 왕수진은 텃밭과 화초들이 기쁨과 보람을 경험하게 하였다. 또한 전유미는 스페인을 횡단하며, 산, 광야, 사막, 숲을 걸으며 행복을 경험하였다.

자연의 변화와 반려견과의 산책이 주는 행복

"우리 집 뒤에 ○○산이 있어요. 거기를 강아지들이랑 가면 너무 행복한 게, 강아지랑 같이 산책하고, 내가 좋아하는 애들 여기 있고. 그리고 그 나뭇잎들 사이로 햇빛이 이렇게 쫙 쏟아지잖아요. 그런 것들이 저는 너무 좋아요. 뭐 일화가 특별하게 있어서 그게 나한테 엄청 큰 기쁨을 줬다가 아니라, 그렇게 항상 그런 시간들을 보낼 수 있는 게 너무 좋은 것 같아요." (민은혜)

"아무래도 집에 있으면 햇빛도 못 보고 아까 말씀드린 식물 같은 게 집에 있는 것은 아니니까, 자연적인 것을 좋아하니까. 밖에서 있으면은 그 계절을 느낄 수 있어요. 계절에 좀 민감한 것 같아요. 계절의 변화를 볼래면은 나무들을 보면 알 수 있으니까. 작은 새싹부터 나중에 말라서 또 다시 겨울이 올 때까지, 사계절의 변화되는 모습을 좋아해요. 자연적으로 변화되는 것." (김혜진)

유일한 기쁨을 주는 꽃과 반려견

"해바라기를 그때 많이 심어 가지고 많이 폈어요. 근데 엄청 이뻤었다구. 꽃도 크고. 작년에… 노란 게 엄청 좋았죠. 잠자고 나면 저 밖에 나가 꽃들 보고 식물보고, 그거죠 뭐. 취미가. 꽃이죠, 뭐. 아름답잖아요. 꽃은 원래 좋아했어요… 잠자고 나오면 그거 보는 거죠. 기도하고 나가서, 꽃부터 보는 거죠. 곡식들 심어놓은 거. 그게 유일한 낙이구." (이경아)

"너를 웃게 하는 것은 강아지밖에 없다." (이은아)

기쁨과 보람을 주는 텃밭과 화초

"텃밭 하는 것도 너무 좋아해요. 이번에도 ○○○에 가 가지고 허브 씨앗 샀어요. 딜을 키우기가 되게 쉬워요. … 텃밭 하는 게 분양을 받아 가지고 3월부터 시작해서 12월까지 마감을 해야 돼요. 내 텃밭을 깨끗하게 치워야 되고. 텃밭을 내가 하고 싶다고 그냥 하는 게 아니라, 추첨이 되어야 해요. 그래서 그때 1년을 했었는데, 너무 재미있게 아주 잘 키우고 이렇게 했는데. 제가 텃밭을 하면서 이렇게 내가 물 주고, 풀 매주고, 얘네가 커가면서 나한테 기쁨을 주고, 식량을 주고, 너무 그런 것에 대해서 보람을 느꼈어요." (민은혜)

"화초는 요만한 거 심어 놓잖아, 심어 놓으면 그 이튿날 얼마나 컸는지 살았나 가서 들여다보고, 시들면 거기다 물 좀 주고, 또 요기 자라믄 그게 그렇게 자랑스럽고 이뻐요. 크는 게. 그래서 그것 크는 재미로, 또 고기서 새끼가 하나 떨어져 나와서, 요건 또 요기서 옮겨 심고. 고거 크는 재미, 고런 재미가 좀 쏠쏠하게 있어." (김정숙)

[그림 1] 왕수진의 화초

"의지하는 것. 의지하는 것 저기에다. 어디 의지할 데가 없잖아요. 쟤들 물 주면서 저기에다 의지를 해는 것 같애. '니들은 아프지 말고 잘 커라!' 그러면 서 얘기를 해. 좋아요. 저렇게 싱싱하게 크는 게." (왕수진)

자연 속에서 제일 큰 행복을 경험함

"스페인을 횡단하니까, 산도 지나고 엄청 높은 고도에도 있다가 내려와서 엄청 낮은 데에도 있다가, 진짜 광야. 평야를 17km를 지나고. 화장실도 없이 길도 없이 이런 데를 걸었다가, 사막 같은 데도 걸었다가, 좀 풀숲 같은 데에도 걸었다가. 그때가 제일 행복했던 기억 중의 하나거든요." (전유미)

(2) 소통하는 자연 생태계

1인가구 여성들은 집에서는 대화를 나눌 사람이 없어서, 누군가와 소통하고픈 욕구가 크다. 왕수진은 화초에게 물을 주며 이야기를 나누고, 이은아도 자기 전에 그녀의 침대에서 반려견과 한참을 말한다. 민은혜도 강아지든 식물이든 자신이 돌보는 자연 생태계와 소통한다.

"떠들어야 돼(화초들에게). 어쩔 수가 없더라구."
"화초는 물 주면 일주일씩은 있잖아. 애들은 한 번씩 물 주고 가니까. '어휴, 우리 애기들 잘 있었어?' 하구 들어와요. '애기들 목말랐겠네. 어휴 미안해. 너무 오래 있다 왔지?' 그러면서 물 주고 떠들어. 떠들어야 돼. 어쩔 수가 없더라구." (왕수진)

"자기 전에, 얘(반려견)랑 그렇게 얘기를 해요."
"침대에서, 자기 전에 얘랑 그렇게 얘기를 해요. … 외로움도 풀고, 사랑의 표현 욕구도 풀고. … 맞아요. … 제가 2를 주면 이 친구는 3, 4 반응이 오고 이런 것, 상호적인 게 있기 때문에." (이은아)

"나 혼자 있을 때에도 외로움을 없애고 나 혼자 있는 시간을 굉장히 기쁘게 쓰고 싶은 마음이 많거든요. 근데 이 생태계가 있으면, 강아지를 키우든 식물을 키우든 내가 어쨌든 뭔가를 해야 되는 게 있잖아요. 내 시간을 멍때리면서 잡생각으로 보내는 게 아니라. 얘랑 같이 식물도 말을 안 하지만, 내가 얘네들한테 말을 할 수 있잖아요. 그런 시간들은 굉장히 좋은 것 같아요. 혼자 있는 사람들은 외롭기가 쉽단 말이에요. 소통. 생태계와 소통. 얘기하면서 정이 쌓이고, 내가 고민 있는 것을 얘기해서 얘가 어디 가서 얘기할 것도 아니고." (민은혜)

(3) '함께'라서 좋은 자연 생태계

전유미, 서예림, 윤수연은 친구와 '함께' 한강에서, 동해에서, 자연에서 생태계를 느낀다. 이렇게 다른 이들과 '함께' 생태계를 공유하고 경험할 수 있어서 좋다.

누군가와 같이 느껴서 좋은 자연

"항상 여의도나 잠실 한강공원 가면은 좀 여유롭게 누워있는 사람들도 있고, 치킨 먹는 사람들도 있고, 비교적 거기 가면은 복작거리기는 해도 여유있는 사람들이 많이 보이고, 그 여유를 보면서 나도 누워서…. '한강 가면은 뭐해?' '그냥 가만히 누워 있으면 되지' 그러면서 데려가거든요. '돗자리에 난 가만히 누울 거야' 막 이러거든요. 내가 느끼는 이 편안함을 얘도 느꼈으면 해서 그런 마음인 것 같아요. 같이 누리는, 혼자서 누리는 것보다… '좋지?' '좋다! 막상 오니까 좋다!' 이런 반응일 때… 항상 좀 다 같이 있었던 것 같아요. 누군가랑 같이 있으면서 같이 약간 웅장한 자연환경에서 같이 감동하고, 좀 조용하고 포근한 자연환경에서 같이 힐링하고. 그런 것들이 좋아서 등산을 좋아는 하는데, 혼자는 안 가게 되더라구요. 또 올라가면 예쁘고 하니까, 조르고 하는데. 쉽게는 안 가지는 것 같아요. 누군가랑 같이 하는 게 좋은 것 같아요. 자연을 같이, 혼자 보다는." (전유미)

"제일 마음이 편한 친구랑 같이 동해를 갔는데, 그 진정되는 것을 그때 처음 느꼈던 것 같아요." (서예림)

"스트레스 해소랑, 같이 가고 싶은 사람들은 또 맛있는 거 해주구 이러면서 또 라포(관계)도 형성하고 재밌잖아요. 같은 추억을 만들고, 공유하고. 어차피, 솔직히 저희가 오늘 죽을지 내일 죽을지 알 수 없는데. 오늘 있는 동안 할 수 있는 것들을 최대한 하고 '서로 사랑하면서 지내고 싶다'라는 생각이 들어서… 좀 같이 할 수 있는 것들이 있으면 같이 하고 싶어요." (윤수연)

자녀들과 떨어져서 혼자 생활하는 왕수진과 김정숙은 화초에게 정을 붙이고 의지하며 '함께' 생활하는 경험을 한다. 어린 시절부터 늘 '혼자'라고 생각했던 이은아에게는 반려견이 가족이며, 혼자가 아니라는 마음을 경험하고 있다.

정이 들고 의지가 되는 화초

"개한테도 많이 의지가 되더라구… 이 화초를 더. 화초는 말도 안 하고, 꽃피고, 말도 없고. 참 신비로워. 애기 아빠 가고부터 어디 의지할 데 없으니까, 거기에다 하구. 딸이 하나하나 사다 주다 보니까, 이렇게 많아진 거지. 4년 동안. 자식들은 그래도 떨어져 있으니까… 물 주고, 닦아주구, 이리 옮겼다 저리 옮겼다. 쟤들… 쳐다보고 있어." (왕수진)

"이래다 보니까 거기에 차츰 정이 들고… 화초에 신경 쓴 것은 1~2년. 할아버지 돌아가시고부터." (김정숙)

혼자가 아니라는 마음을 주는 반려견

"내가 혼자가 아니라는 것을 좀 스스로 상기시키는 것 같기도 해요. … 강아지 한 마리 키우고 있는데 그 친구한테 의지, 나한테 가족이 생겼다. '혼자가 아니다'라는 그런 마음이 드는 게 제일, 그게 가장 큰 변화." (이은아)

혼자 있는 시간에 모든 1인가구 여성들은 자연 생태계 관계에서 기쁨, 보람, 행복의 '긍정적인 정서들을 느끼고', 소통의 욕구와 사랑 표현의 '욕구를 해소'시킨다. 때로는 타인과 '함께 공유할 수 있는 기회'를 가지고, 인간처럼 정이 들고 의지를 하며 '혼자가 아님'을 경험한다.

III. 여성 1인가구의 공간, 시간, 몸 경험

1. 공간 특성
: 자유와 책임감으로 자신의 빛깔을 찾아가는 공간

여성 1인가구의 공간이 어떻게 경험되는지에 관한 이야기이다. "어떻게 자신이 공간을 빚고, 공간이 자신을 빚는지?", "공간이 어떻게 다르게 경험되는지?", "어떤 장소에서 세상적인 것 또는 정신적인 기분을 어떻게 경험하는지?" 등에 관한 내용이다(van Manen, 2014, 305).

1) 이웃이 간절한 공간

'여성 1인가구'가 체험하는 공간은 <이웃이 간절한 공간>으로, 때로는 '외롭고 삭막한 공간'이며, 때로는 '낮에도 무서운 공간'이다. 또한 가족들에 대한 그리움과 아픔으로 '벗어나고픈 그림자의 공간'이기도 하다.

(1) 외롭고 삭막한 공간
'외롭고 삭막한 공간'은 청년 여성 3인과 노년 여성 3인의 이야기다. 1인가구로 생활한지 1년이 안 된 서예림은 새로운 동네에서 생활하며, 이웃과 전혀 교류가 없는 공간에서 '외로움과 삭막함'의 공간을 마주한다.

오주은은 집에서 말할 사람이 없는 것과 밥을 함께 먹을 사람이 없어서 힘들다. 남편과 사별하고 혼자 살게 된 이경아, 왕수진, 김정숙에게는 '외로움'의 공간이다. 그래서 이은아는 1인가구로 살더라도 주변에 지인이나 남자친구가 필요하다고 말한다.

"되게 삭막한 거예요."

"되게 삭막한 거예요. 옆집 사는 사람, 처음에 이사 갔는데, 떡 같은 것 돌릴 때에도 안 계셔 가지고 그냥 문에 걸어놨는데. 그 후로 한 번도 본 적이 없고, 주변 이웃하고 딱 교류가 없고…. 이 동네에 처음 왔는데 많이 외롭다는 느낌 많이 들었어요… 임시 거주지이기 때문에. 동네가 아예 바뀌었어요. … 이 동네는 일단 처음이고 어색하고 그러네요." (서예림)

소통할 사람이 필요함

"저는 성격 자체가 누군가 소통하면서 같이 있으면 일의 효율이나 기분도 더 좋은 사람이에요. 혼자보다는. 근데 항상 집에서 혼자 먹을 때, 밥도 혼자 먹어야 되고. 그냥 그런 게." (오주은)

"혼자 사는 것 좋고. 근데 어… 그게 그냥 주위에 아무도 없을 때 1인가구는 좋지 않은 것 같아요. 남자친구가 있거나 아니면 주변에 누가 있거나 했을 때." (이은아)

"얘기 상대가 없으니까, 돌아가시고 바로는 좀 힘들었어." (김정숙)

"아플 때, 제일 외롭죠."

"아플 때, 제일 외롭죠." (이경아)

"외로움이다."

"여자 혼자 사는 삶은… 외로움이다." (왕수진)

"할아버지가 돌아가고 나니까, 외롭고, 쓸쓸하고. 그냥 처음에는. 지금은
괜찮아졌어요. 오래되니까. 처음에는 그래두 아퍼두 그 자리가 저기해지,
너무 허전 핸거야." (김정숙)

(2) 때로는 낮에도 무서운 공간

김정숙은 혼자 처음으로 살면서 무서움을 느꼈고, 이은아와 홍진아는
복도의 난동과 수상한 사람이 계속 서있어서 무서움을 경험했다. 집 뿐만
아니라 집 주변의 안전함도 중요하다고 김혜진과 서예림은 언급하였다.
그래서 윤수연은 이사 전에 방범창을 꼼꼼히 확인하고, 경찰서 근처에서
살았던 경험이 있다.

처음에는 혼자 사는 것이 무서웠음

"처음에는 무섭더라구. 할아버지 돌아가고 처음에는 조금 무서워서 문도
죄 잠그고 잤는데." (김정숙)

복도에서 난동과 수상한 사람 때문에 무서웠음

"동네 특성상 좀 유흥하는 데도 있고… 아무래도 질이 안 좋거나 아니면
저와 다른 삶을 살고계시는 분들이 좀 많이 포진되어 있어 가지고. 제가

생각하는 상식과는 다른 상식의 행동을 하시는 분들이 꽤 계시더라구요.
… 저희 층에 경찰이 막 5번 출동하고 막 남자가 복도에서 난동부리면서
각 집의 문을 발로 차고 막 이랬던 적….” (이은아)

“항상 저의 집 문 앞에 누군가 서 있더라구요. 센서등이 켜지잖아요. 근데
센서등은 한참 있다가 꺼지잖아요. 움직임이 없으면. 근데 이 센서등은 꺼지
면 다시 켜지고, 꺼지면 다시 켜지고. 사람 움직임에. 그럼 누군가 서 있는
거잖아요. 문에 이렇게 틈이 있었어요. 그러면 빛이 보이면 거기에 사람
그림자가 보이잖아요. 그게 한 며칠 그랬었어요.” (홍진아)

주변의 안전과 치안이 매우 중요함
“치안, 되게 중요하거든요. … 남자보다 여자가 힘이 약한 것은 맞잖아요.
… 안전함. 공간에 대한 안전함 뿐만 아니라 그 주변에 대한 안전함.”
(김혜진)

“혼자 살았었을 때 경찰서 있고, 가까운 데에, 5분 이내, 이런 데 살았었거든
요. 근데 그러면 아무래도 심리적으로 조금 안정적인 부분이 있고 그래서…
방범창 같은 거, 있는지 없는지 좀 보고 그랬었던 것 같아요.” (윤수연)

“여성 1인가구. 그 아파트 주변이 위험하고, 그런 것 때문에 생긴 게 저녁에
늦게 들어가면 같이 걸어주는 게 생겼다고는 했는데. 그게 딱히 도움이 되는
것도 아닌 것 같고. 그런 분위기들이 사회적으로 없어졌으면 좋겠는 거.
무서운 사람이 이 동네에 있다 이런 거라던가, 좀 더 경비가 삼엄했으면
좋겠다. 저희 아파트도 CCTV가 그렇게 많지가 않대요. 문 앞에서 택배를

도난을 당해도 누구인지를 못 찾는다는 거예요. 근데 누가 와서 나를 때려도 못 찾는다고 하니까." (서예림)

‘모든 연령의 1인가구 여성들'은 위험과 범죄에 대한 ‘두려움과 긴장감'을 느낀다. ‘여성 1인가구'를 노린 강간 미수와 살인 미수의 ‘신림동 사건'(2018, 2019)은 위험과 범죄에 더욱 취약한 ‘1인가구 여성들의 공간적 특성’ 및 가까이에서 안전과 도움이 가능한 ‘타인과의 연결망'의 필요성을 보여준다.

(3) 벗어나고픈 그림자의 공간

김정숙은 치매로 고생했던 남편이 늘 누워있던 방에서 남편이 더 그립고 가슴 아프다. 왕수진도 퇴근하고 4시면 대문으로 들어오는 남편의 모습이 보이지 않아 남편의 부재가 더욱 생생하게 느껴지는 공간이다. 그림자처럼 실물은 보이지 않고 그 실물의 흔적만 남아있는 공간에서 김정숙과 왕수진은 사무치는 그리움을 느낀다.

사별한 남편이 그리움

"거기 사람이 있는 것 같으구. 그냥 자꾸 그래요. 지금은 오래되니까 없어졌어. 처음에는 엄청 안 좋더라구. 그냥 있다 가두, 사람이 있는 것 같구. 만날 거기 그냥 드러눕고, 앉았구. 가서 문 열면은 사람이 없으니까 허전해서 이상하구 그렇드라구." (김정숙)

"아직도 생생해. 근데 기다려져. 지금두 기다려져. 해 넘어가면 오겠지. 올 시간인데, 안 오네. 그리구 살어요. 매일 해만 넘어가면. 애기 아빠가 새벽에 갔다가 꼭 4시 넘어서 와. 고 시간만 되면 오네… 올 시간 되었네. 근데 기다리

면 안 와. 그럼 밖에 나가서 앉아 있어. 그러면 혼자 주루룩 눈물 흘리고
와. 매일 거기만 가면 못 오는지 모르겠어. 아유 힘들어. 아직도 힘들어. 난
아직도 힘들어. … 그런 건가 봐요. 남남이 살다 보니까, 정이 무서운가 봐.
엄마, 아버지보다 더… 남편이. 기둥이 무너진 게 이런 거구나. 이까짓 돈
있으면 뭐해. 그지요? 신랑이 있어야지. 참 그래. 신랑이… 아빠 마음이 그리
워서 내가 그렇다구." (왕수진)

엄마의 잦은 폭력과 학대, 학교에서의 '왕따'의 경험이 그녀들의 현재의
집에도 그림자처럼 남아있다. 너무 불안하고 힘들었던 과거의 공간을 지금
여기에서도 이은아는 느끼곤 한다. 김혜진도 술을 마시고 난동이 있었던
어린 시절의 아빠에 대한 기억은 현재 혼자 살고 있는 집의 밖에서 들려오는
큰 소리에 그녀의 몸이 먼저 반응하게 한다. 그녀의 몸이 먼저 두려움으로
움츠려든다.

너무 불안하고 힘들었던 어린 시절의 집이 생각남

"학교에서도… 집에서도 너무 불안하고 힘들었으니까." (이은아)

밖에서 싸우는 소리에 아버지가 떠오름

"아빠로 인해서 환경이 파괴되는 것을 보고 자라서 그거에 대해서 굉장히
두려움… 술을 마시거나 큰 소리가 나면 움츠려들거나 갑자기 조용한 공간
속에서 큰 소리가 나면 제가 예민한 것… 밖에서 싸우는 소리만 나도, 예전
아버지 기억이 떠오르고. 밤에 잘 때도 지나가는 소리에도 여러 사람의 소리
만 들려도." (김혜진)

2) 준비가 필요한 공간

1인가구로 살기 위해서 필요한 준비가 무엇이고, 도움이 필요한 것들이 무엇인지에 관한 이야기이다.

(1) 답답한 공간

'여성 1인가구'가 '답답한 공간'으로 체험하는 것은 공간이 너무 작거나, 가전제품의 고장, 또는 가구의 조립에 도움을 받을 수 없기 때문이다. 부재 시, 다른 사람을 공간에 들이는 것에 많이 신경이 쓰이고, AS를 받더라도 집에 다른 사람이 없기 때문에 확인이 어려워서 답답한 공간이다. 한편, 왕수진은 남편이 하던 밭일이 생소하고 서툴러서 답답함을 느끼는 공간이다.

너무 작아서 답답함

"요즘 집을 선택할 때, 좀 아쉬웠던 것은… 집이 너무 좁은 거예요. 인테리어를 하다 보니까. 대세가 또 좁은 집이잖아요. 아파트. 처음에 와서는 살만하다 싶었는데, 너무 작은 거예요. 고시원 수준이다 보니까." (서예림)

'여성 1인가구'들이 많이 거주하는 청년 임대 주택은 5평으로 알려져 있다(한겨레신문, 2019). <나 혼자 산다>(2013~현재)의 TV 프로그램에서 보여주는 1인가구 여성 연예인들의 공간에 비하면, 한국의 많은 '청년 여성 1인가구'의 공간은 "고시원"처럼 작아서 '답답한 공간'이다.

가전제품 고장과 조립에 도움이 필요해서 답답함

"가전제품 고장 나면, 답답하지." (이경아)

"조립 이런 거 누가 필요한데 없어. … 그럼 나는 그것을 포기해야 되고." (오주은)

사별한 남편이 하던 밭일을 몰라서 답답함

"뭐 한 가지 핼 때마다 울면서 하는 거지. 자기가 평생 살 줄 알고 이런 것도 안 가르쳐 주구. 약 주는 것도 어떻게 주라구두 안 가르치고… 서러워. 그럼 혼자 앉아서 울어. 앉아서 울다 안 되면, 아줌니한테 가지. 아줌니가 어떻게 주라구 그래." (왕수진)

부재 시, AS 받는 것이 어려워서 답답함

"저는 누구한테 제 번호를 알려주는 것을 안 좋아해요. 이제 뭐가 집에 고장이 나면, 관리사무실에서 비밀번호를 알려달라고 하시는 거예요. '아, 나 싫다.' '비밀번호 바꾸시면 되잖아요?' 그것도 싫어요. 어쨌든 누군가 나 없을 때, 들어와서 안 보겠지만 그래도 찝찝함이 있죠. 내 공간에 누군가 들어와서 침범하는… 매번 그것 때문에 싸우는 거. 그리고 웬만하면 제가 그분이 오실 때까지 마무리하고 가는 쪽으로 하는데. 저는 그런 편인 것 같아요. 1인가구의 단점이 이게 꼭 확인을 해야 될 때도 있잖아요. 한 번은 샤워에 핸들을 고쳐달라고 말씀드렸더니, 너무 불편하고 안 좋은 것으로 교체를 해놓으신 거예요. 그럴 때 1인으로 살아서 좀… 남편이 있거나 가족이 있으면 '봐줘, 봐줘!' 이럴 텐데." (홍진아)

(2) 관리가 부담이 되는 공간

1인가구는 집을 관리하고, 음식을 만들고, 청소하고, 빨래하고, 장보기는 물론이고, 각종 공과금 및 관리비 등의 재정 관리도 혼자 해야 한다. 이러한 활동들에 대한 준비 없이 시작한 여성들은 스트레스를 느끼고 힘들어하였다.

집을 관리하는 것은 스트레스

"저는 이게 뭐 약간 고민을 했는데, 저의 집은 정말로 더럽거든요. 제 친구들이 모두 알 정도로 더러운… 집을 관리하는 게 스트레스거든요. 좋지만, 집이 저한테 스트레스예요. 누구랑 같이 살면 서로 배려해서 눈치 보니까 집도 치우고 해서, 집이 좀 더 예뻐지고 집이 쾌적하고 이런데. 저는 한숨밖에 안 나오거든요. '아, 빨래하는 것 너무 싫고, 너무 다 싫고. 그냥, 일하고 집에 들어가서 또 일해야 되는 것 너무 싫고.'" (전유미)

관리비를 아껴야 함

"겨울에도 요것만 틀어놓고 살았어요. 기름값 들어가서. 전기세두 텔레비전만 틀구 살구." (왕수진)

혼자 하는 것이 처음이라서 힘들었음

"처음에는 혼자 사는 것에 대해서 약간 걱정을 했었죠." (민은혜)

"살림도 할 줄 모르고, 속옷도 빨고 산 적이 없다 보니까. 부모님 손에서 애지중지 자라서 처음엔 되게 힘들었거든요. 어떻게 해야 되는 지도 몰랐고. 저도 성격이 딱딱 정리하는 스타일이 아니고, 이렇게 풀어놓는 스타일인데. 그렇게 되다 보니까, 예전에는 '엄마 이것 좀 찾아줘!' 그럼 엄마가

찾아주구.” (홍진아)

“장 보고 이런 것도 혼자 해본 적이 없단 말이에요. 장 보고, 전기세, 이런 것. 아무 것도 혼자 해본 적이 없는데, 이제 도착을 해서 완전히 생 빈집이니까.” (전유미)

(3) 도움이 필요한 공간

1인가구이기에 더욱 타인의 도움이 필요한 경우가 있다. 주로 건강과 관련해서인데, 위급한 경우에 병원에 가기 위한 교통편이나 보호자가 필요하고, 집에서 사고로 다친 경우나 아픈 경우에 타인의 도움이 필요한 공간으로 ‘여성 1인가구들’은 경험하였다. 노년 1인가구인, 이경아는 80세 이상의 독거노인들에게 정부가 제공한 기구를 방 안에 비치하고 있다. 갑작스런 사고에 대해서는 노년 뿐만 아니라, 청년과 중장년의 1인가구 여성들도 걱정을 표현하였다.

정부에서 준 기계의 버튼을 “누르면 119가 와요.”

“아플 때… 그래 가지고 저거 있잖아요. 저게 급할 때 누르면 119가 와요. 정부에서 해주는 거예요. 노인네들. 혼자 사는 사람. 그래 급하게 아프거나 그래서 119를 누르면, 아들한테도 연락이 가고. 돌보미 있어요. 잘 있나 없나 보는 돌보미. 그이한테도 가고. 1주일에 한 번씩 오고. 전화는 매일 오다시피 하고. 오면 40분씩 앉아서 얘기 나누고. 정부에서 하는 거니까, 면에서. 다는 아니고 혼자 사는 사람에 한해서… 나이는 80 넘어서. 생활지원사… 지금 참 정부에서 잘 하는 거여. 노인들한테. 돌보미. 죽었나 살았나 보러 오는 거지. 혼자 뭐 죽은 사람들이 많잖아요. 독거노인네들. 그럴까 봐서 돌보미

있는 거지." (이경아)

넘어지거나, 머리를 다치거나 했을 때

"혼자 사는데, 삐끗하거나 넘어지거나 머리를 다치거나 했을 때, 아무도 발견할 사람이 없을 때. 그런 게 걱정이 많고." (전유미)

촌에 살면, (위급 시) 교통이 어려움

"촌에 살면, (위급 시) 교통이." (김정숙)

민은혜는 병원에서 보호자가 필요한 내시경 검사를 받지 못한 경험이 있다. 연구를 진행하는 동안 '병원에 보호자로 동행'해주는 프로그램이 1인가구 지원 센터에서 시작하여 이 문제에 대해서는 도움을 받게 되었다.

병원에서 보호자 필요함

"아플 때, 병원에서 내시경을 해야 되는데, 수면 내시경을 하고 싶었는데, 병원에 가서 하려고 하니까 보호자가 없으면 그게 안 된대요. … 그래 가지고 저 혼자 가 가지고 했거든요. 수면 내시경 안 하고 그냥 일반 내시경 했는데. 아… 이럴 때가 보호자가 필요하겠구나." (민은혜)

"여자 두 명이 사는데 그들은 결혼 제도 안에는 못 들어가잖아요. 부부나 커플 말고, 동거인으로 인정하는 제도가 있으면 좋겠다는 그런 글을 봤는데, 공감이 되는 거예요. 만약에 꼭 사귀는 사이가 아니라, 친구여도 난 절대 가정을 이룰 생각이 없고. 근데 또 혼자 사는 것은 아니고, 둘이 사는데, 뭐 신혼부부 집 혜택 이런 것까지 바라지도 않지만, 뭔가 내가 병원을 가거나 이랬을 때 제도가 제일 중요한 게 그런 행정이잖아요. 병원을 갔을 때, 보호자가 될 수 없잖아요… 같이 살고 있지만. 그게 친구든 사랑하는 사이든. 근데 만약 동거인 제도 그런 게 있으면 병원에 갔을 때, 보호자를 해줄 수도 있고. 뭔가 사건이 있을 때, 보호자도 해줄 수 있는데. 저는 결혼의 중요한 역할 중의 하나가 다 그런 행정적인 거라고 생각을 하거든요. … 병원 갔을 때, 보호자 수술 동의해줄 수 있는 것들이 제일 중요하다고 생각을 하는데. … 그런 여성들끼리만 살 때, 그런 동거인 제도를 여성들끼리 건, 남성들끼리 건 동거인 제도를 인정해주는 정책이 필요할 것 같다는 생각을 언젠가부터 하게 되었어요." (전유미)

3) 자유와 쉼이 있는 공간

다른 유형의 가구들에 비해서 1인가구의 여성들은 자신의 공간에서 좀 더 많은 '자유'를 경험한다고 이야기한다.

(1) 안전하고 편안한 공간

'안전하고 편안한 공간'에서 '쉼'을 경험하였다. 김혜진은 가정에서 남편과 갈등이 잦아졌으며, 아이들과도 관계가 좋지 않은 상황이다. 혼자 살면서 자신을 보호하며 안전하게 생활하고 쉬는 것이 가능해졌다. 다른 1인가구 여성들도 안전한 방범과 다른 가족의 방해 없이, 편하게 생활할 수 있는 '나만의 공간'에서 자유와 쉼을 체험한다.

자기보호를 위해 필요한 공간

"쉴 수 있는. 나에 대한. 안전한… 오히려 더 편안해짐. 누군가를 신경 쓰지

않아도 된다는. 나만 돌보면 되니까. 외로움보다는 자기보호가 더 지금 먼저 이기 때문에." (김혜진)

방범도 안전해서

"이쪽은 안전하다는 생각이 들기도 했고… 방범 이런 것을 중점적으로 보다 보니까. 그래도 좀 그 부분은 괜찮았었던 것 같아요. 그래서 혼자 지내는 거가 편하기도 하고." (윤수연)

방해가 없는 공간

"집에서 있는 시간이 너무 좋은 거예요. 그곳이 오로지 제가 쉴 수 있는 시간 이고 장소잖아요. 방해 없이. 거기서 느껴지는 안심, 안도감." (홍진아)

"혼자 있어도, 내가 거처하는 데가 제일 편해."

"하룻밤 자고 바로 와야지 또 집이 또 오고 싶어요. 나가 있어도 혼자 있어도 집에 와서 있는 게 편하지. 애들이 잘 해줘도 별로. 집에 나 혼자 있는 것만 못해. 그래도 혼자 있어도, 여기 내가 거처하는 데가 제일 편해. 혼자 있다구, 뭐 저는 자유롭게 돌아다닐 것 같고 그런데. 그래도 그게 아니더라구. 그냥 어디 가면 집에 식구가 걸리는 게 없으니까, 부담은 없는 것. 그거 하나지. 그래두 집에 맨날 오고 싶어요." (김정숙)

편하게 있을 수 있는 나만의 공간

"나만의 공간은 내가 편하게 있을 수 있는 거잖아요." (민은혜)

공간이 안락하고 편함

"공간이 안락하죠… 나 혼자만의 공간. 그게 원룸… 저는 지금 제 삶이 만족스러워요. 혼자 사는 것에." (홍진아)

"위치가 좋아서 만족을 하고, 빌라에서 원룸인데 방 평수가 좀 크게 나온 데여서. 좀 넓으니까 좋고. 제가 춤추는 것을 좋아하는데 혼자 돌아가면서 춤추고… 그렇게 지내고 있는 것 같아요." (오주은)

(2) 행복하고 원하던 공간

홍진아는 직장에서 벗어나 혼자 생활하는 공간이 "너무 좋다." 그녀는 1인가구로 처음 생활할 때, 부모님과 떨어져서 처음으로 혼자 생활하는 것이 "즐겁고, 행복했던" 기억이 있다. 윤수연도 좋아하는 요리하고, 친구들 초대해서 바비큐 파티하던 "재미있었던" 공간으로 경험하였다.

일에서 벗어나 집에서 있는 시간이 좋음

"한국에 돌아오면서 일에 치이다 보니까, 집에서 있는 시간이 너무 좋은 거예요." (홍진아)

처음 부모님과 떨어져 혼자 사는 것이 즐거웠음

"처음에는 좀 엄청 즐거웠거든요. 두려움보다는. 부모님과 다른 곳에서. 다른 나라에서 산다는 기대감 때문에 작은 시골 마을… 정말 행복하게 살았죠." (홍진아)

친구들과 함께 파티하며 재미있었음

"여기 집, 구했을 때 맛있는 것도 엄청. 요리 좋아해 가지고 요리 같은 것도
많이 하기도 하고. 친구들 초대하고 이런 것… 쉐어 하우스 이런 것도 운영을
했었거든요. 친구들끼리 같이 지내는 것 좋아서. 그래서 주말에 옥상에서
바비큐 파티하고 친구들 부르고 이런 것들 재미있었던 것 같아요." (윤수연)

자신 마음대로 집을 꾸미는 '자유'의 공간을 서예림과 민은혜도 경험하였
다. 서예림과 홍진아는 부모님과 같이 생활하던 때에도 독립하여 혼자
생활하기를 원했으며, 원하던 공간을 현재 경험하고 있다.

원하는 인테리어 스타일로

"인테리어 좋아해서, 집도 제가 원하는 인테리어 스타일로. 이런 것들이
좀 재미있었던 것 같아요." (윤수연)

"온전히 제가 좋아하는 것으로 집이 채워지는 것. 인테리어에 대해서." (서
예림)

"내가 집을 꾸미는 것도 내 마음대로 꾸며도 되고 그리고 저는 깔끔한 것
좋아하는데, 누가 뭐 집을 어지럽히는 것도 없고, 이렇게 하니까." (민은혜)

독립을 원했음

"저는 혼자 살고 싶었어요. 계속. 아빠, 엄마는 두 분이 같이 살 때, '어, 나
어디서 혼자 살았으면 좋겠다', '집 아닌 다른 곳에서 살았으면 좋겠다' 되게
많이 생각했죠. … 대학교 때도 집을 얻어달라고 했었거든요. 자취방을…

그 만큼 독립을 하고 싶었어요." (홍진아)

"'혼자 살고 싶다' 생각 계속 했을 것 같긴 해요. 어쨌든 엄마랑 같이 있어도. 근데 엄마가 확실히 우울해지니까, 엄마 혼자 있는 것에 대해서. 그것도 같이 신경을 썼겠지만, 결론은 저를 생각했을 것 같긴 해요. 제가 독립하고 싶으니까. '나는 갈 거야' 하고." (서예림)

(3) 간섭이 없는 자유로운 공간

1인가구 여성들은 '먹는 것, 청소하는 것, 쉬는 것'에 대해서 간섭이 없는 '자유와 쉼'의 공간을 체험하고 있다.

간섭이 없는 자유

"간섭이 없고, 내가 치우고 싶을 때, 치워도 되고. 그러다 보니까 쓰레기장이 되기도 하지만, 먹고 싶을 때 먹고, 자유로운 거랑… 제일 큰 것은 자유가 아닐까." (전유미)

간섭 없이, 먹고 싶은 것 먹을 수 있고

"식단. 제가 먹고 싶은 것 먹는 데, 터치할 사람 없는 것." (서예림)

방해 없이, 주말에는 맘껏 쉴 수 있고

"간섭하시고 하시니까, 좀 귀찮아지는 것도 있어서. 늦잠자고 싶은 때 있잖아요, 주말에. 그게 너무 편한 거예요. 평일에 일하고 피곤하니까. 주말에는 쉬고 그러고 싶은데, 그때 가족 모임이 있거나 하면은 일찍 일어나서 집안 청소도 하고 해야 하니까. 그걸 안 하게 되니까 너무 좋아요, 편안하고." (윤수연)

(4) 배려 안 해도 되는 공간

다른 이들과 쉐어(Share)하우스에서 생활한 경험이 있는 윤수연은 두 명만 되어도 다른 생활 패턴이나 부딪치는 부분이 있어서 불편했다. 전유미와 민은혜도 새아버지, 친구, 가족과 생활하며, 배려하고 눈치를 보고 신경을 써야했다. 세 여성들은 친구 초대, 취미 생활, 다른 생활 패턴 때문에 다른 이들을 위해서 배려를 안 해도 되는 "나만의 공간"을 이야기하였다.

아무 때나 친구들 불러서 같이 놀 수 있고

"엄마, 아빠랑 살면, 이렇게 언니랑 살든 동생이랑 살든, 내가 친구들 다 부르고 싶어도 그 사람들 동의를 구하고 이렇게 해야 되는데. 아무 때나 친구들 불러서 같이 놀 수 있고. 그런 것 좋았고." (민은혜)

남의 눈치 안보고, 신경 안 써도 되고

"남의 눈치 안 보고, 신경 안 써도 되고, 배려 안 해도 되는 거… 친구랑 같이 살 때도 있었거든요. 그럼 배려를 해야 되잖아요. 음악을 듣고 싶은데, 소리를 줄여야 된다거나. 친구를 초대하고 싶은데, 막 물어봐야 된다거나." (전유미)

"힘들었던 것은 좀 두 명만 있으면은 서로 지내다 보면은 부딪치는 부분들. 패턴이 안 맞는 그런 부분들이 있어서. 그런 부분들이 조금 그랬었던 것 같고. 혼자 있는 것에 대해서 딱히 불편한 것은 없는 것 같아요." (윤수연)

"집에서 그러니까 뭐 가족이랑 같이 살게 되면은 가족을 내가 사랑하기는 하지만, 어쨌든 서로 배려를 하고 서로 신경을 써 줘야하는 부분이 있는데.

나만의 공간에서는 내가 하고 싶은 대로 해도 되는 거잖아요. … 집에 오면은
온전히 나만의 공간이니까." (민은혜)

4) 가족의 빈자리를 채워주는 커뮤니티(공동체) 공간

민은혜를 제외하고, 모든 '여성 1인가구들'은 '지역 공동체에 소속'되어
생활하고 있다. 청년과 중장년 1인가구 여성들은 동네의 1인가구 지원
센터의 회원으로 생활하며, 경기도 이천에서 생활하는 3인의 노년 1인가구
여성들은 동네의 마을회관에 자주 방문하며 지낸다.

(1) 1인가구 지원 센터의 다양한 도움

청년과 중장년 여성 1인가구들은 1인가구 지원 센터의 도움에 대해서
많이 긍정적이다. 오주은은 도움 덕분에 '희망'이 생겼으며, 가족이 제공하지
못한 정서적 지지를 반갑고 따뜻하게 맞아주는 매니저를 통해 경험하고
있다. 한편, 이은아는 안전고리, 페퍼 스프레이, 스마트 벨 등의 '안전에
대한 지원'이 도움이 되었다.

커뮤니티의 도움으로 어려움 없으며, 희망도 생김

"커뮤니티도 잘 되어있어 가지고 1인가구로 사는데, 딱히 특히 이 동네 같은
경우에는 어려움이 없는 것 같아요. … 그래서 1인가구는 굉장히 좋은 것
같아요." (이은아)

"이 사회에서 뭔가 마냥 각박하지는 않다. 다들 자기 앞길만 보고 달리는
거라고 느꼈었는데 이런 지원이 좋았고, 희망도 생기고." (오주은)

윤수연은 1인가구 지원 센터에서 제공하거나 또는 자신이 함께 기획해서 운영한 여러 프로그램을 통해서 친구들과 교제하며, 다양한 문화를 체험할 수 있어서 좋았다.

다양한 프로그램 참여 및 기획 & 친구 사귐

"안전 관련해서 지원을 해주는데, 제가 이번에 받은 것은 집에 안전고리가 없었거든요. 그것도 신청해서 주시고. 그 다음에 페퍼 스프레이 같은 것도 보내주시고. 그 다음에 저희 집 앞에 스마트 벨이라고 있거든요. 그것을 부착을 하고, 제 핸드폰으로 집 앞에 누가 와 있는지 녹화가 돼서⋯ 그런 게 있어서 그런 것을 지원해 주기도 하고. 이런 게 있어서, 사실 특히나 이 동네에서 1인가구로 살아가는 것은 오히려 좋다고 생각이 들어요." (이은아)

"(1인가구) 커뮤니티가 너무 좋은 게, '플리마켓(벼룩시장)' 기획을 같이 했었어요. ⋯ 요리 좋아하는데, 그런 데 가서 요리하고. 외국 다문화 가정 이런 분들이 오셔서 또 강의해 주실 때, 참여해서 체험학습하고. 이런 것들 되게 재미있었어요. 거기서 만난 친구들도 인도인 친구들 두 명 왔었는데, 친해져 가지고 또 아직까지 연락하거든요. ⋯ 새로운 사람들 만나니까. ⋯ 좋아하는 프로그램 있으면 참석해요. ⋯ 2년 정도. 뭐 '이런 프로그램 있어요' 알려주시니까 더 참석하게 되고." (윤수연)

서울시에는 현재 25개 구마다 '1인가구 지원 센터'가 있으며(서울특별시, 2024), 매니저들이 '미술 클래스, 사진 클래스, 함께 요리하고 식사하기 등'의 프로그램을 기획하고, 직접 진행하거나 강사들을 섭외하여 진행한다.

‘여성 1인가구’가 직접 프로그램을 기획하여 진행을 하기도 하는데, 윤수연과 오주은은 프로그램 기획과 운영의 경험이 있다. 서울에 거주하는 1인가구 여성들은 모두 ‘1인가구 지원 센터’의 도움과 참여가 가능하지만, 홍보가 잘 안 되어서 모르는 1인가구 여성들도 있었다. ‘1인가구 지원 센터’가 잘 운영되는 ○○센터에서는 윤수연, 김혜진, 오주은처럼 ‘여성 1인가구들’이 적극적으로 프로그램에 참여하고, 봉사 활동과 다른 회원들과의 교제로 지원 센터의 공간을 잘 활용하고 있다.

“노력을 하죠. 투자를 하고. 모임은 아닌데, 바쁠 때는 패스하지만. 요기 이 공간도 있으니까, ‘여기(1인가구 커뮤니티)로 와!’ 해서 ‘너도 공부하고’ 여기 너무 좋아요.” (김혜진)

“친구도 사귀었다가 서로 바빠져 가지고 연락을 잘 안 하기는 하는데… 서로 안부를 듣기도 하고… 일주일에 1~2번 프로그램에 참석. 자기방어 훈련(호신술), 심리 특강 ‘MBTI’ 좋았어요. 요리 프로그램은 한 번 해보고 싶어요. … 매니저님도 제가 프로그램 할 때 도와주고 하니까. 매니저님도 프로그램 만들고, 신청하고 하거든요.” (오주은)

따뜻한 가족의 역할

“제 마음에 평화를 줍니다. 일단 매니저님이 진짜 가족같이 되게 항상 반갑게 맞이해 주세요. … 오히려 가족이 해주지 못한 역할을 항상 따뜻하게… 정말 친근하게. 자연스럽게 해주시고. 이런 게 되게 정서적 안정이 되거든요. 말로 되게 환영해 주고, 좋아해 주고… 편하게 대해 주시니까.” (오주은)

지방에 계시는 부모님의 보살핌을 바라는 '청년 여성 1인가구', 오주은은 매니저의 '환대와 따뜻함'을 '1인가구 지원 센터'의 공동체 공간에서 느끼고 있다.

(2) 마을회관의 모임

김정숙의 면담 내용만 담았지만, 이경아도 마을회관에 자주 방문하고 그림도 함께 그리며 생활한다. 김정숙과 이경아를 포함해서 10여 명의 노년 여성들은 마을회관에 거의 매일 모여서 함께 식사를 준비하고, 그림도 배우며 공동체 생활을 하고 있다. 김정숙과 이경아가 좋아하는 것은 '그림 그리기' 시간이며, 프로그램이 더 많이 생기길 원한다.

마을회관에서 그림 그리기

"저 회관에서 일주일에 한 번씩 그림 그리는 날이 있어요. 매주 수요일에 해거든. 그날이 기다려져… 미술 시간 2시간. 3시에 시작해서 5시 까지. 이런 거 그리는 거야… 그 시간이 기다려져." (김정숙)

"노인들 해는 게, 또 있으면 좋겠어요."

"노인들 해는 게 또 있으면 좋겠어요. 돈은 못 벌어두. 좀 가지고 노는 게 있었으면 좋겠어. (놀이)… 그림 그리는 것 말고 다른 것… 이런 거, 해는 거를 좋아해." (김정숙)

(3) 상처를 보듬을 공간의 필요

1인가구 지원 센터와 마을회관이 가족의 빈자리를 채우며 생활에 여러 도움을 주었다. 이러한 역할에 '상처를 보듬을 공간도 제공된다면 좋겠다고 김혜진은 제안하였다.

"나를 충분히 받아주고… 따뜻한 게 필요해서"
"나를 드러내놓고 얘기해도 누군가 나를 충분히 받아주고 나를 몰입해서
내가 내려놓고 얘기. 따뜻한 그게 필요해서. 그런 거를 해주면… 누구나
상처는 있잖아. 그 상처를 보듬어 줄 수 있는 그런 공간이 필요…." (김혜진)

5) 자신의 빛깔을 찾아가는 공간 (색상으로 표현한 심리적 공간)

자신이 경험한 여성 1인가구의 공간을 색상으로 표현하였다. 김혜진은
자신을 내려놓고 받아들이는 수용의 공간과 자신에게 위안과 안식을 제공하
는 공간을 경험하고 있다. 또한 갈등이 잦고 소통이 어려운 가족을 벗어나,
자신을 보호하는 안전한 공간으로 경험한다. 왕수진은 남편을 많이 그리워
하는 자신을 주로 다독거리는 공간이지만, 그 공간에서 가끔은 환해진
공간도 경험한다. 한편, 민은혜는 많이 밝고 따뜻한 공간으로 경험하고
있으며, 오주은에게는 어둠과 밝음이 혼재하는 회색의 공간으로 경험하고
있다.

(1) 자신을 수용하고 위로하는 공간

파랑과 초록은 나를 내려놓고 받아들이는 공간
"파랑과 초록이 가장 크고… 따뜻하고 좀 차분한. 정돈되고 위안이 되고
안식이 되면서 나를 내려놓을 수 있고. 받아들이고." (김혜진)

보라색은 나를 다독거리는 공간

"보라색은 좀 내가 다독거리구. 내 마음이 그래요. 빨간색은 잠깐. 보라색은 주로 많이." (왕수진)

(2) 안전하고 편안한 공간

파랑과 초록은 안전한 공간

"나를 감싸주는 안전한, 내려갈 수 있는 나만의 공간." (김혜진)

노란색은 편안한 공간

"굉장히 따뜻한 느낌. 왜냐하면 그 공간은 나만의 공간으로서… 너무 편안하고. 노란색." (민은혜)

(3) 밝은 공간 vs. 밝지도 어둡지도 않은 공간

밝은 파랑, 노란색, 빨간색은 밝은 느낌

"파랑과 초록이 가장 크고. 파랑이 밝은 파랑 있죠. 되게 밝은 느낌." (김혜진)

"노란색. 되게 느낌이 밝고." (민은혜)

"빨간색. 그냥 빨간 것하고 보라. 그냥. 좀 환해진다고 해야 되나… 빨간색은 잠깐." (왕수진)

회색은 밝지도 어둡지도 않은 공간

"현재는 회색인 것 같은데요. 뭔가 마냥 어둡지는 않지만, 그렇다고 밝지도
않은… 회색은 아무래도 차분함을 넘어서 좀….″ (오주은)

마지막으로, 윤수연에게 여성 1인가구의 공간은 다양한 계기와 시점을
지닌 공간으로서 '다양함'이 그 특성이며, 변화와 가능성에 열려 있는 공간이
기도 하다. 이러한 다양함과 변화의 가능성 속에서 자신의 빛깔을 찾아가는
공간을 그녀는 무지개 빛깔로 표현하였다.

(4) 자신의 빛깔을 찾아가는 공간

"무지개빛. 다양하잖아요. 다양하게 갈 수 있는 거예요."

"무지개빛. 다양하잖아요. 다양하게 갈 수 있는 거예요. 각각. 예를 들면
선생님의 오늘 하루도, 저의 하루도 시각 시각마다 그렇게 다 똑같지 않잖아
요. 하루도 그런데요. 사실 1인가구의 삶이 플러스가 될 수 있고. 인생을
다 살아서 1인가구가 될 수도 있고. 지금 시작하는 사람이, 고등학생이 1인가
구가 될 수도 있는 거고. 다양하다고 생각을 해요. '그 가운데에서 자기만의
색깔을 찾아나가는 거다'라는 생각도 들고. 은퇴 후의 삶도 저는 생각을
하고 있으니까. 그때 그럴 수도 있고. 다양하게 정말. Transformer(변화시
키다) 될 수 있는 그런 삶이라고 생각을 해요. 누구든 1인가구가 될 수 있고,
누구든 1인가구에서 벗어날 수도 있고, 뭔가 가능성이 열려있는 삶, 어떻게
하느냐에 달려있는….″ (윤수연)

가족과 함께 생활하다가 혼자 생활하는 새로운 삶을 혼자 마주하며,

낯선 공간에서 '둥지를 트는'(표준국어대사전, 2023) 1인가구 여성들은 '외로움과 두려움'을 느끼고, 혼자 처음으로 공간을 관리하고 생활을 꾸려가며 서투른 가사와 장보기, 생활용품 수리 등을 홀로 감당하며 때로는 '답답함과 책임감'도 경험한다. 또한 처음으로 누려보는 자신만의 공간에서 '자유로움, 편안함, 안전함, 안락함, 행복, 자유'를 경험한다. 이외에도, 가족과 함께 생활했던 자신을 반추(反芻)하고, 자책하는 자신을 수용하고 위로하며, 다른 가족에 대한 자신의 태도와 감정에 대해서 정리하며 기다리는 공간이기도 하다. 무엇보다도, 좀 더 많은 시간을 자신에게 집중하며 과거와는 다른 삶을 기대하고, 계획하며, 자신이 원하는 '자신'이 되고자 도전하며 찾아가는 공간이다.

1인가구 여성들이 '책임감'을 요구하는 '자유'의 공간에서, 자신에 집중하여 '자유와 쉼'을 누리고, 가족의 빈자리를 채워주는 '이웃과 공동체'와의 공간을 경험하며, '자신'만의 빛깔을 발견하고 시도하는 '공간'의 경험을 들어보았다.

2. 시간 특성: 부족한 자신을 다독이며 세우는 시간

현상학에서 '시간'은 시계가 가리키는 객관적인 시간을 의미하는 것이 아니라, 인간이 체험하는 주관적인 시간을 의미한다(van Manen, 1994). 또한 Bergson의 현상학적 관점에서의 시간은 존재의 동일성은 지니지만, 질적으로 변화가 일어나는 과정이다(홍경실, 2001). van Manen(2014)의 체험된 시간성은 현상에 관해 시간이 어떻게 경험되는지에 관한 탐색이며, 체험된 공간성과 체험된 시간성이 혼합된 경험이다. 또한 "체험된 시간성은 삶

속에서 우리가 소원, 계획, 목표를 위해 노력하는 목적(telos)으로서 경험되기도 한다(van Manen, 2014, 306)."

이 책에서는 '체험된 시간성'을 '주관적인 시간과 질적인 변화의 과정'으로 이해하고, 이를 바탕으로 11인의 1인가구 여성들의 '체험된 시간성'에 관한 본질적 의미를 "부족한 자신을 다독이며 세우는 시간"으로 표현하였다. 여성들은 처음으로 자신만의 '둥지'를 만들고 1인가구로 생활하며, 사람들과의 활동 속에서 '이별, 다양한 경험과 시행착오'를 경험하였다. 때로는 홀로 '아픈 시간과 성찰의 시간을 경험하기도 하고, 때로는 다른 이들과 '함께 또는 혼자서' 삶을 누리는 즐거운 시간을 경험하기도 하였다. 또한 다가오는 미래를 위해서 준비하는 경험을 하였다. 이러한 경험들을 5개의 주제들로 이름을 붙였으나, 시간적으로 명확하게 구분하기는 어렵다.

1) 가족을 떠나 홀로 '둥지를 틀다'

여성 1인가구로 살게 된 계기는 다양했다. 학업이나 경제적 자립 이후에 가족을 떠난 경우, 또는 가족이 함께 살다가 결혼 또는 죽음으로 여성을 떠나는 경우가 있었다. 그 계기는 다르지만, 모든 여성 1인가구들은 홀로 자신만의 '보금자리'(표준국어, 2023)를 만들었다. 학업이나 경제적 자립 이후에 혼자 사는 경우에는 새의 '둥지'처럼 소박하고 아담한 보금자리로 시작하는 경우들이 있다. 그러한 의미에서 <가족을 떠나 홀로 '둥지를 틀다'>로 이름을 붙였다.

(1) 학업을 위해 떠나는 시간

홍진아를 제외하고, 3인의 청년 여성 1인가구의 이야기이다. 대학을 서울에서 다니기 위해 지방에서 혼자 서울에 온, 오주은은 대학 졸업 이후 직장에 다니면서 본격적으로 혼자 생활하게 되었다. 이은아는 15세에 미국으로 혼자 유학을 가면서 혼자 생활하게 되었으며, 인터뷰 참여자들 중에서 가장 어린 나이에 시작하였다. 홍진아와 전유미 역시 각각 이탈리아와 프랑스로 유학을 가서 1인가구 생활을 시작했고, 현재도 한국에서 혼자 생활한다.

서울의 대학을 다니기 위해 지방에서 올라옴

"대학교 때도 기숙사에 살았구요. 그리고 대학 졸업 이후에 계속 혼자 살구요. 7년. 거의 8년." (오주은)

외국으로 유학가면서

"태어난 곳은 경기도 ○○이구요. 14살, 15살까지 그쪽에서 거주를 하다가, 그 이후에는 미국으로 유학을 가서 고등학교, 대학교를 다녔어요. … 한국에 아예 회사로 들어간 것은 2020년에 들어왔어요. 한국에 들어와서 아예 혼자서 사는 것은 2020년. 혼자 산 것은 십 몇 년 된 것 같아요. 호스트 패밀리랑 있었던 적도 있지만, 그것은 정말 방을 내어주는 정도. 공간을 내어주는 정도. 하숙집 같은 거지… 생활이라든지, 금융적으로라든지, 아니면 십대로써 받아야 될 케어라든지, 그 부분 같은 것은 사실 없기 때문에…. 어찌 보면 그때 14~15살부터 1인가구로 지금까지 쭉 살았던 것 같아요." (이은아)

"26세부터 21년간 혼자 살고 있고. 부모님과 같이 살다가 독립을 하게 된 계기는 이탈리아에 유학을 가게 되면서 독립을 하게 되었어요." (홍진아)

"딱 10년 되었어요. 대학교를 프랑스에서 가려고… 제가 한 7년 반을 살고 왔거든요. 아예 귀국할 때까지 정확히 7년 반 정도인데, 성인 시절을 거의 다 거기서 보냈으니까. 그렇게 지냈다가 한국에 돌아왔는데, 또 아무래도 한국인인지라 돌아오니까, 또 금방 적응이 되는 거예요." (전유미)

(2) 경제적 자립의 시간

윤수연은 대학을 졸업하고, 직장을 다니면서 경제적으로 준비가 되어 1인가구로 생활하기 시작했다. 한편, 김혜진은 50대 여성으로 두 자녀와 남편과 생활하다가, 별거를 하며 일을 시작하고 1인가구로 생활하게 되었다.

대학 졸업하고 일하면서 독립

"경제적인 독립은 제가 대학교 졸업하면서 경제적으로 아예 독립을 했었고, 그랬던 것 같아요. 경제적 자립을 그때 했고. 부모님이랑 따로 살았던 것은 대학교 때는 이제 방학 때는 같이 지냈다가 그랬었어요. 중간 중간에. 대학교 때는 기숙사에 살았어 가지고 그래서 방학 때 왔다갔다, 이렇게 했었어요. 완전히 독립한 것은 대학교 졸업하고, 인제 회사 들어가고 일하면서 그랬었습니다. 10년 이상. 제가 부모님의 도움 없이 자립한 케이스예요. 저는 고시원부터 시작한 것도 있고, 왜냐하면 공부를… 시험 공부를 좀 했었어 가지고요. 고시원에 있던 적도 있고. 그리고 따로 지인분 댁에도 있었던 적이 있고. 그리고 제가 지금은 제가 그거 전세 자금을 마련해서 여기에서 지내고 있거든요. 그렇게 단계 하나하나 하다 보니까, 부모님한테 돈 한 푼 안 받고, 어렸을 때부터 부모님이 그렇게 키우신 것 같아요. 좀 독립적으로 어렸을 때부터. 그래서 혼자 사는 거에 대한 두려움이 저는 없었던 편이었던 것 같고. 주변 지인들 보면은 여자 혼자 사는 거에 대한 두려움이 많이 크신 부분이 있다 보니까, 저보고 어떻게 지내냐고 그러는데, 저도 안전에 대한 부분이 제일 그랬었던 것 같아요. 그래서 혼자 지내는 것 보다 처음에는 지인들이랑 같이 이렇게 해서 사는 그런 케이스들이 많았었구요. 완전히 혼자 지내게 된 것은 ○○에 오면서, 여기 회사 온 지는 6년 정도 되었거든요. 이직을 하긴 했지만, 여기서 6년 정도 있었어요. 그래서 그때부터는 완전히 독립해서 지냈었던 것 같아요." (윤수연)

가족과 갈등 심화로 별거하며 경제적으로 자립

"52살에 1인가구가 되었고… 두 자녀를 키우고 있는…. 별거 상태에 들어간 ○○○입니다. 자녀는 남편이 보고 있는데, 저도 같이 만나기도 하고. 그런 상태고. 와해된 지가 좀 되었는데, 저로 인해서인지 아이들 때문인지 그것을 명확하게 구분을 못 짓고 있는 상태라서 답답한 상황이고…." (김혜진)

(3) 가족이 떠나는 시간

가족들이 떠나는 상황이 되어, 본의 아니게 1인가구가 된 여성들의 이야기다. 서예림은 살던 집이 재개발하게 되어서 그리고 민은혜는 함께 살던 언니와 여동생이 결혼을 해서 혼자 남게 되었다. 김정숙, 왕수진, 이경아는 모두 남편과 사별하고 1인가구가 된 노년 여성들이다.

집이 재개발되어 혼자 살게 됨

"집이 재개발되면서 임시 거주지가 있어야 되는데, 3명이서 산다고 6평짜리 집을 준거예요. 3명이서 못 사니까, 저 혼자 나오고 본의 아니게 혼자 살게 된…." (서예림)

함께 살던 자매들이 결혼하여 혼자 생활

"우선은 저가 시골에서 커 가지고, 언니랑 동생이랑 저가 다 같이 서울에서 살았었는데. 언니가 먼저 시집가고, 동생이 시집가고 하면서 자연스럽게 저 혼자 그 집에 남아있게 돼 가지고 1인가구를 시작한 거지. 내가 집에서 1인가구를 혼자 살아야겠다. 이래 가지고 나온 것은 아니어서 그냥 자연스럽게 혼자 살게 되었는데. … 지금 동생이 시집을 간 게 9년 정도 된 거예요." (민은혜)

배우자의 사별로 혼자 생활

"할아버지 돌아가신 지 3년 정도 되었는데. … 왜 힘드냐하면 치매루다가 아팠거던. 그러니까 치매니까 맨날 하고도 안 했다 그러고. 또 그냥 말할 땐 멀쩡하잖아요. 근데 엉뚱하게 딴짓을 계속 하는 거야… 치매로 많이 고생했어요. 치매를 한 4년 그러고. 그전에 치매가 있었던 거를 몰랐던 것 같어. 우리가… 내 맘으로는 잘한 것 같지는 않은데, 다른 사람들이 그랴. 그래도 잘 한거라구. 할아버지한테 잘 한 거라구. 그래두 내가 소리 벅벅 지르고 그냥 이런 데 발라놓고 똥칠했다고, 그냥 그런 것을 내가 구박하고, 그래서 그게 좀 걸리더라구. '에구, 그거 살고 죽는 것을 이기 내가 그렇게 구박을 했구나!' 싶은 생각이 들어가구. 아무 소리도 않고 왜 이렇게 했느냐구, 이왕 치우는 거 깨끗이 치우면 좋은데, 거 왜 그렇게 구박을 하고서 치웠는지. 구박을 하고 치웠어. 그게 좀 안 됐고 걸려. 젊었을 때에는 할아버지가 나한테 잘 했어요. 잘 했어. 그런 생각해구서 나두 그냥 잘 해구 사는데, 병 들면서부터 자꾸 트러블이 생기구 미워하게 되는 거야. 병이 들면서 미워지더라구." (김정숙)

"여태 고생하다 그렇게 갔으니. 67에 갔구. 아직도 오는 것 같애. 근데 꿈에 보믄요, 뒷모습만 보여. 가끔씩 왔다 가는지 뒷모습만 보여." (왕수진)

"15년 됐나… 사별하고 혼자되면서…." (이경아)

2) 이별과 시행착오로 아롱진 '홀로서기'

한국에서 1인가구로 생활하기 전에, 1인가구 생활을 외국에서 먼저 시작한 이은아, 홍진아, 전유미는 처음 경험하는 외국 생활과 1인가구 생활이 겹치면서 몇몇 마음 아픈 '시행착오'를 경험하였다.

(1) 준비 없이 시작한 유학과 홀로서기

1인가구 생활을 15세에 미국에서 시작한 이은아는 처음 살던 호스트 가정에서 구박을 받으며 생활하여 거처를 옮기고 싶었다. 다행히 반 친구의 집에서 잠시 생활하게 되었지만, 그 친구네가 이사를 가야되는 상황에서 이은아는 갈 곳이 없었다. 이 상황을 한국의 부모님과 친구 부모님이 전화로 나누면서, 이은아가 통역하며 중간에서 많은 아픔을 겪었다. 홍진아 역시 이탈리아에서 1인가구를 처음 시작하며, 부족한 외국어 실력으로 많은 스트레스를 받고 잠을 못 잤던 경험이 있다. 이 두 경험은 한국에서 1인가구로 생활하였다면, 경험하지 않았을 수도 있다. 한편, 전유미는 프랑스에서 1인가구로 처음 생활하며, 일상적인 '장보기'를 평생 처음으로 하면서 "아무 것도 모르고" 준비 없이 독립한 자신을 깨닫게 되었다.

구박하는 호스트와 살며 지옥 같은 유학 생활

"저는 하루하루가 지겹고 지옥 같은데. 그래서 제가 도저히 안 되겠어서, 학교의 같은 반 친구한테 '혹시 나를 맡아줄 수 있느냐?' 다 물어봐 가지고 저를 다행히 맡아주기로 한 친구가 있었어요. … 근데 이분들도 이사를 가거나 하셔야 됐던 거예요. 근데 그러면은 사실 외국 같은 경우에는 동물이랑 아동에 대한 법이 세기 때문에, 저를 버리고 가거나 호텔에 넵두고 가거나 그런 게 안 되잖아요. 그래서 몇 달 동안 부모님한테 계속 얘기도 하고 구해달라고 했는데도 안 되는 거예요. 그런 와중에 저의 친구 부모님은 되게 좋으신 분이었는데. 또 저한테 폭언같이 하게 되시고… 당장 내일 모레 이사를 가셔야 되는데 제가 눌러앉고…. 얘를 어떻게 해버리면 본인들은 법적 책임을 묻게 되니까. 본인들도 너무 힘드셨겠죠. … 그 와중에 너 당장 '너네 부모님한테 전화를 해라!' 해서… 그분들이 영어로 말하면, 제가 한국어로 통역을 해서 말하고…. 결론적으로는 그렇게 그냥 저만 중간에서 상처받고, 서로들 폭언을 막 하고, 결론이 안 나오고 얘기가 끝났어요. 엄마, 아빠가 알겠다고 알아본다고 하고, '그냥 너는 한국 올 생각하지 말고, 죽이 되든 밥이 되든, 끝까지 거기서 버티고 있으라'는 말을 하고 끝났어요." (이은아)

부족한 외국어 스트레스로 잠 못 들던 유학 생활

"이태리에 가서 처음에 하이(안녕) 이것만 알고 갔거든요. … 갑자기 스트레스를 받았는지, 그렇게 잠이 안 오더라구요. 그게 1년, 거의 8개월 동안 잠을 못 잤어요." (홍진아)

1인가구로 혼자 장보기

"1인가구로 독립했을 때, 어떤 일이 일어나는가? 제가 고등학교 때까지 엄

마랑 살았으니까, 장 보고 이런 것도 혼자 해본 적이 없단 말이에요. … 이제
도착을 해서 완전히 생 빈집이니까. 장을 보러 갔어요. … 이것저것 필요한
것을 다 담은 거예요. 세제, 린스, 샴푸, 바디워시, 이런 모든 무거운 것을
다 담은 거예요. 카트에 다 담고 해가 질 때, 집에 갈 생각을 못한 거죠. 계산대
에서 계산을 이만큼하고 나니까, 봉투가 막 무게는 거의 20kg을 넘고, 봉투
다 찢어지고, 집까지 한 시간 걸려서 간 것 같아요. 집에 가서 너무 웃겨서
이게 울음도 안 나오는 거예요. 내가 장을 안 봤더니… 그러면서 그것을
질질 끌고 빵꾸 나서 안고 이러고 왔는데, '너무 아무것도 모르고 독립을
해버렸다!' 그리고 남자보다 힘이 더 세면, 이렇게 오래 걸리지 않았을 텐데
… 웃겨 가지고 그날이 너무 생각이 나요. 호되게 당했어요." (전유미)

(2) 가슴이 미어졌던 이별의 시간

'가슴이 미어졌던 이별'의 대상은 다양했다. 윤수연에게 그러한 대상은
오랜 시간 동안 사귀었던 남자친구였으며, 오주은에게는 오랜 시간 친한
친구로 지내고 싶었는데 오해로 멀어지게 된 친구였다.

남자친구들과의 이별

"그 친구는 일 년 사귀었고 제가 10년 사귀었던 친구도 있었고. 친구도 안
좋게 헤어졌는데, 문제는 제가 자초한 부분도 있다라는 거죠. 왜냐하면 저는
사실 관심이 없고 뭐 이런데. 사귀지 말았어야 됐는데, 거절을 잘 못해서.
네… 이게 좀 제가 고쳐나가야 할 부분이기는 한데. 그래서 일부러 처음에는
막 그런 거에 대해서 연애에 대한 감정이나 이런 게 없게끔 하려고 이런
거를 되게 많이, Hurdle(장애물)을 높게 하는데. 그러다 보니까 정상적인
애들은 허들이 있고 나한테 관심 없는 것 스스로 알아서 정리하는데. 그렇지

않은 약간 한 마디로 미친 사람들, 조금 집요하고 이런 사람들은 그것을 침범을 하잖아요. 그러다 보니까 나쁜 사람을 만날 확률이 계속 높아지는 거예요. 근데 1년 사귀었던 그 친구는… 그렇게 헤어져서 저는 되게 상처를 받기는 했었어요. 그래서 대신에 그래두 그 10년 사귀었던 친구한테도 상처를 받고 많이 받았어서, 이 친구는 그래도 단칼에 좀 정리를 할 수 있었던 것 같고. 제가 10년 사귀었던 친구랑 헤어지면서 너무 힘들어서 애증의 관계였거든요." (윤수연)

"오해로 멀어지게 된 경우"

"제가 그 친해지고 싶은 사람이 있었는데. 저는 이 사람이랑 친구로 오래 잘 지내고 싶은 마음이었거든요. 그냥 나중에 늙어서까지도. 젊을 때 만났지만 그런 사람이 있었는데. 그런 사람이랑 뭔가 오해로 멀어지게 된 경우가 있어서… '아, 역시 사람은 내가 생각하는 대로 되는 게, 참 쉽지 않구나!' … 그래서 마음이 아프고…. 진짜 그 사람이 결혼하면 결혼식도 가고, 애기 낳으면 돌잔치도 가고, 오래 오래 알고 싶었어요. 서로 나이가 먹어서 그러고 싶은 사람이었는데 그게 안 되었어요." (오주은)

이경아의 경우는 1인가구 경험이 그녀의 인생에서 두 번 있었다. 첫 번째 1인가구 경험은 첫 결혼 후 남편이 많이 힘들게 하여, 집을 나와서 혼자 살던 시기이다. 두 번째는 재혼한 남편의 사별 이후로 현재이다. 그녀에게 '가슴이 미어졌던 이별의 시간'의 대상은 첫 결혼에서 낳은 자녀들과의 이별이다. 한편, 민은혜에게는 '반려견'의 죽음이다.

"제가 애들을 두고 나왔어요."

"전남편이 너무 바람둥이였어요. 하나 둘이 아니었어. 그래 가지고 아휴 나중에는 시골서 그 뭐야 생질, 그 딸까지도 그래 가지고. 그래 가지고 제가 애들을 두고 나왔어요. 애들을 두고 나온 원인은 이렇게 재혼을 할 줄은 모르고 돈 벌어 가지고 애들하고 살라구. 그렇게 한 건데, 그게 뜻대로 안 되더라구요… 돈 벌러 나온다고. 뭐 이것저것 남의 집 가서 식모살이도 해보구. 식당에 가서 일도 해보구. 그러다가 친정에 왔다가 아는 사람이 중매를 해 가지고 일루 온 거예요. … 두고 나온 자녀들은 연락 없죠. 제가 죄가 많아요. 마음대로 되지 않고 나올 적에는 그래도 돈 벌이를 해 가지고 하나라도 데리고 살라고 생각을 한 건데. 그게 안 되더라구요. 항상 죄인이죠. 지금." (이경아)

반려견과 아픈 이별의 시간

"다른 강아지들 같은 경우에는 보내는 게 그렇게까지 어렵지 않았었는데, 그 ○○라는 애…. 내가 그 '양화대교' 그 노래 나올 때, 그때 애를 보내고 나서는 남자친구랑 헤어진 것보다도 더 힘든 아픔을 겪었어요. … 저는 항상 내 삶에 있어서 죽음, 강아지의 죽음, '이 죽음이라는 것에 대해서 내가 인생을 어떻게 잘 살까?' 그런 생각이 많이 드는 것 같아요." (민은혜)

3) 나 홀로 마주하는 아픈 시간 vs. 아파서 마주할 수 없는 시간

<나 홀로 마주하는 아픈 시간 vs. 아파서 마주할 수 없는 시간>에는 '소리 없이 눈물이 흐르는 시간', '후회의 늪에 빠지는 시간', '마주할 수

없는 시간의 이야기가 담겨있다.

(1) 소리 없이 눈물이 흐르는 시간

'소리 없이 눈물이 흐르는 시간'을 왕수진과 김정숙은 사별한 남편에 대한 '그리움' 때문에 경험하였으며, 이은아는 만신창이가 된 자신에 대한 '충격과 가여움' 때문에 경험하였다.

사별한 남편에 대한 그리움

"몰라요. 혼자 안 되믄은 친구구 뭐구 몰라. 이 심정을 몰르드라구. 맨날 잊어버리라구 그러구. 빨리 지워 버리라구. 그래서 '이 다음에 니들도 닥쳐 봐! 안 돼! 그런 소리 해지마!' 그래… 아직도 생생해. 근데 기다려져. 지금두 기다려져. '해 넘어가면 오겠지. 올 시간인데. 안 오네' 그러구 살어요. 매일 해만 넘어가면. 애기 아빠가 새벽에 갔다가, 꼭 4시 넘어서 와. 고 시간만 되면… 올 시간 되었네. 근데 기다리면 안 와. 그럼, 밖에 나가서 앉아 있어. 그러면 혼자 주루룩 눈물 흘리고 와. … 아유 힘들어. 아직도 힘들어. 난 아직도 힘들어" (왕수진)

"같이 살다가 혼자 있으니까 외롭고 쓸쓸한 것. 그것. 밤에 잘 적에 괜히 소리 없이 눈물이 나와." (김정숙)

만신창이인 내가 가여워

"그냥 제가 저를 보는데 너무 망가져 있는 느낌이어 가지고 마음이…. 그래서 그게 충격적이어서 멍해지는…. 아무 생각이 안 들 때도 있어요. 겉모습은 진짜 멀쩡한 것 같은데, 제가 저의 눈을 보고 마음을 꿰뚫어 봤을 때는 그게 너무 엉망진창이어 가지고, 그걸 딱 마주했을 때 멍해지는 것 같아요. 아무 생각이 안 들어요. 그럴 때도 있어요. … 그래서 뭔가 제가 좋아 보이면 보일수록 예뻐 보이면 예뻐 보일수록, 화려해 보이면 화려해 보일수록 제가 더 싫은 거예요. 그냥 꾸며낸 모습이고. 그런 모습을 사람들이 더 좋아해 주면 좋아해 줄수록 예뻐해 주면 예뻐해 줄수록 두렵고…. 내 진짜 모습은 만신창이인데. 그런 것 같아요. 그래서 제가 더 싫어지고. 그게 계속 쳇바퀴인 것 같아요. 틀린 것 같아요." (이은아)

(2) 후회의 늪에 빠지는 시간

김정숙은 남편이 치매로 아픈 동안 치매인지 모르고 심한 소리를 했던 자신을 후회하며 '후회의 늪에 빠지는 시간'을 경험하였다. 김혜진은 자신을 닮아서 말이 많았던 어린 딸에게 폭력적으로 행동한 자신을 뉘우치며 깊은 후회의 시간을 경험하였다. 이경아도 자녀들을 두고 나온 자신을 원망하는 '지옥' 같은 시간을 이야기하였다.

남편에게 모질게 한 내가 미워

"'아휴, 내가 괜히 이렇게… 그런 줄을 모르고, 자꾸 내가 너무 심한 소릴 했나부다' 그런 생각이 나서 가슴이 좀 찔리고. 할아버지한테 자꾸 엉뚱한 소리를 해구 엉뚱한 짓을 해놓으니까, 그냥 내가 '답답해 죽겠다구. 왜 그러냐구?' 내가 이러면서 나도 소리를 지르는 거야. 아픈 걸 모르고 그랬던 거지. 그런 데 대해서 가슴 아프구. 그런데 내가 그 양반한테 너무 모질게 한 거… 좀 가슴이 많이 아프지." (김정숙)

"딸한테 너무 미안하죠."

"애기를 나면은 영락없이 내 안에 가장 괴물 같은 모습을 닮거나 개한테 행동할까봐⋯ 영락없이 하는 거예요. 제가 솔직히 말이 많은 것, 진짜 인정해요. 그런데 조심하려고 나이가 들면서 되게 노력을 하는데, 말이 많다고 해서 누구한테 피해를 끼친 건 없거든요. 물론 피곤하지 당연히. 첫 아이한테 폭력을 행사한 게 5살 때⋯. 다른 사람은 칭찬이었는데, 이미 칭찬이⋯. '어머, 엄마 닮아 말을 잘해!' 그 자리에서 애를 미친 듯이 애를 엄청 때려서 피똥을 일주일 미친 듯이 싸고⋯. 또 주말 부부, 우리 신랑 모르고. 첫째 딸 5살, 초등학교 1학년 까지⋯ 막 가다가 차에서 집어 던져서, 그 끔찍한⋯ 버리고 가고. 그런⋯ 딸한테 너무 미안하죠." (김혜진)

"너무 후회스러워요. 그걸 못 참고 나와서"

"애들 그렇게 두고 온 게 그게 생각이 나죠⋯ 항시 그게 죄책감으로⋯ 이름은 기억나요. 근데 나이는 잘 모르고, 몇 살인지 잘 기억이 안 나고. 딸 하나, 아들 셋. 내가 너무 바보 같았지. 아주 너무 그래 가지고, 참고 그냥 애들 키웠으면 됐는데, 그 당시에는 그걸 못 참고 '혼자 애들하고 살겠다' 생각하고 그렇게 나왔는데. 그게 뜻대로 안 되더라구요. 남들이 가족이 나가서 식사하는 것을 보면, 그게 엄청 부러워요. 혼자 그렇게 있다가⋯. 내가 후회스러워, 너무 후회스러워요. 그걸 못 참고 나와서, 돈 벌어 가지고 애들하고 살라고 한 게, 그게 뜻대로 안 되고⋯. 이렇게 왔다는 게, 내 자신이 너무 원망스러워 아이고⋯ 내가 바보 같애. 너무 바보 같애 너무 후회스럽죠⋯ 어째, 그렇게 바보 같았나 싶은 게⋯. 그래서 여기 올 때도 내 새끼들은 저기 못했지만, 여기 8남매는 두고 온 애들을 생각해 잘 키우겠다. 그런 마음을 먹고 왔거든요. 근데 그렇지가 않더라구요. 그 마음을 몰라⋯ 첫째는 내가

바보지. 내가. 내가 바보야. 진짜 매일 지옥 같았죠.” (이경아)

(3) 마주할 수 없는 시간

‘마주할 수 없는 시간’은 홀로 감당하기에 너무도 불안해서 피하고 싶은 시간이며, 의욕이 부족하여 마주하기에 너무 버거운 시간이다. 불안과 우울감이 높아서 현재 약을 복용하는 왕수진과 종종 정신분석을 받으며 견디는 이은아는 의욕이 부족하여 시간이 무척 버겁게 느껴진다.

피하고 싶은 불안한 시간

“저는 항상 마음이 불안하고 항상 우울이 있었던 것 같기도 해 가지고, 그래서 그런지는 모르겠지만, 항상 시간을 되게 분으로 쪼개서… 되게 스스로를 고달프게 만드는 스타일이었거든요. 잡생각 안 하게 만드는… 불안해 가지고.” (이은아)

의욕 없는 시간

“나는 하루하루 사는 게 지금 저기야. 나는 사는 게 싫어요. 그냥 ‘오늘 하루 넘어갔구나’ 재미가 없는 거지. 의욕이 없고. ‘아, 그냥 이렇게 사는구나’ 그러구 살아요.” (왕수진)

“삶의 의욕이 전 없어요. 그래서… 딱히 죽을 계기가 없다 뿐이지, 죽을 수 있는 기회만 온다면 언제든 감사하게 그럴 것 같아요. 그래서 그런 생각도 되게 많이 해요. 그냥 뭐 암에 걸린 환자라든지, 삶의 의지가 있는 환자들 대신 내가 저런 병에 걸려서 빨리 죽었으면 좋았을 것 같다. 아니면 정말 우리 집에 강도가 든다고 하면은 돈이나 이런 것 말고, 제발 나를 죽여 달라고

할 것 같은 느낌… 그런 생각도 많이 해요. 전 처음부터 틀린 것 같아요. 그냥 나아질 수 없을 것 같아요, 그냥. 그냥 삶 자체가 애초부터 틀린 거고, 태어난 것부터… 그냥 애초부터가 틀린 것 같아요. 그래 가지고 고치려고 해도, 안 될 것 같고… 그냥 제가 나아질 수 없을 것 같아요. 아주 어릴 때부터, 저 진짜 초등학교 막 이럴 때부터도 뭐 죽고 싶다는 생각을 한 1초에 4~5번씩 한 것 같은데… 혼자 계속 그랬어요." (이은아)

4) '따로 또 같이' 여백을 채우는 즐거운 시간

외롭고 힘든 시간도 있지만, 혼자 지내며 즐거운 시간과 다른 이들과 함께 생활하며 경험하는 즐거운 시간이 있다. 11인의 모든 여성들은 이웃, 친구, 남자친구, 온라인에서 게임하는 친구 등 '같이' 여백을 채우며 즐거운 시간을 경험하였다.

(1) 이웃과 함께 즐거운 시간

이은아는 집 근처에 살고 있는 이웃의 언니와 자매처럼 의지하며 산다. 힘든 일이 있으면, 언니와 이야기를 나누고 언니 집에서 잠도 자며 돌봄을 받는다. 카톡과 통화는 자주하고 일주일에 2~3번은 만나며 종종 식사도 함께 한다. 그녀에게 가족과 남자친구보다 더 가깝고 친밀한 사람이 '이웃의 언니'이다.

자매처럼 사는 이웃

"○○ 언니(이웃). 어제 저 힘들었는데, 언니네서 자고 왔다고 했잖아요. 그 새벽 1시에도 전화해 가지고 언니네 집에서 자고 가고. 언니가 많이 해주고 그랬어요. … 언니랑도 얘기가 잘 통하기도 하고. 지금은 그래도 ○○ 언니랑 관계가 조금 안정기에 접어든 것 같아서… 초반에 좀 친해지고 막 이런 게 있다가, 지금은 서로 단단해지고 안정된 느낌을 전 개인적으로 받아 가지고… 언니랑은 진짜 또 저희가 되게 가까이 살아요. 그래 가지고 그냥 가까이 살고, 혼자 사니까 외롭기도 하고. … 아니면 저녁 같이 먹을 사람 없으면은 제가 요리하고 언니 저희 집에 와서 먹기도 하고… 언니 요리하면, 언니 집에 가서 먹기도 하고. 자매처럼 이렇게 하기도 해요, 그냥. 카톡은 매일 하는 것 같아요. 통화도 자주 하기도 하고. 일주일에 2~3번은 만나는 것 같아요." (이은아)

이경아와 김정숙도 이웃과 자주 왕래하며 즐거운 시간을 보낸다. 김정숙은 마을회관에 거의 매일 가서 아침부터 저녁까지 이웃분들과 함께 지낸다.

"하루에도 몇 번씩 왔다갔다."

"심심해서. 하루에도 몇 번씩 왔다갔다. 같이 있으면 즐겁지요. 같이 즐거우려고." (이경아)

아웅다웅해도 즐거운 마을회관

"회관에 놀러 가면은 별 것 아닌 것도 자꾸 아웅다웅, 아웅다웅해요. 서로 이길라구. 사람이 모이면 10명 정도. 서로 이길라구 서로 언성이 높아져. 그래믄 '형님, 형님 조용해봐! 조용해! 여기 이 장소는 싸우는 장소가 아니구, 우리가 즐겁게 사는 생활의 터니까, 우리가 즐겁게 삽시다!' 이제 우스운 얘기를 한다구. 내가 이렇게 말하면 사람들이 웃지. '오늘은 즐겁고 행복한 날이에요. 행복하게 삽시다' 이래믄 또 싸우다가도 내가 하는 얘기가 우스우니까, 또 웃어. … 우리가 즐거울라고 같이 모여서 살구, 같이 생활하는 거. '즐겁게 삽시다! 즐겁게 삽시다!' 다 여자들. 남자들은 몇 분 안 되는데, 별로 안 오셔." (김정숙)

마을회관에서 거의 매일 안마도 식사도 함께 하는

"거기선 먹을 게 천지여, 회관에 가면. 매일 가다시피 하는 거지. 10시에 가서 저녁 6시. 하루 종일 있는 폭이지. 거기 가면 안마기도 있고 혈압 재는 것도 있고. 이렇게 손도 다하는 커다란 것 있잖아. 그런 게 두 대여. 남자 방에 하나, 여자 방에 하나. 찌뿌둥하면 운동하러 왔다가 해구. 요즘은 감자 캐구 그러니까, 감자 캐믄 감자들 깎아서 그것 볶아 먹구. 감자 쪄 먹구. 가을에 고구마 캐면 고구마 쪄 먹구. 가지고만 오지. 노인네들이라 귀찮아서 안 해. 그러면 내가 가서 해믄, ○○ 엄마, ○○ 엄마가 맨들어… 내가 가서 많이 맨들어… 시에서 청소해는 거 있잖아요. 바깥에서 쓰레기 분리하는 사람들 있어. 쓰레기 분리하는 사람들 해구 들어오지. 청소하는 사람들이 청소 싹 해놓지… 내가 또 거기서 먹을 것 해놨다가 그이네들 오면 또 같이 먹구. 해구 들어오면은 '내가 뭐 해놨어유. 이것들 잡숴. 한참 쉬었다가 이것들 잡숴' 해놓지. 청소해구 들어오면 대개 11시 이렇게 돼요. 그러면 먹을 때 됐잖아. 그러면 좀 쉬었다가 먹으믄 12시 돼." (김정숙)

(2) 혼자 자유로운 시간

홍진아는 자신의 공간에서 타인에게 얽매이지 않으며 '자신의 시간'을 가지는 것이 자유롭고 편안하다. 민은혜도 "마음대로" 시간을 활용할 수 있어서 좋다. 1인가구 여성들은 다른 가족 구성원과 함께 살지 않기 때문에 타인의 요구나 영향은 덜 받으며, 한 인간으로서 독립적으로 행동하고 생각하라는 의미의 영어 관용어, "be your own woman"(옥스퍼드 영어사전, 2023)의 실현이 가능하다.

"누구한테 얽매이지는 않잖아요."

"제 시간을 가질 수 있는 것 같아요. 제 공간에 제 시간, 그냥 자유롭고 일단 편안하고. 그러니까 누구한테 얽매이지는 않잖아요. 시간적으로도 그렇고." (홍진아)

내 마음대로 시간을 활용

"혼자 있으니까, 내 시간을 내 마음대로 활용할 수 있고…. 뭐 이런 것 너무 좋죠." (민은혜)

5) '준비와 성찰'로 자신을 세우는 시간

<준비와 성찰로 자신을 세우는 시간>은 '성장한 나'를 준비하는 시간' 그리고 '자신을 되돌아보고 다독이는 시간'에 관한 이야기이다.

(1) '성장한 나'를 준비하는 시간

여성들의 연령과 상황에 따라서 '성장한 나'의 모델이 다르고 준비도 다르다. 곧 50대가 되는 홍진아는 '노후의 나'를 대비해서 지금까지 일했던 직장과는 다른 진로를 고민하고 준비하는 시간을 경험하고 있다. 한편, 청년 여성인 오주은의 '성장한 나'는 무엇을 잘하고, 무엇을 못하는지 파악하여 가능성은 개발하고 부족함은 채움으로써 가능하다고 한다. 이를 위해서 고민하고 실천하는 시간을 오주은은 경험하고 있다.

노후를 위해서 방향을 고민 중

"50을 바라보는 시점에서는 제가 노후를 대비할 수밖에 없다 보니, 더 늦으면 제가 자리 잡는 게 어려울 것 같아서, 지금 상황에서는 어떻게 다시 방향을 잡아야 되는지 고민하고 있는 시점." (홍진아)

나의 잠재력을 파악하고 개발하는 시간

"1인가구란 나에게 어쩌면 나의 가능성을 스스로 개발할 수 있는 그런 시간. 내가 혼자서 뭘 못하고 뭘 잘 하고, 내가 혼자서 어떤 모습이고, 이런 것도 파악이 되고. 내가 이 부족함을 어떻게 채워야 될까? 이런 것도 고민이 되고. 그걸 위해서 실천하기 위해서 노력하고." (오주은)

민은혜는 1인가구로 살며 외로운 시간에 대해서 고민한다. 그래서 그녀에게 '성장한 나'는 '외로운 시간'을 '충만한 시간'으로 바꿀 수 있는 '나'이다.

"외로운 시간을 충만한 시간으로" 바꾸기

"사람들이 혼자 살게 되면은 되게 외로움을 많이 느낄 수 있거든요. 근데 저는 워낙에 사람을 좋아하는 스타일이기 때문에…. 제가 극복하고 싶었던 게 뭐냐 하면, 나 혼자 있는 그 외로운 시간을 충만한 시간으로 바꾸자. 그게 저한테 미션이에요. 이번에도 무라카미 하루키 책을 읽는데, 이 사람은 얘기하는 게 자기는 사람이랑 같이 있는 것보다, 자기 혼자 있는 시간을 너무 좋아한데요. 혼자 할 것을 얘기하라고 하면, 자기는 수도 없이 얘기할 수 있고, 많은 시간을 혼자 보낼 수가 있는 사람인데. 저는 그런 사람이 아니거

든요. 그래서 저는 그런 부분들을 배우고 싶고." (민은혜)

(2) 자신을 되돌아보고 다독이는 시간

50대인 김혜진은 많이 부족한 엄마였지만, 그래도 두 자녀와 남편을 위해서 많은 시간을 보냈다. 지금은 자녀들이나 남편이 아닌, 오로지 자신에게만 집중하며 '자유와 시간'을 주는 경험을 하고 있다. 홍진아도 오로지 자신에게만 집중할 수 있는 시간을 경험 중이다.

자신에게 집중하며 '자유와 시간'을 주기

"저한테 좀 자유와 시간을 줘야 되는 상황이에요." (김혜진)

"오로지 저한테 집중할 수 있는, 그런 시간이 되는 장점이 있죠." (홍진아)

자신에게 집중할 뿐만 아니라, 자신을 평가하고 칭찬하며 자신을 되돌아보는 시간으로 민은혜와 홍진아는 경험한다. 또한 김혜진은 자녀들에게 폭력적이고 많이 부족했던 자신과 화해하지 못했는데, 이제는 자신을 다독이며 '자신을 세우는 시간'을 경험하고 싶다.

자신을 평가하고, 칭찬하며, 다져주는 시간

"내가 누군지에 대해서 난 어떤 성격의 아이고, 내가 어떤 아이인지에 대해선 한 번도 본 적이 없었어요. 남을 봤을 때, 남을 평가하잖아요. 저는 그 시간이 되게 필요할 것 같다는 생각이 들었어요. 저는 그 사람들을 평가하는 것처럼 제 자신을 평가하는 거죠. 내가 이런 상황이 되었을 때, 난 이렇게 대처해서 이래서 잘 했던 것 같애. 저의 칭찬일 수도 있고. 그런 경험해서

좋은 결과 있었으니까, 한 번 더 나를 다져줄 수 있는.” (홍진아)

“다독이는 상황에 처해 있어서….” (김혜진)

“뭐 혼자 살면서는 혼자 사는 것에 대해서 나 자신을 되돌아볼 수 있는 좋은 기회지 않나. 그런 생각이 많이 들었어요.” (민은혜)

3. 몸 특성: 아픔을 딛고 스스로 세워가는 몸

현상학에서 몸의 현상은 물질적인 것과 심리적인 것을 포함한다(김재철, 2015). 몸의 현상이 물질적인 것과 심리적인 것을 포함한다는 것은 양적인 측량만으로 그 몸을 온전히 묘사하기에는 부족하므로, 질적인 의미도 함께 고려해야 함을 뜻한다. 몸의 활동의 경계는 “측량되는 물리적 신체가 아니라 ‘내가 체류하고 있는 존재의 지평’”(김재철, 2015, 63)으로서, “현존재가 공동존재로서 타인 그리고 사물과의 관계 맺음으로 나타나는 것”(김재철, 2015, 63)이다. 따라서 현상학에서 몸성은 경험한 몸의 감각, 기억 그리고 그것과 관련 있는 외부의 조건들 모두를 포함한다.

van Manen(2014)에 의하면, 체험된 몸성은 주제 현상과 관련하여 몸이 대상으로서, 또는 주체로서 어떻게 경험되는지에 관한 탐색이다. “언제, 어떻게 몸을 인식하게 되는지?”, “살아가는 세상에서 우리의 욕망, 두려움, 유쾌함, 불안을 어떻게 형상화하는지?”, “현상이 몸에 의해 어떻게 느껴지고, 만져지는지?”, “사물 또는 타인에 의해서 만져지는 것을 어떻게 경험하는지?”, “온라인 활동에서 우리 몸을 어떻게 경험하는지?” 등에 관해 살펴볼 수 있다(van Manen, 2014, 304).

‘체험된 몸성’에 대해 위와 같은 이해를 바탕으로, 여성 1인가구 11인의 체험된 몸성에 관한 본질적 의미를 “아픔을 딛고 스스로 세워가는 몸”으로 표현한다. 현재 여성 1인가구로 혼자 살고 있지만, 가족들과 함께 생활하던 과거의 몸을 기억하고 지닌 채 현재를 살아가고 있다. 개인에 따라서 긍정과 부정의 비율이 다소 다르더라도, 과거와 현재의 체험된 몸 모두는 긍정적인 면과 부정적인 면을 기억하고 지니며 살아간다.

1) 상처가 남아있는 몸

<상처가 남아있는 몸> 그리고 <때로는 긴장하고 버거운 몸>으로 체험되는 몸은 ‘고통’을 받는 몸이며, 시간적으로 과거와 현재가 얽혀있다. 1인가구 여성들은 이러한 ‘고통’을 <견딤을 넘어 준비하는 몸>으로 ‘극복’하는 체험을 하고, <자유로움으로 일깨워진 평화의 몸> 그리고 <노력하고 즐거워하는 몸>으로 ‘극복을 넘어 삶을 누리는’ 경험을 한다. 개인의 특성에 따라서, 다섯 개의 주제를 이루는 체험된 몸들의 시간적 흐름은 다양하며, 동시적이거나 순차적인 것도 가능하다.

(1) 학대와 수치를 기억하는 몸

29세의 전유미는 어린 시절에 친할머니가 돌봐주셨는데, 손자를 지나치게 원하여 엄마와 전유미를 괴롭혔던 기억이 있다.

남아선호사상으로 친할머니가 괴롭혔음

“할머니가 그 아들 낳으라는 압박이 너무 심했어요. 그래 가지고 엄마가 견디다 못해… 이혼을 하기로 결심을 하고 했는데, 저도 되게 그것으로 괴롭

힘을 많이 당했거든요. ⋯ 그때 남아선호사상이랑 이런 게 너무 너무 진절머리가 나고." (전유미)

이은아는 4~5세부터 유학가기 전까지 '당구 채, 쇠 파이프, 가위, 벌거벗김' 등으로 엄마에게서 받은 학대와 폭력을 지금도 기억한다.

엄마의 잦은 폭력과 학대

"소위 말하면 학대라고 하죠. 네⋯ 엄마가 좀 그렇게 하셔 가지고 아주 어렸을 때부터 제가 기억하는 것만 4살, 5살 때부터니까. 그때부터 그랬던 것 같아요." (이은아)

이경아의 몸이 체험한 학대와 수치는 이은아와 전유미의 경험처럼 첫 돌봄자에 의한 것이 아니라, 전남편의 행패에 의한 것이다.

전남편의 "파란만장"한 행패

"바람을 폈는데 어떤 여자가 약을 먹고 죽으려는 걸 데려다가, 그냥 녹두가 진통제라고 녹두를 죄 갈아서 먹이고 그랬어. 그 여자를. 그랬는데, 결국에는 양귀비를 먹고 죽었어요. 아휴 말도 못해요. 한 번 죽으려고 한 사람은 죽는데. 죽으려고 한 사람을 데려다 한 집에서 데리고 살았어요. 그래 가지고 그 약을 먹고 죽었잖아. 모르겠어요. 또 딴 여자를⋯ 나 인생 살아온 게 참 파란만장해. 별꼴을 다 봐." (이경아)

(2) 쉼과 양분이 부족했던 몸

쉼과 양분이 부족했던 몸의 경험은 시간적으로 1인가구로 생활하던 과거와 현재이다. 이은아의 경험은 어린 시절까지 거슬러 올라간다. 엄마에게서 종종 밤에도 갑작스럽게 폭력을 경험하며, 어린 이은아는 온통 신경이 곤두서는 '긴장감'으로 깊은 잠이 어려웠다. 한편, 홍진아는 이탈리아로 유학 가서, 처음 1인가구로 생활하며 부족한 외국어로 소통이 어려워서 깊은 잠이 어려웠다. 오랜 시간 우울증 약을 복용하며 생활했던 왕수진은 남편과 사별하고 지금도 우울증 약을 복용하며 생활한다. 약 기운에 잠은 들지만, 깊은 잠과 쉼은 어렵다.

긴장과 우울증으로 깊은 잠을 못 잠

"가시 돋쳐있고, 긴장해 있고, 날카롭고 그랬던 것 같아요. … 밖에서도 날카로웠을 거고, 잠이 없었을 거고." (이은아)

"이태리에 가서 처음에 하이(안녕) 이것만 알고 갔거든요. 갑자기 스트레스를 받았는지, 그렇게 잠이 안 오더라구요. 그게 1년. 거의 8개월 동안 잠을 못 잤어요." (홍진아)

"우울증 약 먹으니까 자요… 자는데 많이 깨지. 그러니까 맨날 깊은 잠을 못 자는 거지." (왕수진)

'몸'이 정상적으로 활동하기 위해서 '쉼'처럼 중요한 '양분'이 부족했던 경험이 있다. 이은아는 외국에서 일하며 1인가구로 생활할 때, 한국 드라마를 보다가 충격을 받았다. 엄마에게서 학대를 받는 자신의 상황과 유사한 상황의 아빠 역할을 그 드라마에서 '방관자'로 묘사하였다. 엄마의 학대를 멈추게 시도하다가 포기하고 그 자리를 피해버린 '방관자' 역할의 아빠에 대한 '배신감'이 너무 커서 그녀는 영양실조에 자살까지 시도하게 되었다.

충격(방관자 역할의 아빠)으로 영양실조가 되었음

"밥도 못 먹고 음… 집 밖으로 나가지도 않고, 그래서 영양실조가 온 거예요. 영양실조가 걸리고 햇빛을 안 보니까, 이게 비타민 수치가 너무 내려가고. 그러다가 중증 이런 거로 가고. 자살에 대한 생각과 행동으로 옮기다 보니까." (이은아)

이은아처럼 '양분'이 부족한 경험은 홍진아와 왕수진도 마찬가지인데, 둘은 몸에 필요하고 좋은 식사보다는 '커피'를 많이 마시며 의존한다. 이은아의 양분 부족의 체험은 과거에 주로 있었지만, 왕수진과 홍진아가 커피를 많이 마시는 것은 현재도 진행 중이다. 왕수진은 '쉼과 양분' 모두가 지금도 충분하지 않다.

식사보다는 커피를 지나치게 많이 마심

"제가 지금도 커피를 많이 마셔요. 제가 에스프레소 8잔, 약 대신 그거를 많이 먹으면서 했던 거죠. 지금은 웬만하면 안 먹으려고. 그래도 하루에, 오늘은 좀 적게 먹었는데. 집에서 뭐 작업을 하게 되면 못해도 4~5잔 마시는 것 같아요. 잠에 지장이 없어요. 이것도 고치긴 해야 돼요. 좀 좋은 쪽으로, 저도 줄여야죠." (홍진아)

"커피를 다섯 잔 씩이나. 근데 딴 거는 먹고 싶지가 않구. 물하고 커피. 아니 물을 내가 많이 먹어. 밥은 싫으니까. 물을 먹어두 배가 불러. 그래서 물로 생활을 많이 해." (왕수진)

(3) 고통을 해결하기 위해 죽음으로 향했던 몸

자살 시도는 "가족 안에서 정말 혼자였구나!"를 깨닫고, 그 고통을 해결하고자 차도에 뛰어들었던 이은아와 부모님 앞에서 자살을 시도했던 서예림의 경험이다.

고통 해결을 위해 자살을 시도함

"'가족 안에서 정말 혼자였구나!' 이것을 느끼는 순간 제가 죽으려고 차도에도 뛰어들고… 이 고통을 해결하거나 할 수 있는 법은 그냥 내가 이 세상에서 사라지는 수밖에 없다." (이은아)

"그 약을 먹고 쓰러졌었단 말이죠. 부모님 앞에서 26살 때. 약 이름은 모르겠는데, 액체였는데, 농약 같은… 그런 것. 그리고 바로 병원에 실려 가서…." (서예림)

홍진아는 외국에서 혼자 살면서 공황장애 진단을 받았고, 그 증상으로 숨 쉬기가 힘겨워 달려오는 지하철에 뛰어들 뻔하였다. 왕수진은 30년 동안 우울증 약을 복용하는데, 사람들과의 관계에서 스트레스를 많이 느끼며 자살을 생각하였다. 두 여성은 공황장애와 우울증으로 진단을 받았으며, 홍진아는 외국에서 '소통의 어려움으로 인한 스트레스'와 왕수진은 '관계에 의한 스트레스'를 그 이유로 이야기 하였다.

고통 때문에 자살을 생각함

"중간에 자살도 한 번 할 뻔했어요… 29 이쯤에. 이것은 제가 일시적으로 간 게 아니라, 어… 정말 숨이 너무 안 쉬어지니까. 죽고 싶다고 생각만 하는

데, 지하철이 지나가는 거예요. 그때 진짜 딱 죽고 싶다는 생각이 들더라구
요. '아차!' 이 생각을 안 했으면, 그냥 뛰어들었겠구나, 이런 생각에 한 동안
지하철을 안 탔죠." (홍진아)

"아직도 우울증 약 먹어. 오래됐어요. 거진 30년 넘었어. 난 사람한테 스트레
스를 많이 받았어. 그리고 어머니한테 그러고. 많이 죽을라고도 했어. 막
뛰어나가고. 막. 마당에서 막 도는 거야. 밤에 혼자 자다가. 애들이 어리니까.
그러다가 참고, 참고 하다가 그렇게 해서 넘기구, 넘기구… 병원은 보름에
한 번. 그래도 어떤 때에는 막 미칠 때 있어요. '아! 이럼 안 돼지. 안 돼지'
내가, 다짐을 해는 거야. 애들 때문에 만약에 이제 나쁜 마음먹으면, 애들이
또 가슴에 또 못 박는 거잖아. 그렇게라도 얼른 가는 게, 나는 하루하루 사는
게 지금 저기야. 나는 사는 게 싫어요." (왕수진)

'고통을 해결하기 위해 죽음으로 향했던 몸'은 여성 1인가구 4인의
경험이다. 가족 안에서 '혼자라는 고통'은 자살을 시도하게 하는 이유였으며,
타인들과의 '소통과 관계의 스트레스'는 자살을 생각하게 하였다. 모두
'관계'에 관한 것으로서, '가족 안에서 혼자'라고 느끼는 고통과 '소통'의
어려움이 있었던 '여성 1인가구'의 몸의 경험이다. '가족 안에서 혼자'라고
느끼는 고통의 깊이를 생각하게 하며, '관계 속에서 소통'의 중요성을 생각하
게 한다.

(4) 불안과 스트레스로 힘겨운 몸
이은아와 김혜진은 어린 시절에 '엄마의 학대' 또는 '아빠의 술과 난동'으
로 늘 긴장하고 불안했던 몸의 경험에 대해서 이야기하였다. 어린 시절에

부모님의 학대와 난동에 관한 몸의 체험은 현재 1인가구로 생활하면서도 부지불식간에 몸이 먼저 반응하며 '불안감, 긴장감, 두려움, 내적인 파멸감, 불안정감'을 느꼈다.

"잘못한 것도 없는 것 같은데"… 항상 불안했음

"제가 사실 그 그린 것 때문에 혼났다고 생각은 안 해요. 그냥 그날 엄마가 힘들었나 봐요. 그래서 당구채로 확 맞았어요. … 그런 게 빈번했어요. 그러다 보니까 항상 불안하고. 잘못한 것도 없는 것 같은데, 갑자기 막 이러니까. 그런데서 오는 내적으로 Destroyed(파멸)된 그런 느낌." (이은아)

부모님의 다툼과 난동으로 늘 긴장하고 불안했음

"초등학교 때부터 아빠가 늘 술 마시고 늘 학교 갔다 오면은 두 종류인 거예요. 조용한데, 터지기 전, 터진 후. 그러니까 늘 불안한 거예요. 애기잖아요. 그러니까 보호해야 되는 상황이었는데. 계속, 계속 살얼음을 걸은 거예요. 그리고 그 시절에 하필이면 내 생일 날 막 부모님, 내 앞에서 자살 소동 벌이고 이러니까. 그때는 어리니까 '왜 내 생일 날 저러지?' 이렇게 하니까… 나를 안전하게. 이렇게… 저 자신을 인정하고 이럴 시간이 없었던 거예요." (김혜진)

왕수진은 최근에 아버지의 죽음과 이혼 이후에 자살을 생각했던 아들 생각에 불안감을 많이 느끼고, 우울증 약을 계속 복용 중이다. 또한, 홍진아와 이은아는 스트레스가 너무 심해서 신체화 증상으로 발현이 되었고, 공황장애와 우울증으로 병원 약과 상담 치료를 받았다. 둘 모두 신체화로 발현이 된 시점이 20대 중반이다. 홍진아의 과도한 스트레스는 '소통'에 관한 것이다. 가정에서는 아버지와 소통의 문제로 부모님과 사는 것에 유학 전후로 어려움을 가졌다. 이은아 역시 앞에서 여러 번 언급된 '아버지에 대한 배신감과 가정에서 혼자'라는 것 때문에 많은 스트레스를 느꼈다.

자살을 생각한 아들 때문에 불안함

"혼자 있으믄 불안한 거지… 얼마나 힘들까… 전화 안 받으면 겁나구. 한 번은 집에 왔는데, 번개탄 이런 거를 차에서 내려놔… 차에서 죽을라고 생각도 해봤대. 너무 힘드니까. '근데 엄마 얼굴 떠올라서 못 죽겠더래…' 불안해 가지고 저는 약을 끊을 수도 없어요. 전. 아들 또 그럴까봐 걱정돼 죽겠어." (왕수진)

스트레스가 신체화 증상으로 나타남

"27살에 한국에 와서 진료를 받은 거죠. 그때부터 제가 좀 성격이 변한 것 같아요. 스트레스. 아버지와의 커뮤니케이션 얘기했고. 부모님하고 사는 것에 대해서도 아버지랑 안 되니까, 그것에 스트레스였던 건가? 근데 저는 잘 모르겠어요. 왜 스트레스를 받았는지… 그것 또한 사실 그때 걸렸던 홧병은 의사소통…. 말 그대로 해외에 나가서 언어를 잘 구사하지 못하니까, 언어적 문제로 스트레스가 제일 컸을 것 같은데." (홍진아)

"그게 발현이 된 게 25살, 26살 이었던 것 같아요. 그때가 이제 심리적으로 너무 힘들다 보니까, 이게 이제 신체화 증상으로 나타나기 시작을 해서… 남들은 예를 들어서 컵이 1/3정도 차있어서 같은 스트레스를 부어서 찬다면, 저는 이미 스트레스가 9.5/10는 차 있어서 조금만 넣어도 흘러넘치는 그런 상황…." (이은아)

‘불안과 스트레스로 힘겨운 몸’은 여성 1인가구 4인의 경험이다. 신체화로 발현되어 약과 심리 상담을 처방받거나, 부지불식간에 몸이 먼저 반응하는 강도 높은 불안과 스트레스를 동반하였다. 그 이유는 ‘어린 시절의 엄마의 학대, 부모님의 난동, 자살을 생각하는 자녀 걱정, 소통의 문제, 가정에서 혼자라고 느끼는 것’이다.

2) 때로는 긴장하고 버거운 몸

1인가구로 살면서 이웃과의 관계에서 경험한 두려움과 혼자 돌봄이 어려웠던 경험의 이야기이다. ‘두려움으로 긴장하는 몸’은 주로 ‘청년 여성 1인가구들’의 경험이며, ‘혼자 돌봄이 어려운 몸’은 전 연령대에서 경험하였다.

(1) 두려움으로 긴장하는 몸

집 근처에서 일어났던 ‘뻑치기, 이웃의 난동, 밤늦은 시간의 무리의 남자들’에 대한 경험으로 ‘이웃’에 대해서 두려움을 느꼈다. 또한 ‘밤늦은 시간과 낮에도 귀가하며’ 남성들의 희롱적 시비나 나쁜 사람들한테 해를 당할까봐 두려움을 느꼈다. 혼자 사는 ‘가까운 지인의 강도나 도둑맞은 경험’을 통해서 긴장감과 두려움을 느끼는 여성들도 있다.

“아파트 앞에서 새벽에 술 먹고 때렸데요, 그냥.”

“아파트에 단톡방이 있는데, 800명 정도 있는데, 취약계층도 있고 신혼부부가 대부분이고. 근데 얼마 전에 아파트 앞에서 뻑치기가 있었어요. 새벽에. 그 뻑치기 한 사람이 올린 거예요. 자기가 술 먹고 취해서 죄송하다고.

근데 그렇게 글을 올리고 사과문을 올리면 형량에서 반성한다는 의미로 감량이 되잖아요. 그런 의미로 올린 거잖아요. 저는 '그런 사람하고도 같이 사는구나. 무섭다⋯' 그런 생각이 들고. 그 사람이 죄송하다고 올린 거죠. '당한 사람이 자기한테 연락해주면 제가 어떻게 개인적으로 사과를 하겠다.' 글을 올렸는데, 새벽에 술 먹고 때렸데요. 그냥. 자기 말로는 그래요. 맞은 사람이 일단 글을 안 올리니까 잘 모르겠는데⋯ 술 먹고 때려서 죄송하다고." (서예림)

이웃의 난동으로 두려웠음

"새벽에 부부인데 엄청 싸워 가지고 119 막 그런 것들. 그런 것 보면서 너무 세상에 사는 사람들이 무서운 거예요. 그래서 요새 좀 저 사람들이 더 무서운 게 생겼어요." (서예림)

밤늦은 시간과 낮에도 남자들이 무서움

"가끔씩, 남자들이 우르르 와서 놀아요. '누구야 뭐하냐? 나와!' 문 두드려요. 그러면 옆에서 다 들리잖아요. 목소리 굵은 사람 있으면 괜히 쫄게 되고. 그때는 밤늦은 시간이었거든요. 저 쓰레기 버리고 싶은데, 못 나가겠는 거예요. 괜히 그 압도감, 무서운 게 있어서." (오주은)

"약간 위험한 일 당할 뻔한 일도 많잖아요. 저는 진짜 다행히 그렇게 오래 살면서 아주 심각하게 험한 일을 당한 적은 없는데. 주변에 보면 강도를 당한 친구도 있고. 저는 기껏해야 가장 기억에 남고 기분이 나쁜 게 밤늦게 친구들이랑 놀다가 집에 들어오는데, 약간 희롱적 발언, 성희롱적 그런 시비 거는 남자들, 그런 것 당하면서⋯ 누구랑 살면서 같이 집에 가면 덜 당할

것 같고….” (전유미)

“나쁜 사람들 지나가다 만날까 봐… 해코지 당할까 봐 그런 것도 있어요.
… 낮에도 신경 쓰여요.” (서예림)

친한 친구가 도둑맞음

“친한 언니 중에 한 명 집에 도둑을 맞아 가지고, 퇴근하고 문이 부서져 있었
어요. 그래 가지고 그 언니가 너무 무서워서 들어가지도 못하고… 언니 도둑
맞고 그런 것을 봤을 때, 누가 오래 지켜본 것 같아요. 혼자 왔다갔다, 출퇴근
일정하고, 혼자 사는 것 같고…. 그래서 타깃이 된 것 같아요.” (전유미)

(2) 혼자 돌봄이 어려운 몸

‘혼자 돌봄이 어려운 몸’은 전 연령대가 경험하였다. ‘갑작스러운 사고’로
다친 다리에 깁스를 하고 요리, 장보기, 쓰레기 버리기 등의 일상생활이
많이 불편했다. 또한 병원에서 보호자가 필요한 경우에 보호자가 없어서
난감했다. 노년 1인가구의 경우에는 위급한 상황에서 ‘이웃’과 ‘정부에서
나누어준 기구(위급 시 누르면 119, 돌보미, 자녀에게 연락)’가 도움을 주었다.

코로나와 다리 깁스로 도움이 필요했음

“아플 때 바로 케어를 못 받는 것. 코로나 그거랑, 다리 깁스해 가지고 한
달 동안 못 나갔었는데, 그때 많이 불편했어요. 한 달이어 가지고…. 반 깁스
하고 목발 짚고 다녀야 되는데, 쓰레기는 계속 나오고. 막 갖다 버리기도
힘들고…. 뭘 사먹는 것도 저는 배달보다는 해먹는 쪽이어 가지고…. 그런
것 챙기러 나갔다 오는 것도 좀 힘들고 그랬어요.” (서예림)

수면 내시경 검사 때, 보호자 필요했음

"아플 때, 병원에서 내시경을 해야 되는데, 수면 내시경을 하고 싶었는데, 병원에 가서 하려고 하니까, 보호자가 없으면 그게 안 된대요. 근데 저는 1인가구 지원 센터 이런 게 있는 줄을 모르고, 언니한테 우리 언니가 일을 안 하니까, 언니한테 스케줄 되냐고 물어 봤더니, 언니도 다른 스케줄이 있어 가지고 안 된다고 그래 가지고 저 혼자 가 가지고 했거든요. 수면 내시경 안 하고 그냥 일반 내시경 했는데, '아! 이럴 때가 보호자가, 필요하겠구나!'" (민은혜)

위급할 때, 도움이 필요함

"다리에 힘이 없어 가지고, 지팡이를 짚어도 이쪽 다리 하나가 힘이 없어요. 그래 조금만 걸어도 저리고 그래서, 그래 어디를 못 가요. … 그래 가지고 저거 있잖아요. 저게 급할 때 누르면, 119가 와요. 정부에서 해주는 거예요. 노인네들, 혼자 사는 사람. 그래 급하게 아프거나 그래서 119를 누르면, 아들한테도 연락이 가고…. 돌보미 있어요. 잘 있나 없나 보는 돌보미. 그이한테도 가고." (이경아)

"아무래도 좀 혼자 사는데, 삐끗하거나 넘어지거나 머리를 다치거나 했을 때, 아무도 발견할 사람이 없을 때… 그런 게 걱정이 많고." (전유미)

3) 견딤을 넘어 준비하는 몸

하위 주제는 '약과 심리 치료로 견디는 몸', '울타리가 없어서, 준비와 보호가 더욱 필요한 몸', '책임감이 필요한 몸'이다.

(1) 약과 심리 치료로 견디는 몸

2인의 노년 여성과 민은혜를 제외한 모두가 경험하였다. 우울증, 공황장애, 조울증과 ADHD로 약을 복용하고, 심리 상담을 받았거나 현재도 받고 있다. 심리 상담은 남자친구와의 이별, 부모님 또는 자녀와의 문제에 관한 것이다.

우울증과 공황장애

"소아 우울증부터 시작되었다고 그러고, 약도 복용하게 되고 상담 치료도 같이 받는 게 좋을 것 같다고 해 가지고 상담 치료도 받았었어요. … 그게 발현이 된 게 25살 26살이었던 것 같아요. … 약은 그 당시에 1년 정도하고 끊고… 지금은 약을 1년 정도 먹었는데, 그게 머리에 안개가 낀 것처럼… 우울증 약이랑 공황장애나 이런 그런 약도 있었고." (이은아)

"증상들이 막 숨 막히고 그래서 홧병의 증상인가 그러면서 살았어요. 저는. 손 떨림 오고, 땀 차고, 사람들 갑자기 오면 좀비들 같이 저한테…. 그때는 좀비도 없었잖아요. 그냥 나한테 훅 오는 것 같고, 갑자기 오는 것 같고, 공연장도 못 가고, 지하철에 사람들을 못 봐요. 이 사람들이 나를 때리는 건 아닌데, 환영처럼 그렇게 보여요. 공포심. 그리고 숨이 막히고 죽을 것 같고. 공황장애." (홍진아)

"아들은 결혼한 지 1년 반 만에 여자가 갔어. 얘기가. 성격 차이래. 그래서 힘들었어. 내가. 며느리 하나라고 내가 엄청 기대를 걸은 거야. 너무 마음을.

애기 아빠도 그렇게 갔으니까, 내가 며느리한테 의지를 해야 될 것 아니야. 아들하고. 그래서 엄청 속상했어. 얘네 아빠 그렇게 가자마자, 또 애들도 그렇게 1년 반 살고 이래저래 엄청 힘들었지. 아직도 우울증 약 먹어. 오래됐어요. 거진 30년 넘었어.” (왕수진)

“그리고 바로 병원에 실려 가서… 근데 병원에서 의사 선생님들이 응급실에서 세 분이 계셨는데 다 전문의신데, 과가 달랐거든요. 두 분은 외과 쪽이셨는데, 퇴원해도 ‘된다’였고. 한 분은 내과였는데 퇴원하면 ‘안 된다’였어요. 그래서 그 내과 선생님이 정신과 상담을 해 보라고 해서 그 병원의 정신과에 갔는데, 한 일 년 반 정도 약 먹고…. 처음에는 남자 선생님이었는데. 그분은 목소리가 잔잔하셔서 그런지 좀 더 제 상황보다는 제 기분만 이랬어요, 저랬어요, 이런 얘기만 좀 했는데. … 그 약 먹고 일을 하기 시작했어요. ‘일을 해야 되겠다’는 생각이 들어서, 26세 중반, 병원에 3개월 있었거든요. 근데 그 병원에 있던 시간이 제일 가족이 좋았어요.” (서예림)

상담을 받았거나, 지금도 받고 있음

“그리고 (25~26세에) 심리 상담도 10회인가 13회인가 했었는데. 처음에 제가 들어가자마자 1시간 동안 울기만 했어요. 그냥 호호 할머니, 이탈리아 할머니였는데. ‘잘왔다!’ ‘안녕하세요, 잘 오셨어요!’ 했는데. 그게 너무 서러워 가지고 1시간 동안 계속 울었고. 점점 회차를 늘려가다가, 그런 말씀을 하셨어요. ‘너를 생각하거나, 뭐를 생각했을 때 떠오르는 게 있니?’라고 여쭤 보셨는데 갑자기 ‘동굴이 떠올라요’ 했었어요. ‘그 동굴에 뭐가 있니?’ 했더니, ‘어린 제가 보이네요. 어린 제가 있어요’, ‘어떤 모습을 하고 있니?’ ‘눈알만 보이는 그런 오물을 뒤집어 쓴 검은 그런 게 보여요’ 하고 그런 세션을 갖다가 어… '그러면 다 큰 네가 그 아이의 손을 잡고 거기를 나오면 되는 건데. 그 아이에게 한 발짝 다가가 보는 게 어떻겠니?' 그런 연습을 하다가, 제가 상상이었는데도 불구하고 그 자리에서 한 발짝도 내디딜 수가 없을 것 같아서 상담을 중단했어요." (이은아)

"그리고 사실 지금 상담을 받고 있어요. 한국에서. 집 근처에서 상담을 받고 있기는 해요. 그 선생님이 말씀하셨던 게, 원가족부터가 관계에 대한 좋은 경험 또는 믿음, 신뢰 이런 게 전혀 없었기 때문에 그런 것을 쌓는 게 일단 중요할 것 같고. 정신분석을 하시는 교수님이신데, 일반 심리 상담이 어떤 게 있는지 제가 모르겠지만, 정신분석 그런 것을 해주시는 것 같더라구요. 이런 저런 얘기하고 2주에 한 번, 제가 너무 힘들 때에는 바로 세션 잡아서 찾아 뵙기도 하고 이렇게 하고는 있어요." (이은아)

"큰 아이 같은 경우는 고등학교… 2학년 때부터 그 위클래스에서 전화가 왔는데. 2학년 1학기 때, 이제 위클래스 선생님이 이 아이가 심각한데, 자살 소동을 했는데도 부모가 모르고, 손목에 자해를 했는데도 부모가…. '저희 가 고양이를 7마리를 키우고 있었는데', 아이도 선생님한테 그렇게 이야기 를 했대요. '부모가 왜 모르니?' 워낙에 고양이가 자주 할퀴고 그러니까 상처가 많은데 티가 안 날 정도로 걔는 칼은 아니고 가위로 긁었는데. '왜 긁었니?'라고 물었더니, '자기가 살아있다는 것을 알고 싶어서 피를 흘리면 그것을 그때 알게 되어서…' 굉장히 많이 울고 놀라고…. 그때부터 정신과 를 보내고 상담을 했지만, 사실 약을 지속적으로 먹어도 여전히 사실은 약으 로 해결되는 것은 아니니까. 그때 좀 더 걔한테 집중을 하려고 그랬지만…. 걔 상황은 알게 되었지만, 기다려주는 상황인데 힘든 상황이에요. 이걸 언제

까지 기다려야 되는 건지… 6년째가 되어가고 있지요… 그래서 (상담) 많이 했어요." (김혜진)

조울증, ADHD, 전두엽 손상으로 상담 받았음

"한국에 돌아온 뒤로 그 정신과 상담을 받았어요. 지금 조울증이라고 진단을 받은 거예요. 조울증이랑, ADHD도 조금. 전두엽이나 이런 기능이 많이 떨어져 있더라구요." (전유미)

남자친구와 헤어지고 많이 힘들어서 상담 받았음

"제가 10년 사귀었던 친구랑 헤어지면서 너무 힘들어서 애증의 관계였거든요. 그랬는데 그 친구랑 헤어지는 게 힘들다 보니까… 연애 코칭을 한 달 정도 받았어요. 근데 많이 생각이 바뀌고 좋아졌거든요." (윤수연)

"대학교 4학년 때 남자친구하고 헤어졌잖아요. 그때 사실 그 친구랑 결혼을 하고 싶은 만큼 사랑하는 사람이었어서, 또 다시 힘든 게 또 오는 거예요. … 인간에 대한 배신감이 큰 거예요. 내가 모르는 사람이면 그나마… 나랑 같이 밥 먹고 놀러가고…. 그래서 그게 너무 받아들이는 게 안 되었던 것 같아요. 그리고 그때 제가 가정에 대한 것도 아직 해소가 안 되었는데 이 힘듦이 남자친구와 이런 문제로 오니까. 대학교 때 위클래스 상담소가 있어요. 거기서 무료로 해주시니까, 6개월은 갔던 것 같아요. 매주. 상담 선생님도 제가 좀 심각해서, 상담에서 울고…. 제가 맨날 우니까 원래는 이 정도까지 기간에 해야 되는데, 저는 연장해 주고, 연장해 주고. 그래 가지고 6개월을 받으니까 좀 괜찮아지더라구요." (오주은)

(2) 울타리가 없어서, 준비와 보호가 더욱 필요한 몸

여성이 혼자 살면서 '가족의 울타리'도 없고, '외로움'으로 위험할 수 있는 '몸'에 대해서 이야기하였다. 윤수연은 '헌팅'을 당한 경험에 비추어, 가족과 같이 살지 않고 혼자 사는 여성이기에 더 두렵지만, '외로움'으로 더 쉽게 빠져들 수 있는 '헌팅'과 '가스라이팅'에 대해서 언급하였다. 이러한 '위험'에 대비하여, 다른 1인가구들과의 '안전장치'가 되어 주는 것 그리고 자기방어의 필요성과 준비에 관하여 이야기하였다.

위험한 헌팅에 대한 경각심과 대처법 필요함

"전 여기에서 되게 헌팅을 많이 당했거든요. 전 그런 부분도 사실 위험하다고 생각하는 게 요새 유튜브나 이런 것들이 많다 보니까. 남자들이 하룻밤, 원 나잇을 위한 헌팅을 많이 하는 그런 노하우도 너무 잘 나와 있고. 제가 연애상담 이렇게 받는 것처럼, 남자들이 자기가 원하는 여자들을 꼬시기 위해서 돈을 받고 이런 것들을 하는 것들도 많아요. … 혼자라면은 이런 부분에 대해서 훨씬 안 좋은 쪽으로 빠질 가능성도 높다. 이런 생각도 들었어요. 울타리가 없으니까… 진짜 분별할 수 있는 게 제가 똑똑해지지 않으면 안 된다." (윤수연)

인간관계가 좁아서 가스라이팅 당하기 쉬움

"외로우면 따라가기가 십상이고, 서로 모르는 사이니까… 위험해요. … 인간관계가 좁은 사람들은 가스라이팅 당하기 너무 쉽거든요." (윤수연)

서로에게 안전장치가 되어주는 것 중요함

"그럴 때는 서로가 서로에게 안전장치가 되어주는 그런 것도 너무 중요할

것 같다.” (윤수연)

오주은은 자기방어를 위해서 호신술을 배운 경험이 있으며, 안심벨 설치를 제안하였다. 홍진아도 자기방어를 위해서 킥복싱을 배운 경험이 있으며, 1인가구 지원 센터에서 ‘자기방어를 위한 호신술 및 자기돌봄’에 대한 프로그램을 제안하였다.

자기방어를 준비함

“호신술 배웠어요. 기술을 정확히 익혔다기보다는 누군가를 방어할 수 있는 자신감을 배웠어요.” (오주은)

“안심벨 설치, 싸이렌 소리 이런 거… 좀 사람이 나쁜 짓을 하려다가 청력에 의해서 주저하는 경우가 많이 생긴데요. 안심벨 같은 것 설치하면은 비상시에 좀 괜찮지 않나.” (오주은)

“사실은 제가 킥복싱을 너무 하고 싶어서 킥복싱을 배운 적이 있어요. 나름 그것을 배우니까 1인가구되었을 때, ‘별로 무서움 없다고… 혼자 사는 것 두려움이 없다’라는 게 ‘내가 그래도 나를 방어할 수 있는 정도는 배워서 너무 좋다’라는 생각을 했었거든요. 돌봄보다는 프로그램이 많으면 좋을 것 같아요. 여성을 위한 호신술, 해 주는 데가 있어요. 여기 1인가구도 표현하는 것, 어떻게 거절하고 이런 것에 대한 프로그램이 있기는 해요. 자기를 육체적으로…. 요즘 성폭행, 성추행도 많잖아요. 자기를 돌볼 수 있는 자기돌봄…. 1인가구는 사실 자기 혼자 돌봐야 되는 거잖아요. 누구한테 돌봄을 요구할 수 없는 거고…. 그래서 혼자 있을 때 자기방어는 할 줄 알아야 된다고

생각해요. 어떤 상황이 될지 모르기 때문에…. 저는 그것은 꼭 필요하다고
생각해요." (홍진아)

(3) 책임감이 필요한 몸

1인가구는 타인에게 의지하는 것보다는 자신이 스스로 감당하고, 책임
지는 태도가 필요하며, "자유가 주어진 만큼 책임도 뒤따른다"고 윤수연은
말한다. 그렇지 못한 경우, 30~40대의 '고독사'가 가능하다고 그녀는 덧붙였
다. 「혼자 사는 사람들」(2021)에서 진아의 이웃, 30대 '남성 1인가구'의
'고독사'는 실제 한국 사회의 증가하는 '청년 고독사' 문제를 보여준다.
'1인가구'의 증가를 '고독사'의 주 원인으로 보고 있으며, 특히 청년 1인가구
의 '경제적 문제와 단절된 관계'를 꼽는다(하성웅, 2021).

'단절된 관계'를 가졌던 영화 속 진아가 이웃의 '고독사'를 경험한 후에
그녀의 집의 창문을 활짝 열어 햇빛과 상쾌한 공기로 채우고, 주변 사람들과
관계를 가지며, 자신이 원하는 일을 위해 결단하는 변화는 바로 자신에
대한 '책임감과 유능감'에서 비롯된 것이다. 이웃의 '청년 남성 1인가구'의
고독사와 단절된 관계에서 관계로 나아가는 진아의 변화는 '남성 1인가구'에
비해 유능한 '여성 1인가구'의 특성을 대조적으로 보여주었다.

이러한 특성은 한국어 속담, "홀아비는 이가 서 말이고 홀어미는 은이
서 말이라"(Wordrow, 2023)에도 예전부터 있으므로, 현대의 '남성 1인가구'
의 특성이라기보다는 예전이나 지금이나 변함없는 '남성'의 특성으로 보인
다. 그러나 남성 노년 1인가구가 여성 노년 1인가구보다 삶의 질이 높은
이유가 여성보다 높은 교육과 소득 수준이라는 연구 결과(권종선, 2019)는
남성의 특성보다는 '경제와 교육'의 요인이 큰 것으로 보인다.

주어진 자유만큼 책임도 필요함

"혼자 감당해야 될 부분도 많아진다. 자유가 주어진 만큼 책임도 뒤따른다
는 말이 맞는 것 같아요. 내가 스스로 해내는 것. 그렇다 보니까 돌아가시고,
혼자 고독사 하시고 이러신 분들이 저는 비단… 30~40대에도 고독사 할
수 있다는 생각이 들어요. 자기 자신을 자살할 수 있는… 결국엔 살인이죠.
그런 것들도 생각이 돼요." (윤수연)

자신이 스스로를 세워야 함

"제가 제 자신을 일으켜 세워야 한다고 생각을 하고, 그렇게 컸기도 하고….
내가 내 자신을 책임을 져야 된다고 생각을 하다 보니까. 남들한테 의지하는
것 보다는…. 저는 저만의 시간을 가진 다음에 그 다음에 사람들을 만나요.
나를 먼저 세워야지, 그것에 대해서 대화를 할 수 있는 건데. 아예 온전히
추스릴 수 없는 상황에서는 온전히 혼자 있어요. 영화, 소설, 드라마, 이런
것 보면서 깨달아지는 것도 있거든요. 그런 것 보면서 극복하는 것 같아요."
(윤수연)

4) 자유로움으로 일깨워진 평화의 몸

위에서 윤수연은 사유가 주어진 만큼 책임도 주어진다고 하였다. 자유가
'책임'을 감당해야 하는 묵직한 짐을 동반하기도 하지만, 자유는 억압된
것과 싫은 것으로부터 벗어날 수 있는 기회와 결정권을 부여하기도 한다.
'자유(自由)'를 사전에서 "외부적인 구속이나 무엇에 얽매이지 아니하고
자기 마음대로 할 수 있는 상태"(표준국어대사전, 2023)로 정의하듯 말이다.

‘자유’를 통해서, 그 동안 다른 가족들과 함께 살며 자신이 원하지 않았던 것, 얽매였던 것, 억압되었던 것으로부터 벗어나 오롯이 ‘자신’이 되어, ‘평화의 몸’을 누린다. 여기에서 ‘평화(平和)’의 사전적 정의는 “전쟁, 분쟁 또는 일체의 갈등이 없는 평온함”(표준국어대사전, 2023)이며, 따라서 ‘평화의 몸’은 ‘갈등이 없는 평온한 몸’이다. 1인가구 여성들은 ‘자유로움으로 일깨워진 평화의 몸’을 ‘편해진 마음 & 편해진 몸’ 그리고 ‘맘대로 활동할 수 있는 몸’으로 경험하였다. 이에 근거한 ‘평화의 몸’은 ‘편해진 마음과 몸 그리고 자유로운 활동’을 의미한다.

(1) 편해진 마음 & 편해진 몸

남편과 사별하고 자녀들이 몸만 돌보며 지내라는 제안대로 김정숙은 ‘편해진 몸’을 누린다. 윤수연은 주중에 일로 피곤한 몸을 주말에는 맘껏 쉴 수 있어서 ‘편해진 몸’을 느낀다.

자녀들이 자신 몸만 돌보며 지내라고 함

“할아버지 가면서 일만 하려고 하다가, 애들이 일을 못하게 하잖아요. … 해지 말고 어머니 몸이나 위해구 있어라.” (김정숙)

일로 지친 몸 주말에는 푹 쉬기

“늦잠 자고 싶은 때 있잖아요. 주말에. 그게 너무 편한 거예요. 평일에 일하고 피곤하니까. 주말에는 쉬고 그러고 싶은데. 그때 가족 모임이 있거나 하면은 일찍 일어나서 집안 청소도 하고 해야 하니까. 그걸 안 하게 되니까, 너무 좋아요. 편안하고.” (윤수연)

홍진아는 올해 직장을 그만두어서 경제적으로 안 좋은 상황이지만, 마음은 편하다. 남편의 치매로 오랜 시간 힘들었던 김정숙도 남편에 대한 그리움은 있지만 마음은 편해졌다.

마음은 편함

"예전에 비해서 저는 경제적으로도 그렇고, 육체적으로도 그렇고, 모든 것이 되게 안 좋은 상황인데도 불구하고 지금이 마음이 편해요." (홍진아)

"마음이 편해졌다는 거…. 마음이 편해진 것 그것 하나 바뀌었지. 그전에 할아버지하고 살적에는 그냥 할아버지가 그런 일 저지르고 그래니까 맨날 스트레스가 쌓여 가지고, 나도 모르게 여기가 찌그러져 가지고." (김정숙)

(2) 맘대로 활동할 수 있는 몸

홍진아는 유학을 마치고 한국에 돌아와서 가족과 함께 생활하며, 자신의 생활 방식이 부모님과 달라서 불편했다. 다시, 1인가구로 생활하며 자신의 패턴으로 자유로이 활동하는 몸을 누린다. 김정숙은 남편과 함께 사는 동안 딸네 가는 것도 어려웠지만, 지금은 "맘대로 활동"하는 몸을 경험한다. 이러한 활동의 자유로움을 민은혜와 서예림도 몸으로 경험하고 있다.

나의 패턴으로 생활하기

"8년이란 시간 동안 부모님하고 떨어져 살았고, 그 동안 저는 저의 패턴을 만들었잖아요. 부모님이 아니고 다른 사람들에 의해서지만…. 그게 생활화가 되었는데, 부모님하고 안 맞는 거예요. 청소하는 방식부터… 음식 하는 방식, 음식 먹고 나서의 방식, 이런 게 너무 다르니까 마찰이 생기더라구요.

그래서 한 달도 안 되어서 제가 다시 독립을 했거든요." (홍진아)

"내가 하고 싶은 대로" 활동함

"뭐 맘대로 내가 활동할 수 있는 거. 혼자 사니까 마음대로 자유롭게 움직일 수 있대는 거. 그거 한 가지는 좋지. 자유롭게 움직이는 거. 어디 가고 싶으면 가고, 또 어디 갔다가 자고 오고 싶으면 집에 걸리는 게 없으니까. '뭐, 그냥 자고가도 괜찮겠다' 그런 거. 그전에는 애들한테도, 딸네 집에도 못 갔어요." (김정숙)

"나만의 공간에서는 내가 하고 싶은 대로 해도 되는 거잖아요. 예를 들자면, 씻고 나왔어요. 씻고 나왔을 때 나 혼자 살게 되면 편한대로 나와도 되는 거고…. 그리고 내가 저녁을 먹을 때도 내가 좋아하는 음식 해서 내가 먹으면 되는 거고, 내가 책 읽고 싶을 때는 내가 책 읽으면 되고, 내가 영화보고 싶을 때는 영화 보면 되는 거고… 내가 좋아하는 음식 먹고 이렇게 하니까 너무 좋잖아요." (민은혜)

"식단. 제가 먹고 싶은 것 먹는 데 터치할 사람 없는 것." (서예림)

5) 노력하고 즐거워하는 몸

1인가구 여성들은 <상처가 남아있는 몸> 그리고 <긴장하고 버거운 몸>으로 '고통'을 경험하였다. 그러나 '고통' 속에 매몰된 채로 살아가는 것이 아니라, <견딤을 넘어 준비하는 몸>으로 견디고 준비하며, '고통을

'극복'하기 위한 노력을 한다. 노력과 더불어 하고 싶은 것을 하며, 삶을 즐기고 성장하는 다양한 몸을 모아서 표현한 것이 <노력하고 즐거워하는 몸>이다. 구체적으로는 '움직이고 교환하는 몸', '좋은 것을 새롭게 입력하는 몸', '집중하는 몸'이다.

(1) 움직이고 교환하는 몸

서예림은 운동을 하고 사람들과 이야기를 나누며 기분이 나아지는 경험을 하였다. 남편을 몹시 그리워하고, 자살을 생각했던 아들 때문에 불안감과 우울감이 큰 왕수진은 두 딸의 집에 가서 가사를 도와주며 '고통'을 극복하기 위해 노력한다.

운동을 하고 얘기했더니 기분이 나아짐

"운동 빡세게 했더니, 기분이 나아졌어요. … 운동도 운동인데, 지금 다시 생각해 보니까, 사람하고 말하는 게 에너지를 얻게 되는 거죠." (서예림)

"작은 딸네 가도 그냥 안 앉아있구 그냥 치우구. 빨래해구. 이 딸네 가서 해구. 저 딸네 가서 해구. 가기 전에 다 해주구 가야지. 애들은 해지 말래는데, 그렇게 하면서 그냥 그렇게 하면서 자꾸 바꿔 볼려구. 살라구 내가 노력을 해." (왕수진)

김정숙과 민은혜는 성당이나 개인적인 모임에서 여러 사람들을 만나서 "부대끼고", 서로의 에너지를 "주고받으면서" 행복감과 성장하고 있음을 실감한다. 한편, 오주은은 새로운 사람들을 만나고, 관계를 지속하기 위해서 정기적으로 다양한 모임에 참석하는 몸을 경험한다.

사람들을 만나며 에너지를 얻음

"성당에 가서 자꾸 여러 사람 부대끼고…." (김정숙)

"월요일부터 금요일까지 사람들을 굉장히 자주 만난대요. 예를 들자면, 일 때문이 아니라, 사람 만나는 것을 좋아하니까. 저는. ○○ 수업 끝나고, 12시 에 점심 때잖아요. 그러면 ○○ 선생님이랑 같이 밥 먹든지, 아니면 주변에 누구 친구랑 밥 먹든지, 미술관 가고…. 그리고 전 ○○에 직장 동료였던 사람들도 시간이 지나도 '○○ 시간되니? 같이 밥 먹자?' 이렇게 해 가지고, 종종 그렇게 같이 밥 먹는 것 같아요. … 죽어도 내가 후회가 없도록 내 인생을 살고 싶은데, 저는 시간을 무의미하게 보내고 싶지는 않거든요. 근데 사람들 을 만나면서 내 에너지, 이 사람의 에너지, 서로 주고받으면서 내가 살아있음 을 느끼고…. '아! 내가 발전하고 있구나!' 이런 것을 느끼는 게, 저한테 큰 행복이고… 이러니까." (민은혜)

다양한 모임에 정기적으로 참석함

"일부러 새로운 사람들을 만나려고…. 어… 저번에 1인가구, 여기서 한강 갔다 왔거든요. 불꽃놀이. 그때 저는 일부러 갔다 왔었구. 기회가 있어야 누구랑도 친해지거나 그런 사람이 생길 수 있지. 그래서… 일주일에 3번. 일주일에 1번씩 소개팅에 나가고 있고요. … 또 하나는 1인가구 커뮤니티 강좌, 1주일에 한 번씩 가는 것 있고. 그리고 아까 그 교인들… 성경 스터디." (오주은)

(2) 좋은 것을 새롭게 입력하는 몸

여성들은 고통을 극복하고 삶을 누리기 위해서 '몸'을 움직여서 일하고,

운동하고, 사람들을 만나고 이야기를 나누고, 에너지를 나누는 경험을 위에서 이야기하였다. 이번에는 '마음' 또는 '생각'을 바꾸기 위해서 노력하는 '몸'의 경험에 관한 것이다.

김정숙, 오주은, 민은혜, 홍진아는 '마음 또는 생각'을 위해서 좋은 것을 새롭게 입력하는 '몸'을 경험하였다. 김정숙과 홍진아는 좋은 책이나 기도문을 읽고, 좋은 말을 들었다. 또한 오주은은 기독교 동아리 활동에서 성경 말씀을 듣고, 1인가구 지원 센터에서 1인가구의 생활과 관련하여 전문가들로부터의 의견과 공감을 듣고, 새로운 장소로 여행하였다. 읽고, 듣고, 봄으로써, 세 여성들은 청각적, 또는 시각적인 다양하고 새로운 좋은 정보들을 입력하는 '몸'을 경험하였다. 민은혜도 지인들과의 이야기와 명상록 필사를 통해서 새롭고 흥미롭고 자신이 발전하고 있음을 느끼게 하는 좋은 것들을 입력하는 '몸'을 체험하였다.

좋은 책을 읽고, 좋은 말을 듣고, 새로운 곳을 보고

"여러 책을 보면서 자꾸 좋은 말을 듣고 이래니까, 좀 마음이 안정되고 가라앉더라구요. 나도 나머지 인생을 좀 편하게 살아야겠다." (김정숙)

"그때 제가 기독교 동아리 활동했어요. 그래서 그때 많이 느꼈던 것 같아요. 내가 하나님 말씀 듣고 더 영향 받아서 자신감도 생기고. 네게 용기와 능력을 주시고… 이런 것 하잖아요. 그런 걸로 제가 발전된 게 아닌가… 그때 많이 느꼈던 깃 같아요. 네, 그때는 좋았어요. … 누군가한테 말하고 전문가가 의견도 얘기해주시고, 좀 많이 공감도 해주시고 하면서 좀 풀리고…. 제가 그동안 아르바이트해서 모았던 돈을 다 ○○ 여행 가서 썼어요. … 그때 암튼 갔다 오고 나서, 마음이 많이 뭐라고 해야 하지? 새로운 경험으로

Refresh(생기를 되찾다)가 되면서 안 좋은 게, 물이 가득 찬 게, 물이 오염된 게, 깨끗한 물에 막 정화된 것처럼 그런 것처럼 괜찮아졌어요. …갔다 왔는데, 그 시간이 너무 행복하고 좋고…. 갔다 와서 마음이 많이… 그때 많이 나아진 것 같아요." (오주은)

민은혜는 지인들과의 이야기와 명상록 필사를 하며, 홍진아는 기도문을 읽고 외우며, 좋은 것들을 입력하는 '몸'을 경험한다.

지인들과 이야기하며 흥미로운 주제 발견

"이 사람을 만났을 때 내가 관심 분야는 요거였는데, 이 사람은 관심 분야가 이건데, 그것에 대해서 얘기를 해줘요. 그러면 '그런 게 있었어?' 그러면서 저는 호기심 천국이란 말이에요. 저의 새로운 호기심을 계속 자극해주니까. 내가 한 곳에 머무르는 게 싫거든요. 다양한 분야에 눈을 뜨게 해주니까 너무 좋죠. 근데 그것을 내가 인터넷을 통해서 이렇게 할 수도 있지만, 저는 수업도 대면수업을 해야 되는 스타일이에요. 이렇게 누군가를 만나서 그 사람이 만나서 이야기를 해주면 내 마음이 쏠리는 것 같아요. 그러면서 나도 해봐야겠다 행동하는 스타일이잖아요. 내가 삶의 교훈을 얻어서 이렇게, 이렇게 발전해 가는 것 같고… '지금보다 더 나은 내가 되기 위한 길을 가고 있구나!' 하고 내 스스로가 느끼는 게, 되게 중요할 것 같아요." (민은혜)

이른 아침에 명상록 필사하기

"요즘에 하는 게 그게 있어요. 명상록 필사하고 있어요. 그 사람 것, 필사하고 있는데 좋더라구요… 영어 필사예요. 펜으로. 손 글씨 좋아해요. 매일 쓰도록 노력을 하는데, 새벽에 제가 7시 수업이잖아요. 그래서 일찍 일어나려고 하는데, 전날 늦게 자거나 그러면 못하잖아요. 그러면은 오후에 시간이 날 때, 쓰고. 이렇게… 시간은 정해놓지 않고. 챕터가 있어요. 몇 번 몇 번, 이것까지는 쓰자. 근데 시간이 남는다, 그러면 또 쓰고… 최소한 30분은 내가 매일 쓰려고 해요. 이 사람이 로마 황제예요. 이 사람은 너무 부잣집에서 권력과 모든 것을 다 가지고 태어난 사람인 거예요. 근데 이 사람이 자기 자식도 잃어보고, 전쟁에서 전쟁도 해보고, 이러면서 자기성찰과 그리고 많은 철학자들이 그 책에 나와요. 근데 철학자들은 생각을 나보다 훨씬 많이 한 사람이잖아요. 그런 사람들을 책을 통해서 만나면서… 그 사람의 일기니까. 그러니까, 이 사람은 나보다 훨씬 교육도 많이 받았고… 더 좋은 집에서 태어났고 했으니까. 배울 점이 훨씬 많지 않을까. 이 사람이 뭐라고 했냐하면 자기가 뭔 일이 있었을 때, 이 일이 내가 해결할 수 있는 일인지, 아니면 내가 해결할 수 없는 일인지에 대한 그 분별력을 꼭 갖게 해주시고…. 내가 해결할 수 있는 일이라면 내가 해결할 수 있는 힘을 주시고…. 내가 해결할 수 없는 일이라면 그것을 내 손에서 떠나서 그냥 그것을 'Let it go(내버려 두다)' 할 수 있는 능력을 저에게 달라고….” (민은혜)

기도문을 읽고, 외우고, 기도하기

“다른 분들은 새벽 5시에 일어나셔서 기도하고 하루를 시작하신다는데, 전 그거는 아직 어려운 것 같고…. 제가 ‘주님, 저를 당신의 도구로 써주십시오’ 이 기도만 엄청 해요. 엄청 자주 하거든요. … (기도문)을 외워서 기도해요. 하루 내내 할 때도 있어요.” (홍진아)

종교가 있는 1인가구 여성들은 새로운 아침을 시작할 때, 또는 홍진아처럼 하루에도 여러 번 말씀과 기도로 ‘좋은 것을 새롭게 입력하는 몸’을 적극적으로 경험하였다. 한편, 민은혜는 이른 아침이면『명상록』(*Meditations*, 2018)을 영어로 필사하고, 황제 Aurelius의 삶과 죽음에 관한 통찰과 지혜를 읽으며, 좋은 내용을 입력하는 몸을 체험한다. 이러한 민은혜의 경험은 좋은 글을 일상 속에서 정기적으로 접하고, 자신의 삶을 성찰하며, 삶에 적용하기 위한 '몸'의 경험을 종교가 없는 1인가구 여성의 삶으로 보여준다.

[그림 2] 민은혜의『명상록』(*Meditations*, 2018) 필사
(2022. 11. 15. 민은혜)

(3) 집중하는 몸

1인가구 여성들은 '몸'을 움직이고, '몸'에 입력할 뿐만 아니라, '몸'을 집중시킴으로써 고통을 견디고 극복하며, 삶을 누리는 경험을 하였다. 왕수진은 남편에 대한 그리움으로 삶에 대한 의욕이 없지만, 이른 아침이면

바쁜 이웃의 밭에서 박스를 붙이는 것에 집중하며 '생각'에서 벗어난 '몸'을 경험한다. 김혜진은 사이버 대학교에서 학업을 시작하여, 학업과 일에 집중하는 '몸'을 경험하고 있다.

아무 생각 없이, 집중하여 일함

"혼자 가서 아무 생각 없이 박스 찍찍 붙이는 거… 그건 아무 생각 없어." (왕수진)

사이버 대학교에서 학업 시작

"제가 뒤늦게 공부를 하게 되었는데, 사이버대를 다니고 있는데…. 전 세계가 고령화 사회가 되어서 '우리가 노인을 어떻게 건강한 노인으로 살다가 갈 것이냐?' 그게 화두가 되고 있잖아요. … 저는 그래서 실버산업학과와 사회복지학과, 그거 두 개를 전공하게 된 거예요. … 그렇게 바쁘지는 않았어요. 취업한지는 별로 안 되었기 때문에. 4월부터. 원래 꾸준히 하고 있었는데, 다시 쉬다가 갑자기 바빠졌어요. 4월부터." (김혜진)

연령이 80대인 김정숙과 이경아는 오랜 시간 집중하는 것이 힘들어도 즐겁게 집중할 수 있는 미술 시간이 기다려진다. 홍진아는 좋은 내용이 담겨있는 기도문을 외우며 걸으면서 하루에도 여러 번, 혹은 하루 내내 집중하는 '몸'을 경험하고 있다.

노인회관에서 그림 그리기

저 회관에서 일주일에 한 번씩 그림 그리는 날이 있어요. 매주 수요일에 해거든. 그날이 기다려져. 저것 내가 그려다가 해 놓은 거야. (본인의 그림 보여줌) 미술 시간 2시간. 3시에 시작해서 5시 까지. 이런 거 그리는 거야… 이것도 잘 했다고 그래. … 그 시간이 기다려져. (김정숙)

"그림 그리는 것 배우러 다녀요. 경로당에. 일주일에 하루. 수요일에 한 번씩. 재밌어요. 좋아해요… 엄청 집중돼요. 조금 힘들어도 재밌어요." (이경아)

걸으며 기도문을 수시로 외우며 기도함

"저는 '그냥 매일 매일 하루라도 기도를 하자'라고 생각해요. 그런데 그것도 쉽지가 않더라구요. 저 생각날 때, 하루에 두 번씩. 세 번일 수도 있고. 시간은 정해져 있지 않지만, 생각 날 때마다. 산책을 가다가 탄천을 걷다가 그때도 하고… 제가 '주님, 저를 당신의 도구로 써주십시오' 이 기도만 해요. 엄청 자주 하거든요. '미움이 있는 곳에 사랑을, 다툼이 있는 곳에 용서를, 분열이 있는 곳에 일치를, 의혹이 있는 곳에 신앙을, 그릇됨이 있는 곳에 진리를, 절망이 있는 곳에 희망을, 어두움에 빛을, 슬픔이 있는 곳에 기쁨을 가져오는 자 되게 하소서. 위로받기보다는 위로하고, 이해받기보다는 이해하며, 사랑받기보다는 사랑하게 하여주소서. 우리는 줌으로써 받고, 용서함으로써 용서받으며, 자기를 버리고 죽음으로써 영생을 얻기 때문입니다' 기도문을 외워서 기도해요. 하루 내내 할 때도 있어요." (홍진아)

3장

여성 1인가구의 관계 경험 모형과 정서

I. 여성 1인가구의 관계 경험 특성과 관계 경험 모형

1. 인간관계 경험 특성

1) 혼자 살아도, '가족'은 나의 관계 자원

1인가구의 삶의 만족도와 우울에 가족 관계가 관련이 있음을 밝히고, '가족 관계'의 중요성을 제시하였다(김혜미 외, 2021; 김혜련 외, 2018; 이인정, 2021). 중년 여성 1인가구, 민은혜는 자매들과 함께 생활하다가 자매들이 결혼하여, 1인가구가 되었다. 처음에는 혼자 살며 두려움도 있었지만, 자매들과 자주 만나고 서로의 삶과 문제에 대해서도 이야기를 나누며 도움을 주는 관계이다. 특히, 그녀에게 어머니는 늘 베풀고 사랑을 주는 존재이다.

대부분의 여성 1인가구들은 <세상에서 혼자인 '나'>로 경험하였으나, 절반 이상의 여성 1인가구는 민은혜처럼 가족이 자신과 함께 생활하지 않아도 자신의 삶을 지지하고 응원하는 관계 자원으로 경험하였다. 한편, 절반 이하의 1인가구 여성들은 '가족 관계와 자신과의 관계'의 회복을 원하였으며, 특히 청년 여성 1인가구들은 부모의 관심과 응원으로 '가족'의 관계 자원을 원하였다.

2) 외로움을 높이는 '소통의 부족'

대부분의 여성 1인가구들은 '외로움과 마음 둘 곳을 기대'하며 관계를 원한다. 이러한 이 책의 이야기는 1인가구의 증가와 외로움의 증가가 관련이 있다는 스넬의 연구 결과와 일치한다. 특히, 노년의 여성 1인가구들은 이웃과 가족처럼 하루에도 여러 번씩 왕래하며 허물없이 지내고 도우며 생활하다가도, 혼자 있는 밤이면 쓸쓸하고 외로워서 눈물을 흘린다. 노년의 1인가구들이 외로워한다는 의견에 반대하는 연구(클라이넨베르크) 결과와는 달리, 사별하고 혼자 살게 된 한국의 노년 여성 1인가구들은 '외로움'을 크게 느낀다. '외로움'은 청년과 중장년 1인가구 여성들에게도 마찬가지였다. 중년의 비혼 여성 1인가구는 부모님이 돌아가시면, 세상에서 완전히 혼자가 된다는 생각에 '마음 둘 곳'을 기대한다. 일, 이성교제, 취미 생활 등으로 비교적 관계를 많이 가지는 청년 여성 1인가구들도 부모님의 응원과 사랑을 필요로 했다.

혼자 생활하다 보면 최소한의 소통도 하지 못하고 하루를 보내기도 하는데, 소통의 부족은 이러한 외로움과 스트레스를 높이며, 관계 욕구를 높인다고 여성 1인가구들은 이야기하였다. 특히, '가족의 울타리'가 없는 환경을 악용하기 위해 의도적으로 다가오는 이들과의 관계는 좋지 않다는 것을 알면서도, 높아진 관계 욕구와 '외로움과 마음 둘 곳을 기대'했던 몇몇 청년 1인가구 여성들은 그 관계에 의존해서 아팠던 경험이 있다. 여성 1인가구들의 '부족한 소통'은 그녀들을 더욱 외롭게 하였다.

3) '함께 있음'을 갈망하며 '비혈연의 이웃'에게 실천

현대 사회에 만연한 '외로움'은 "외로움 전염병(Loneliness Epidemic)(Snell, 2017, 2)"이라 불리며 임상적인 문제로 제기되었다. 외로움은 흡연처럼 신체에 피해를 주는 음주, 불면, 마약, 건강하지 못한 식단 등과도 관련이 있으며, 건강 뿐만 아니라 사회 문제와도 관련이 크다고 알려져 있다. 1인가구 여성들에게도 '외로움'은 어려움을 주기도 하지만, '외로움'으로 '함께 있음'을 갈망하며, 다른 이들에게 관심을 가지고 적극적으로 다가가게 하는 긍정적인 역할도 하였다.

대부분의 여성 1인가구들은 관계에서 적극적인 태도로 '함께 있음'을 실천한다. 윤수진은 다른 이들과의 관계의 필요성을 느끼고 본인이 모임을 주최하는 등 적극적으로 관계를 가진다. 2인의 노년 여성들도 혼자 있는 시간은 별로 없고, 주로 이웃과 마을회관에서 다른 분들과 함께 놀이도 하고 식사도 한다. 다른 1인가구 여성들도 다양한 모임과 만남을 통해 '함께 있음'을 경험하고 있다.

몇몇 여성 1인가구들은 근처에서 살지 않아도 '가족'과 가장 친밀한 관계 경험을 하지만, 절반 이상의 여성 1인가구의 친밀한 관계는 거주지 근처의 '이웃사촌'이다. 그녀들의 이웃은 멀리 있는 자녀, 부모님, 형제자매들보다 '함께 있음'이 가능한 가까운 사람들이다. 엄마처럼 느끼게 하는 이웃 언니와 친밀하게 생활하는 이은아, 이웃에 정을 붙이고 사는 홍진아, 가족처럼 많은 시간을 함께 보내며 돕고 생활하는 김정숙, 왕수진, 이경아, 자신이 운영하는 '오톡(카카오톡 오픈 채팅방, 직장인 커뮤니티)'에서 만난 이들과 종종 함께 식사와 취미 생활을 하며 모임을 갖는 윤수연 그리고 자원봉사로 친해진 이웃과 가깝게 지내는 김혜진의 삶이 그러하다.

이 책의 1인가구 여성들이 경험하는 '이웃사촌'은 가족이 아닌 3세대의 4인이 모임과 카톡방에서 소통하며 지속적인 연결감을 가지는 송영신(2015)의 '사회적 가족(Social Family)' 또는 김미경(2016)이 소개한 독일의 다세대 복합 주거(Mehrfachgenerationshaus)와는 차이가 있지만, '비혈연'으로 이루어졌다는 점에서 공통점이 있다. 대부분의 1인가구 여성들은 '함께 있음'을 '비혈연의 이웃들'과 함께 충족시키는 경험을 하고 있다.

4) 관계 유지와 이성 관계는 어렵지만, '대인 관계의 연결감'은 유지

노년 여성들을 제외하고, 모든 청년과 절반의 중장년 여성 1인가구들은 관계 유지와 이성 관계에서 어려움을 경험하였다. 그럼에도 불구하고, 모든 여성 1인가구들은 인간관계에서 철수하여, 관계를 맺지 않고 혼자 생활하는 이들은 아무도 없었다.

'온라인 게임'을 통해서 가상의 공간에서만 주로 관계를 맺었던 청년 여성은 1인가구로 생활하며, 오히려 사람들에게 관심을 가지게 되었다고 한다. 다른 가족들과 함께 생활할 때에는 '가상의 공간에서 직접적인 접촉을 하지 않다가 혼자 생활하며, 직접적인 접촉, 만남, 대화를 즐기게 된 이유는 무엇일까? 서예림은 학교에서 자신이 학급 친구에게 폭력적으로 행동한 후에 그녀의 아버지의 모습을 보이는 자신에게 겁이 났다고 하였다. 자신에게 잠재된 폭력적인 행동이 두려워서, 인간관계에서 철수하여 '가상의 공간'에서만 관계를 가졌다. 살던 집의 재건축으로 우연하게 1인가구로 생활하게 된 서예림은 '외로움'이 다른 이들에게 관심을 갖게 하였고, 직접 만나고 소통을 하면서 에너지를 얻었다고 하였다. 사람들을 만나고, 함께 일하며 사람들과 함께 지내는 것에도 자신감이 생겼다. 평생 인간과 관계를 맺고 유지하는 것은 어려웠지만, 1인가구로 생활하며 '인간관계를 즐기며 유지'하고 있다.

이러한 '대인 관계의 연결감'은 1인가구의 삶의 만족감과 우울감에 영향을 주는 것으로 알려져 있는데(유지애, 2020), 이 책의 모든 1인가구 여성들은 다양한 만남과 모임을 통해서 '대인 관계의 연결감'을 유지하고 있다.

5) 자기-인정과 사회의식으로 '홀로 서다'

스페리가 제시한 13개의 자기-능력 중에서, '여성 1인가구들'은 심리적 차원의 자기-인정, 자기-위로, 자발성, 비판적 반성(지적 차원), 자가-포기(영적 차원), 사회의식(사회[정치]적 차원)이 돋보였다. 1인가구 여성들은 인정과 위로를 필요로 하는 시기에 자기 스스로 감당해야 하는 상황이 많다. 이런 상황에서 자기 스스로 자신을 위로하고 인정하며 힘을 얻는 경험을 이야기하였다. 또한 '1인가구'의 환경은 자신의 상황에 대해 객관적인 의견을 구할 수 없는 상황이 종종 있다. 이런 상황에서 독서, 학업, 종교 활동 및 종교 관련 글을 통해서 자신과 상황을 객관적으로 살피는 경험을 이야기하였다. 이외에도, 자신과 타인과의 관계에서 자신이 할 수 있는 것을 적극적으로 실천하는 경험, 자신의 욕심을 조절하고 '거룩함'에 집중하는 자가-포기의 경험 그리고 모든 연령의 1인가구 여성들은 사회에 대한 관심과 의식으로 사회에 참여하여 기여하기를 원하였다.

1인가구로 생활하며 부모님과 떨어져 생활하는 자신의 용기에 대한 자기-인정, 혼자 생활하며 자신이 괜찮은 사람이고 세심한 사람이라는 자기-인정, 외로움에 비해 훨씬 큰 자유로움을 갖는 것에 대한 자기-위로, 반려견을 키우며 자신이 괜찮은 주인이라는 자기-인정과 자기-위로, 혼자 살면서 비로소 자신을 인정하게 된 김혜진 등의 이야기이며, 대부분의 청년과 중장년 1인가구 여성들이 경험하였다.

타인과의 관계에서 자신이 할 수 있는 것을 상대에게 하는 '자발성'은 절반의 청년과 중장년 그리고 이웃들에게 적극적으로 실천하는 노년 여성들의 경험이었다. 또한 자신과의 관계에서 새로운 것을 계속 시도하며 자신에게 맞는 '색을 적극적으로 찾아가는 청년과 중장년의 경험이기도 하다. 지적이고 영적인 지혜와 이해력 개발을 위한 종교 활동 및 학업의 '비판적 반성'은 주로 생업에 많은 시간을 할애하는 청년 여성들에게는 드문 경험이지만, 모든 중장년과 노년 1인가구 여성들은 실천하는 경험이다.

사랑과 거룩함과 관련이 있는 '자기-포기'의 능력은 자신의 욕심을 조절하고, 자신의 이기적인 생활보다 '사랑과 거룩함'에 집중하고자 노력하는 중장년 여성들과 노년 여성들의 경험이었다. 마지막으로, 사회 문제에 대한 관심 및 지역사회에 자원봉사로 기여하고자 하는 '사회의식'의 능력은 모든 연령의 1인가구 여성들이 경험하고 있다.

1인가구 여성들은 개인과 연령에 따라서 다소 다른 자기-능력을 경험하였다. 그러나 대부분의 여성 1인가구는 '자신'에 집중하여 자신을 위로하고 인정하여 다시 세우며, 자신만의 삶을 펼치지만 객관적인 관점에서 자신을 살피고 절제하며, 사회에 대한 기여로 '홀로 서는' 삶을 경험하고 있다.

따라서 여성 1인가구의 인간관계 경험의 특성은 '관계 욕구와 초월'과 밀접한 관계가 있다. '관계 욕구'는 정신분석 이론에서 인간의 가장 핵심적인 본능적 욕구로 본다. 초기 정신분석 이론에서 프로이트와 클라인은 인간의 긴장을 감소시켜주는 쾌락이 행동의 동기가 되는 욕구로 보았으며, 욕구를 충족시키는 인간, 무생물, 환상의 '대상(Object)'은 이러한 쾌락의 욕구를 만족시키기 위한 수단이었다. 프로이트와 클라인 이후의 페어베른에게는 대상을 통한 쾌락의 욕구 충족이 목적이 아니라, 쾌락의 욕구 충족은 대상과의 관계를 위한 수단이다.

본 글에서는 '여성 1인가구들'이 본능적 욕구인, 관계 욕구를 충족시키는 과정과 그 '대상(Object)'을 살펴볼 수 있다. '대상'은 인간, 자연 생태계, 환상(절대자, 하나님)으로 해석할 수 있다. 인간관계 경험의 다섯 특성들은 모두 '관계 욕구'와 관련이 있다. 특히, '함께 있음을 갈망하며 비혈연의 이웃에게 실천'하는 특성은 여성 1인가구의 관계 욕구 충족을 위한 고유한 양상으로 해석할 수 있다. 지역적으로 가까운 이웃, 참여자가 의도적으로 만든 지역 공동체의 이웃, 사회 공동체의 이웃 등의 비혈연에게 실천하는 특성은 자신과 혈연으로 맺어진 가족에 국한되었던 이기적 실천을 뛰어 넘는다. 이 지점에서 여성 1인 가구의 관계 욕구의 충족은 '초월'에 연결된다.

여성 1인가구의 '비혈연의 이웃'은 레비나스의 초월개념, "'사랑을 통해 타자를 위한 존재"(강영안, 2006, 38)에 나오는 '타자'로 해석할 수 있다. 레비나스의 '타자'는 자신과 가족으로 이루어진 세계로부터 '나'를 밖으로 초월하게 해주는 존재이며, 자신의 이기심을 깨닫게 하는 존재이다(강영안, 2006, 185). 초월 욕구는 자신이고자 하는 욕구와 타인, 신, 세계와의 관계 속에서 선을 향해 자신을 뛰어넘고 싶은 욕구가 얽혀있는 인간의 기본적인 욕구이다(Conn). 스페리의 초월은 콘의 심리적이고 종교(영)적인 초월 이외에도 도덕, 신체, 지(知), 사회의 차원을 포함하며, 초월을 통해 개인과 사회의 변화를 이루는 것이다. 레비나스, 콘, 스페리의 초월과 초월 욕구의 정의를 반영하여 '초월'을 '자신과 타인과의 관계에서 사랑의 주체로서 개인과 사회의 변화를 위해 소명을 감당하는 것'으로 살펴보았다. 이러한 '초월'은 여성 1인가구의 마지막 인간관계 특성인, '자가-인정과 사회의식으로 홀로 서다'와도 관련이 있다. 본 글의 여성들은 자신과의 관계에서 사랑의 주체로서 자신에 집중하고 위로하고 인정하며, 타인과의 관계에서도 사랑의 주체로서 사회적 책임과 역할을 감당하며, 자신과 사회의 변화를 위해 소명을 감당하고자 한다.

2. 절대자(하나님) 관계 경험 특성

1) '위탁, 감사, 성찰'의 의례(Ritual) 경험

모든 노년과 대부분의 중장년 1인가구 여성들은 하루를 시작하며 절대자(하나님)께 하루를 의지하여 맡기고, 감사하고, 자신을 성찰하는 의례의 경험에 대해서 이야기하였다. 이러한 이야기는 중년 비혼 여성들이 '영적인 대상과의 긴밀한 관계'를 경험한다고 밝힌 연구(김현화, 2019) 결과와 유사하며, 노년의 1인가구 여성들 역시 절대자(하나님)와 긴밀한 관계를 경험하고 있음을 알 수 있다.

기도 생활을 매일 꾸준히 하며 신과의 관계를 적극적으로 경험하는 종교인 6인, 종교 생활은 잠시 중단하고 신과의 관계를 소극적으로 경험하는 종교인 3인 그리고 절대자와의 관계를 경험하는 비종교인 2인의 1인가구 여성들로 분류한, 절대자(하나님)와의 관계 특성은 다음과 같다. 첫째, 종교를 가진 9인의 1인가구 여성들 중에서 6인은 공통적으로 매일 기도를 통해서 신과의 관계를 경험한다. 천주교인 3인과 기독교인 2인은 매일 종교적인 글을 읽고, 묵상하며, 기도하고, 소모임에서 교제하고 말씀을 나누며, 예배에 참석함으로써 신과의 관계를 경험한다. 불교 신자 1인은 절에는 1년에 2회만 참석하지만, 매일 집에서 아침과 자기 전에 기도한다. '자신과 자녀 가족의 하루를 신께 의존하고 감사드리는 기도'는 3인의 모든 노년의 1인가구 여성들에게서 동일하다. 연령별로는 3인의 노년, 2인의 중장년 그리고 1인의 청년 1인가구 여성이 해당하며, 연령이 높을수록 매일 아침과 밤의 기도를 통해 더 자주 신과의 관계를 경험한다.

둘째, 종교인 9인 중에서 3인(천주교 청년 2인과 기독교 중장년 1인)은 종교 생활을 하다가, 종교 공동체에서 멀어지게 된 경험이 있다. 현재는 교회나 성당에 소속하고 있지는 않으나, 종교에 대해서 숙고하고 있으며 종교 생활을 다시 하고 싶은 마음이 있다. 따라서, 종교를 가진 9인의 1인가구 여성들 중에서 1/3은 종교는 있지만, 종교기관에 소속하지 않고 종교 생활을 하지 않는 '가나안 교인'(신승범 외, 2021)이다.

셋째, 청년 여성 1인과 중장년 여성 1인은 무교이다. 믿는 신이 없어서, 청년 1인은 자신을 믿고, 중장년 1인은 좋은 글과 명상을 통해서 절대자를 경험한다. 중장년 여성 1인은 절대자와 함께하는 시간을 매일 정기적으로 갖는다. 이른 아침에 처음 하는 것이 『명상록』(*Aurelius*, 2018) 영어 필사와 일기 쓰기이며, 삶의 '지혜'를 얻고, 자신을 성찰한다.

절대자(하나님) 관계 특성을 연령별로 살펴보면, 노년의 1인가구 여성들은 모두 종교를 가지고 있으며, 매일 기도하는 생활을 한다. 노년 1인가구가 종교가 있을수록 삶에 만족감이 높다는 의견(정운영 외, 2011)은 '종교가 없는 여성 1인가구'의 관계 경험과 삶에 대한 만족감이 다를 수 있음을 시사한다. 대부분의 중장년의 여성들은 종교를 가지고 있으며, 절반의 여성들은 종교 생활에 적극적으로 참여한다. 대부분의 청년 여성들도 종교는 있으나, 1인만 종교 생활에 적극적으로 참여하며 신과의 관계를 정기적으로 경험한다.

정리하면, 대부분의 1인가구 여성들은 종교를 가지고 있으며, 종교인들 중에서 3인의 여성들은 '가나안 교인'이다. 모든 노년 여성, 대부분의 중장년 여성 그리고 1인의 청년 여성은 매일 절대자(하나님)와의 관계를 정기적인 의례(Ritual)를 통해 경험하고 있다. 절대자(하나님)와의 관계 경험은 연령이 높을수록 더 많이 참여하며, 주로 기도를 통해서 신과의 관계를 가지며, '위탁, 감사, 용기, 치유'를 경험하였다. 종교가 없는 1인가구 여성들도 절대자와의 관계 경험은 연령이 높을수록 더 많이 참여하며, 주로 명상과 좋은 글을 통해 절대자와의 관계를 가지며, '지혜, 성찰, 위로'를 경험하였다.

2) 합일의 경험과 절대자의 긍정적인 역할을 계속 기대함

7명의 '여성 1인가구들'이 매일 의례적으로 절대자(하나님, 부처님)와 관계를 경험하는 이유는 무엇인가? 김채석의 연구에서 만성 조현병 기독교인들은 하나님 관계에서 '소망과 위로'를 경험하였고, 김은령의 연구에서 만성 질환자들은 '존재의 의미'를 경험하였다. 이 책에서 여성 1인가구들은 '생명, 치유, 회심, 경이로움'을 통한 절대자(하나님)와의 합일의 경험에 관해 이야기하였다. 윤수연은 아름다운 자연에서 '경이로움'을 느끼며 하나님, 자연, 자신이 하나가 되는 합일의 경험에 대해서 이야기하였다.

"또 아름다운 것을 보고 있으면 그런 석양이나 이런 것들… 뭔가 거대한

　그런 경이로움… 아침 안개가 막 떠있으면서 이런 걸 보면서 참 신기하다…
하나님을 느끼고 그랬었거든요.” (윤수연)

　윤수연을 포함하여, 10인의 1인가구 여성들은 기억에 남는 절대자(신)와
의 긍정적인 체험이 있다고 고백하였다. 텅 빈 채플실, 종교적 행사, 또는
자연 등에서 느낀 ‘거룩함’, 할아버지의 죽음과 기도했던 지인들이 ‘말로
전하지 않아도 느끼는’ 경험이 있었다. 사고와 질병에서 ‘생명과 안전을
지켜주고, 치유와 회복’의 경험이 있으며, ‘믿음 생활, 가족의 사역 시작
그리고 용기’를 얻게 된 경험이 있다. 이외에도, ‘평안, 행복, 위로’를 경험하
였다.

　이러한 절대자(하나님)와의 합일의 경험을 통해서, 대부분의 1인가구
여성들은 절대자(하나님)의 역할에 대해 “나를 돕고 책임지는 나의 편,
삶의 이유, 삶의 빛, 전능하신 분, 영혼의 주인, 믿고 싶은 분, 용서하는
분” 등의 긍정적인 의미와 역할로 설명하였다. 긍정적인 역할을 이야기한
8인의 여성들 중에서 예전에는 종교 생활을 열심히 했지만 현재는 종교
생활을 쉬고 있는 김혜진을 제외하고, 7인은 절대자(하나님)와의 관계를
매일 일상에서 경험하는 의례(Ritual)를 갖는 1인가구 여성들이다.

　따라서, ‘생명, 치유, 회심, 경이로움’을 통한 절대자(하나님)와의 합일의
경험이 있는 10인의 ‘1인가구 여성들’ 중에서, 8인의 여성들은 절대자(하나
님)의 긍정적인 역할을 확신하고, 7인의 여성들은 긍정적인 역할을 계속
기대하며 매일 의례적으로 절대자(하나님)와의 관계를 경험하고 있다.

　여성 1인가구의 절대자(하나님) 관계 경험 역시 ‘관계 욕구와 초월 욕구’와
관련성이 크다. 혼자 생활하는 시간에 혼자 충족시킬 수 없는 관계 욕구를
절대자 또는 하나님의 환상의 ‘대상(Object)’을 통해 충족시키며, 힘과 안정감

을 얻는다. 하나님과의 관계 경험에 의해서는 물론이고 비종교인들 역시 절대자와의 관계 경험을 통해서 힘과 안정감을 얻었다. 그녀들이 이야기한 '마음의 평화와 즐거운 삶, 하나님으로 충만한 삶, 타인에게 마음의 평안을 전달하는 삶'의 희망은 물질이나 사회적 성취보다는 자신과의 관계 그리고 타인과의 관계에서 실천하고 싶은 '마음'에 관한 것이며, '평화와 초월'에 관한 것이다. 이러한 '마음'을 얻고자 갖는 매일의 의례에서 여성 1인가구는 '맡기고(위탁), 감사하고, 자신을 돌아본다.'

3) 자신의 긍정적인 변화와 희망(영적인 성장)으로 나아감

절대자(하나님)와의 관계 경험을 통해 여성 1인가구들은 어떠한 변화를 경험하였는가? 절대자(하나님)와 화해의 과정을 보내고 있다는 김혜진과 종교 생활을 쉬고 있는 서예림을 제외한 나머지 여성 1인가구들은 모두 절대자(하나님)와의 관계 경험 이후 경험했던 긍정적인 변화와 희망(영적인 성장)에 대하여 이야기하였다.

그녀들의 내적인 변화로 '감사, 편안한 마음, 누그러진 분노, 부정적인 성향에서 긍정적인 성향으로의 바뀜, 자신을 돌봄, 혼자가 아니라고 위로받음, 상처와 어두운 시간을 통한 성장과 기쁨'을 이야기하였다. 또한 외적인 변화로 '좋아하는 것 하기, 즐기며 살기, 타인에게 베풀고 폐 끼치지 않기' 등의 '잘 사는 것'에 대한 관심을 가지게 되었다고 이야기하였다. "악은 자꾸 물리치고, 좋은 얘기, 좋은 소식"을 들음으로써, 즐거운 삶을 위해 적극적으로 실천하는 변화를 경험하였다고 한다. 또한, 타인의 하나님과의 관계 경험을 돕기 위해 타인에게 다가가서 복음을 전하고 도움을 주며,

자신의 치유와 성장을 경험하였다고 한다. 신학적 관점에서는 영적인 성장이 오로지 '하나님의 은혜'에 의해서만 가능(이강학, 2018)하지만, 비종교인 이은아와 민은혜도 절대자와의 관계 경험을 통해 '위로, 감사, 지혜, 성찰' 등의 긍정적인 변화를 가졌다고 이야기하였다.

내적인 변화와 외적인 변화와 더불어, 절반 이상의 '1인가구 여성들'은 매일 일상 속에서 의례적인 절대자(하나님) 관계 경험을 통해 '희망(영적인 성장)'으로 나아간다고 이야기하였다. 그녀들이 이야기한 희망(영적인 성장)은 자신을 다독이고 절제시키며, 나쁜 생각에서 벗어나고, 믿음의 교제로 단단한 마음을 유지하고, 가정의 평안과 영혼을 위해 기도하는 '마음의 평화와 즐거운 삶'의 희망이다. 또한 절대자(하나님)가 자신의 중심을 잡아주어, '하나님이 더 함께 하는 사람 또는 혼자만으로 충만한 사람'으로 성장하고 싶은 희망이다. 이외에도, 절대자(하나님) 관계 경험을 통해서 얻은 '마음의 평안을 다른 이들에게 전달'하고 싶은 희망이다.

절반 이상의 여성 1인가구들은 매일의 의례를 통해 절대자(하나님) 관계에서 이루고 싶은 희망(영적인 성장)으로 '마음의 평화와 즐거운 삶', '하나님으로 충만한 삶', '타인에게 마음의 평안을 전달하는 삶'을 이야기하였다.

3. 자연 생태계 관계 경험 특성

1) 책임감(기쁨과 보람), 소통(애정 표현), 함께 있음으로 '사랑과 존중의 욕구'를 채우고, '외로움'을 극복하다

인간관계 경험에서 대부분의 여성 1인가구들은 '외로움', 특히 부족한

'소통의 문제'를 이야기하였다. 인간관계에서 경험한 '외로움과 소통의 부족' 문제에 대해서 '자연 생태계 관계 경험'을 그 대안으로 만족스럽게 생활하는 1인가구 여성들이 있다.

이은아와 민은혜는 인간관계에서 받고 싶었던 무조건적이고 무한한 사랑을 그녀들의 반려견과의 관계에서 경험하고 있다고 한다. 그녀들은 '사랑을 받고 싶은 욕구'가 반려견에 의해 충족되고, 또한 '사랑을 주고 싶은 욕구'도 충족됨을 경험하였다. 1인가구로 생활하면서 주로 많은 관심과 돌봄이 자신에게 집중된 이기적인 생활이었는데, 반려견을 키우며 자신이 아닌 다른 생명체에 대한 책임감을 가지고 돌보는 이타적인 자신이 좋다고 하였다.

"제가 돌봐줄 능력이 되고, 돌봐줄 수 있다는 그런 게… 책임감을 제가 가지고 있다는 게 좀 좋았던 것… 저 스스로도 '좀 좋은 주인이네.' 자기 스스로 위안 받기도 하고… 숨기고만 살았던 마음을 표현할 수 있는 그런 변화는 있는 것 같기는 해요. 좀 항상 마음에만 담아두었던 사랑, 애정이나 요런 감정들… 이 친구한테는… 표현을 많이 하게 되고." (이은아)

노년의 1인가구 여성들, 김정숙, 왕수진, 이경아도 집에서 혼자 있는 시간에는 텃밭과 화초들과의 관계를 통해서 '사랑의 욕구'를 채우고, 오주은, 전유미, 서예림, 윤수연, 홍진아, 김혜진도 혼자 있는 시간에 자연과 때로는 사람들과 함께하며 '사랑과 소속의 욕구'를 충족시킨다고 하였다.

"'우리 애기들 잘 있었어?' 하구 들어와요. '애기들 목말랐겠네. 미안해. 너무 오래 있다 왔지?' 그러면서 물 주고 떠들어. 떠들어야 돼. 어쩔 수가 없더라

구." (왕수진)

이와 같이, 자연 생태계 관계 경험에서 1인가구 여성들은 친밀감과 관련 있는 3단계의 '사랑과 소속의 욕구' 그리고 다른 생명체를 돌보는 책임감과 이타심에 대해 자신을 인정하며 4단계의 '존중의 욕구'(Maslow, 1970)를 충족시킨다. 모든 여성 1인가구들은 혼자 생활하는 시간에 반려견, 반려묘, 자연, 텃밭, 화초들과의 자연 생태계 관계 경험에서 '기쁨, 보람, 함께 함, 의존, 애정 표현, 소통'을 체험하며, '사랑과 소속의 욕구 그리고 존중의 욕구'를 충족시키며 '외로움'을 극복하는 경험을 하고 있다.

1인가구 여성들은 혼자 있는 시간에 '외로움'을 극복하는 경험에 자신이 아닌 다른 생명체와 자연, 즉 자연 생태계 관계가 도움을 주었다. 그리고 자연 생태계 관계에서 보인 자신의 이타심과 책임감은 자신을 인정하는 경험과 관련이 있다.

2) 객관적이고 유연한 사고의 변화로 '평화와 초월'의 경험

자연 생태계 관계 경험에서 '마음의 평화'를 회복한 1인가구 여성들의 경험은 자연 관계 경험의 긍정 경험에 관한 문헌 연구(이승훈, 2014), 심리적 행복감에 영향을 주었다는 양적 연구(문상정, 2020)와 실험 연구(문상정 외, 2021)의 결과와 유사하다.

이 책에서는 좀 더 깊은 심리 내적인 역동과 '의미'를 살펴볼 수 있었다. 선행 연구들이 대부분 문헌 연구, 양적 연구, 실험 연구로 접근하여 한계가 있었던, 자연 생태계 관계에서 경험한 구체적인 심리 내적 역동에 대해서

'감사, 소박함의 소중함, 나쁜 생각 잊기, 자기성찰, 여유'를 1인가구 여성들은 이야기하였다. 또한 반려견의 죽음을 경험하며, 목표지향적인 삶보다는 '현재의 소중함'을 배웠으며, 반려견과 자연과의 관계 경험을 통해서 '스트레스 해소, 치유, 정화, 마음에 힘을 얻고 재충전'되어 '마음의 평화'를 회복하는 경험을 이야기하였다. 이외에도, 자연 생태계 관계 경험이 과거의 시간을 연상시키며, '그리운 과거의 시간과 자신을 재경험'하고, 인간이 조작할 수 없는 자연 생태계에서 '인간의 한계와 겸손을 배운' 경험에 대해서 이야기하였다.

1인가구 여성들은 자연 생태계 관계에서 사고와 느낌이 유연하게 변화된 '평화로운 자신'을 경험하였다. 모든 인간에게 공평하게 주어진 자연 생태계를 통해서 '여성 1인가구'는 인간이 주로 '종교'를 통해서 얻고자 하는 '평화로움'을 경험하였다. 이러한 평화로움은 자신의 '욕망에서 벗어나 현재에 집중'하는 '초월'의 경험이었으며, 자연 생태계라는 '타자'에 대한 사랑과 관심의 '초월'이다. '타자'에 대한 사랑과 관심의 초월로 인해 자신을 인정하고 사랑하게 되는 순환이 인간관계에서처럼 자연 생태계 관계에서도 가능하였다. 1인가구 여성들은 자연 생태계 관계에서 초월의 욕구 충족뿐만 아니라, 자연 생태계라는 대상(Object)을 통해 관계 욕구를 충족시켰다.

"내가 욕심이 막 이렇게 혼란했던 마음이 산에 딱 가게 되면 산들바람만 불어도, 마음이 샥~ 이렇게, 정화가 샥~ 되고…. 마음에 평화가 확실히 오는 것 같아요. 산 같은 데 가고, 식물을 키울 때도 집중을 하잖아요. 잡념이 없어지니까, 마음에 평화가 딱 오는 것 같아요." (민은혜)

4. 여성 1인가구의 관계 경험 모형
   : "생명력을 얻고 희망을 실천하다"

여성 1인가구의 관계 경험의 의미에 대한 이해를 제공하는 것이 본 글의 목적이다. van Manen(1994)의 해석학적 현상학 연구 방법으로 11인의 1인가구 여성들을 인터뷰하여 자료를 수집하고 분석하여 연구 결과를 얻었다. 본 연구 결과에서 '여성 1인가구'의 관계 경험의 본질적 의미[그림 4]는 「생명력을 얻고 희망을 실천하다」로 나타났다. 이에 근거하여, '여성 1인가구'의 관계 경험 모형[그림 3]을 결론으로서 제시한다. 세 관계 경험은 관계 욕구와 초월 욕구와 밀접한 관련이 있다. '함께 있음'의 갈망(관계 욕구)이 있는 '여성 1인가구'는 인간관계, 절대자(하나님) 관계, 자연 생태계 관계에서 '합일의 경험과 사랑과 존중의 욕구 충족'을 통해서, 다시 말해서 '초월, 자신과 타인과의 관계에서 사랑의 주체로서 자기-인정과 사회적 책임(사명)을 감당'함으로써 '외로움'을 극복하는 경험을 한다.

자신을 포함한 인간관계, 절대자(하나님) 관계, 자연 생태계 관계에서 사랑을 실천하고 사랑을 받는 경험이 살아가는 원동력(생명력)을 주었다. 이러한 생명력과 함께, 세 관계에서 '긍정적인 변화, 영적 성장, 유연한 사고, 자기-인정과 사회의식'을 경험하고 '사회적 책임(사명)을 실천'한다. 여성 1인가구가 사회적 책임을 실천함으로써, 원하는 희망은 '마음의 평화와 즐거운 삶, 하나님으로 충만한 삶, 타인에게 마음의 평안을 전달하는 삶'으로서 물질이나 사회적 성취보다는 자신과의 관계 그리고 타인과의 관계에서 실천하고 싶은 '마음'에 관한 것, '평화와 초월'에 관한 것이다. 실존의 문제이기도 하며, 1인가구이기에 더욱 깊게 느낄 수 있는 '고독과 외로움'의 문제에 '초월, 타자에 대한 사랑의 실천'으로 답하는 여성 1인가구의 관계 경험이다.

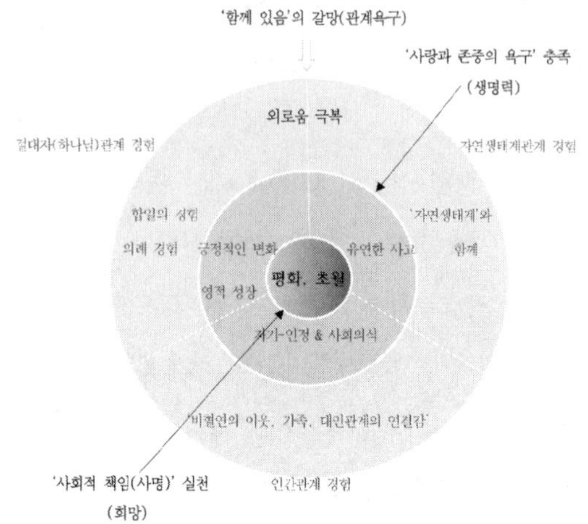

[그림 3] '여성 1인가구'의 관계 경험 모형

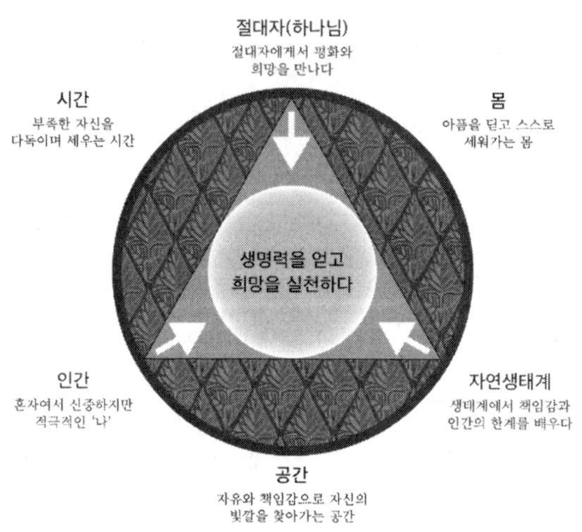

[그림 4] '여성 1인가구'의 관계, 시간, 공간, 몸 경험의 7개의 본질적 의미

II. 여성 1인가구의 관계 경험 관련 정서

이제까지 살펴 본 여성 1인가구의 인간, 절대자(하나님), 자연 생태계 관계 경험의 특성 및 관련 정서를 정리하여 살펴보면, [표 4]와 같다. 정서는 주로 '친밀감, 외로움, 평정심, 온전함, 자유로움, 성취감'에 관한 것이다.

[표 4] 여성 1인가구의 관계 경험 특성 및 관련 정서

관계	관계 경험 특성	관련 정서
인간관계	1. 혼자 살아도, '가족'은 나의 관계 자원 2. 외로움을 높이는 '소통의 부족' 3. '함께 있음'을 갈망하며 '비혈연의 이웃'에게 실천 4. 관계 유지와 이성 관계는 어렵지만, '대인 관계의 연결감'은 유지 5. 자기-인정과 사회의식으로 '홀로 서다'	1. 친밀감 2. 외로움 3. 친밀감 4. 친밀감 5. 평정심, 자유로움
절대자 관계	1. '위탁, 감사, 성찰'의 의례(Ritual) 경험 2. 합일의 경험과 절대자(하나님)의 긍정적인 역할을 계속 기대함 3. 자신의 긍정적인 변화와 희망(영적인 성장)으로 나아감	1. 평정심 2. 친밀감, 온전함 3. 온전함
자연 생태계 관계	1. 책임감(기쁨과 보람), 소통(애정 표현), 함께 있음으로 사랑과 존중의 욕구를 채우고, 외로움을 극복하다. 2. 객관적이고 유연한 사고의 변화로 '평화와 초월'의 경험	1. 친밀감, 성취감 2. 평정심

1. 인간관계 경험
: 상실감 & 트라우마, 외로움, 친밀감, 자유로움

1) 상실감 & 트라우마(Trauma)

1인가구 여성들의 개인적인 인간관계를 깊이 알지 않더라도, '가족과의 이별에 대한 상실감'은 모든 1인가구 여성들이 경험한 정서임을 짐작할 수 있다. 1인가구 여성들은 이전에 함께 생활하던 부모, 형제자매, 남편과 떨어져서 혼자 생활한다. 물론, 남편과 사별한 노년 1인가구 여성들을 제외하고, 청년과 중장년 여성들은 휴일이나 명절 등에 가족들을 만나기는 하지만, 훨씬 많은 시간을 혼자만의 공간에서 오롯이 혼자 보낸다. 매일 함께 얼굴을 마주하고, 식사하고, 이야기 나누고, 생활하던 이들과 이별하고 상실감을 경험하였다.

한편, 2인의 노년 여성들은 남편과의 사별로 인한 상실감이 있다. 1인의 노년 여성은 재혼 전에 두고 나온 자녀들과의 가슴 아픈 이별로 인한 상실감이 여전히 무겁게 남아있다. 다른 1인은 많이 의존했던 남동생의 사별로 인한 상실감이 크다. 이외에도, 4인의 청년과 중장년 여성들은 많이 가까웠던 가족과 남자친구를 잃고 상실감을 경험하였다. <마음에 남아있는 아픈 관계들>에서 2인은 남자친구와의 '헤어짐' 그리고 다른 2인은 이혼으로 인한 가족과의 '헤어짐'에 관해 이야기하였다.

상실감이 너무 커서 트라우마로 경험하는 여성들이 있으며, 1인가구로 생활하기 이전에 가족들에게서 받은 트라우마를 1인가구로 생활하면서도 여전히 강하게 느끼는 여성들이 있다. 정도의 차이가 있는 심리적 외상들은

<세상에서 혼자인 '나'>, <엄마(첫 돌봄자)에 대한 나의 마음>, <아빠에 대한 나의 마음>, <마음에 남아있는 아픈 관계들>과 관련이 있다.

어린 시절에 가족이 있음에도 혼자라고 느꼈고 지금도 혼자로 생각되는 경험, 부모님의 부재 및 버림받은 경험, 다른 형제들에 비해 사랑을 충분히 받지 못한 경험 등이 몇몇 1인가구 여성들에게 트라우마로 남아있다. 또한 1인의 청년에게는 어머니의 폭력과 학대 그리고 학대에 대한 아버지의 방임에 관한 심한 외상과 1인의 중장년 여성에게는 아버지의 알콜 중독과 난동에 관한 심한 외상이 가족들과 떨어져 생활했던 과거와 현재의 삶에도 부정적으로 많은 영향을 주고 있다.

절반 이상의 1인가구 여성들에게 가족은 멀리 떨어져 있어도 친밀한 관계이지만, 1/3 이상의 1인가구 여성들에게 가족은 관계 자원이 아니다. 가정에서 경험한 심리적 외상으로 자살을 시도했던 청년 2인은 신체적, 정신적으로 많은 고통을 받았고 치료를 받았으며 현재도 치료를 받고 있다. 또한 중장년 2인은 자살을 생각한 경험이 있다. 그중에서 1인은 강한 종교적 경험을 통해 외상의 의미를 발견하였으며, 나머지 1인도 현재 그러한 종교적 경험을 하고 있다. 한편, 중장년 1인은 본인의 심한 외상을 자녀에게 폭력적으로 투사하여, 자녀에게 심한 외상을 남긴 자신을 용서할 수 없어서 몹시 괴로워한다.

2) 외로움

외로움의 정서는 모든 1인가구 여성들이 느끼는 정서이며, 인간관계를 더욱 갈망하게 하는 정서이다. 이러한 갈망은 사람에 대한 관심과 인간관계에서 친밀함을 경험하고픈 욕구를 높이는 긍정적인 역할도 하지만, 위험한 관계임을 알면서도 의존하고 단절하지 못하게 하는 부정적인 역할로 경험되기도 하였다. '외로움'과 관련이 있는 '관계'의 유지에 대해서 대부분의 청년과 중장년이 어려움을 느끼며, '이성 관계'는 절반의 청년과 중장년이 고민하는 문제이다. 대부분의 청년 1인가구 여성들은 '이성 관계'에 관한 고민이 있으며, 몇몇은 해로운 관계임에도 단절하지 못하고 의존적인 관계를 이어가는 경험을 하기도 하였다. 이러한 이유로, 청년과 중장년의 1인가구 여성들은 해로운 관계로부터 자신을 보호하고, 관계 단절을 위해서 관계 중독 및 데이트 폭력 관련 강의, 일대일 상담, 성추행과 성폭행으로부터 보호할 수 있는 자기방어, 호신술, 거절을 표현하는 방법 등에 관해 배우기를 원했다.

연령별로는 사별하고 1인가구로 사는 노년 여성들이 혼자 있는 시간에 '외로움'을 크게 느끼며, 중년의 비혼 여성은 미래의 '외로움'을 두려워한다. 일과 관계들로 비교적 바쁜 청년 여성들은 '외로움'에 대해서 부모님의 사랑과 응원을 좀 더 원한다. 1인가구 여성들은 '외로움' 중에서도 '소통의 부족'을 가장 어려운 점으로 이야기하였으며, 이에 대한 방안을 원하였다.

3) 친밀감

대부분의 1인가구 여성들은 혼자 살며 타인에게 관심을 갖게 되었다. 직접 만나고 소통하는 관계의 필요성을 느끼고 관계에서 적극적인 생활을 하고 있다. 절반 이상의 1인가구 여성들은 타인과의 관계에서 인정 욕구와 성장 욕구를 충족시키는 경험을 하였으며, 몇몇의 여성들은 자신이 원했던 사랑과 관심을 타인에게 실천하는 관계를 경험하고 있다.

7인의 여성들은 '이웃'과 친밀하게 의지하며 살아가고 있으며, 절반의 여성들은 근처에서 살지 않아도 '가족'이 가장 친밀한 관계이다. 연령별 특성으로는 노년 여성들은 의지했던 사별한 남편 또는 형제를 많이 그리워하며, '이웃'들과 더 가까이에서 서로 보살피고 왕래하며 생활한다. 중장년 여성들은 '이웃, 자매, 친구들'과 친밀하며, 대부분의 청년 여성들은 '남자친구나 친구들'과 친밀한 관계를 가진다.

4) 자유로움

다른 가족 구성원들과 함께 생활하는 가구들에 비해, 1인가구들이 가지는 큰 강점은 '자유로움'이다. 다른 가족 구성원들을 보살피거나 배려하는 것을 우선시하며 종종 자신의 욕구는 미루거나 돌보지 못하는 여성들에 비하면, 1인가구 여성들은 많은 시간, 공간, 활동을 자신의 욕구에 맞추는 삶이 가능하다. 어쩌면 이러한 '자유로움'이 1인가구 여성들의 가장 큰 강점이자, 다른 가족 구성원들과 함께 생활하는 여성들이 가장 부러워하는 특성일 수 있다. 그러나 이러한 '자유로움'은 강점이자, 동시에 '외로움'을 유발할 수 있는 근원이기도 하다.

그럼에도, 1인가구 여성들에게서 돋보였던 6가지 심리적, 영적, 도덕적 강점들 중에서 '자발성과 사회의식'은 '자유로움'으로 빛을 더한다. 의무감이나 강요에서 벗어난 '사유로움'으로 타인과의 외적인 관계에서 자신이 할 수 있는 것을 타인에게 실천하는 자발성은 절반의 청년과 중장년 그리고 이웃들에게 적극적으로 실천하는 모든 노년 여성들에게서 보였다. 다른 가족 구성원들을 의식하며 가족의 요구에 시간, 공간, 활동에 제한을 가졌던 삶에 비해, '자유로움'을 지닌 1인가구 여성들은 사회 문제와 지역사회에 좀 더 적극적으로 참여함으로써, '사회의식'을 실천하고자 하였다. 한편, 자신과의 내적인 관계에서는 이러한 '자유로움'으로 자신이 원하는 새로운 것을 계속 시도하며, 자신을 찾아가는 모든 청년과 중장년 1인가구 여성들에게서 돋보였다.

2. 절대자 관계 경험: 평정심, 친밀감, 온전함

1) 평정심(平正心)

9인의 1인가구 여성들은 종교를 가지고 있으며, 6인은 매일 일상에서 정기적으로 신에게 하루를 의지하며 평정심을 위한 '의례(Ritual)'를 경험하고 있다. 또한 종교가 없는 2인의 여성들도 매일 또는 힘든 순간에 절대자와의 관계에서 평정심을 위한 의례(Ritual)를 경험하고 있다. 평정심을 위한 신 또는 절대자와의 관계 경험은 연령이 높을수록 더 자주 참여하며, 주로 '기도 또는 명상(다도)' 그리고 '종교적인 글 또는 지혜를 배울 수 있는 글'을 통해서이다.

2) 친밀감

모든 노년과 중장년 그리고 1인의 청년 여성은 절대자(신)의 역할에 긍정적인 의미를 부여하며, 절대자(신)의 존재에 대한 확신 및 긍정적인 관계 경험에 근거하여 긍정적인 역할을 지속적으로 기대한다. 이러한 기대감을 지닌 8인 중에서 김혜진을 제외한, 7인의 여성들은 절대자(신)와의 관계를 매일 일상에서 의례(Ritual)를 실천하며 절대자(신)와의 관계에서 친밀감을 경험하고 있다. 절대자(신)의 역할에 좀 더 중립적인 의미를 부여한 2인의 청년과 열심히 신앙생활을 했던 김혜진과 전유미는 매일 절대자(신)와 친밀한 관계를 경험하지는 않으나, 절대자(신)의 존재와 믿음 생활에 관심이 있다.

3) 온전(穩全)함

'온전하다'의 의미는 "본바탕 그대로 고스란하다. 잘못된 것이 없이 바르거나 옳다"(표준국어대사전, 2024)이다. 따라서 '온전함'을 느끼는 것은 본연 그대로의 바름을 체험하는 것이다.

대부분의 1인가구 여성들은 매일 일상 속에서 능동적으로 절대자(신)와의 관계 경험을 통해서, 내적인 변화와 외적인 변화와 함께 '온전함'을 향해 영적으로 성장하고 있다. 자신을 다독이고 절제시키며, 나쁜 생각에서 벗어나고, 믿음의 교제로 단단한 마음을 유지하고, 가정의 평안과 영혼을 위해 기도함으로써, '마음의 평화와 즐거운 삶'의 희망으로 나아간다. 또한, 절대자(신)가 자신의 중심을 항상 잡아주어, 하나님이 더 함께 하는 사람 또는 혼자만으로 충만한 사람으로 성장함으로써, '온전함을 향해' 나아가기를 희망한다. 마지막으로, 2인의 1인가구 여성들은 '하나님의 말씀', 또는 절대자와의 관계 경험을 통해서 얻은 '마음의 평안'을 다른 이들에게 전달하고픈 희망을 실천하는 특성을 지녔다.

3. 자연 생태계 관계 경험: 친밀감 & 성취감, 평정심

1) 친밀감 & 성취감

모든 1인가구 여성들은 혼자 생활하는 시간에 자연 생태계 관계 경험을 통해 '외로움'에 대처한다. 대부분의 여성들은 자연 생태계 관계에서 '기쁨, 보람, 함께 함'을 느끼며 친밀감과 성취감을 경험하였다. 또한 4인의 여성들은 반려식물 및 반려동물에게 의지하고, 애정 표현과 이야기로 '소통의 욕구'와 사랑을 주고 싶고, 받고 싶은 '사랑의 욕구'를 채우고자 하였다.

2) 평정심

대부분의 1인가구 여성들은 자연 생태계 관계 경험을 통해서 '사고와 느낌'이 긍정적으로 변화됨으로써, 평정심을 회복하는 경험을 하였다. 종교는 있지만, 종교 생활을 잠시 쉬고 있는 3인의 여성들은 평정심 회복을 위해서 신과의 관계 경험보다는 자연 생태계와의 관계 경험을 갖고 있다.

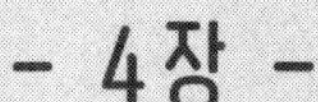

여성 1인가구의
관계 경험과 심리학

I. 생애 주기와 여성 1인가구

1. 자신의 행복을 위하여 '주도적'으로 선택하는 20대

오주은과 전유미는 20대 후반으로 '목적 지향적 자기의 성장'을 추구하는 캡스의 생애 주기에서 3단계에 해당한다. 에릭슨의 생애 주기 3단계에서는 '목적'의 미덕을 추구하는 연령을 3.6세-5세(놀이기)로 가정하였다. 이 연령에서 가지는 관계는 주로 원가족이며, 주도권과 죄책감 사이에서 갈등을 가지는 심리적 특성이 있다. 캡스는 목적 지향적 자기의 성장을 '삶의 목적을 발견하여 지향하는 삶'으로 설명한다. 캡스가 '목적'의 미덕을 추구하는 에릭슨의 3단계를 20대에 위치시킨 것은 법적으로 성인이 되어 자신의 삶에 책임감과 '주도권'을 가지면서, 원가족 관계에서 '죄책감'으로 심리적 갈등을 가질 수 있는 점이 에릭슨의 놀이기와 유사하기 때문이다.

20대의 성인들은 주도적으로 선택하여 생활하며, 부모의 기대와는 다르게 선택하거나 또는 부모로부터 독립적으로 생활하는 것에 대해 죄책감 등의 갈등을 보였다. 오주은과 전유미는 대학에 진학하며 1인가구의 삶을 시작하였고, 현재도 혼자 생활하고 있다. 학업 이후에 자신의 생계를 위한 일을 시작하였으며, '경제적으로 공간적으로 독립'을 하며 예전보다 좀 더 '주도권'을 가지게 되었다. 무엇보다, 성인이 되자마자 전유미가 주도적으로 행한 활동의 한 예는 한국의 민법(제781조)에 나와 있는 '성(姓), 본(本)

변경신고'를 하여 그녀 이름의 성을 친아버지의 성에서 친어머니의 성으로 바꾼 것이다. 전유미가 자신이 원하는 성(姓)으로 바꾸기 위해 이혼한 친아버지의 서류를 살펴보며, 친아버지와 친할머니와의 관계에서 가졌던 많은 상처를 떠올리며 심리적인 갈등을 느꼈다. 보편적으로, 친아버지의 주어진 성을 따르는 관행과는 다르게 행동할 수밖에 없는 자신 안의 복잡한 마음들을 느꼈지만, '진정한 자신의 행복이라는 목표'를 위하여 주도적으로 진행시켰다.

오주은 역시 '진정한 자신의 행복이라는 목표'를 위해 주도적으로 행동한 활동들이 여럿 있다. 그중에서 그녀의 부모님이 위험하다고 많이 반대했던 유럽 여행을 대학 생활하며 틈틈이 아르바이트로 모은 돈으로 35일 동안 다녀왔다. 많이 반대하셔서, 가기 며칠 전에 통고하듯 부모님께 알리고 떠난 여행으로 그녀의 마음에 갈등은 있었지만, 많이 행복하고 좋은 시간이었다.

> 잘한 일이라 생각을 해요. 그때 갈 때 엄마, 아빠가 이해를 못하고 엄마도 가지 말라고… 겁도 없이, 유럽 소매치기들하고 총기 사고 그런 데를…. 이것도 저희 집이 워낙 보수적이고 제가 하는 것을 다 반대하는 집이다 보니까. … 말을 안 하다가 떠나기 바로 일주일 전에 말했던 것 같아요. 그래서 엄마가 막 욕하고 하니까. … 갔다 왔는데, 그 시간이 너무 행복하고 좋고, 갔다 와서 마음이 많이… 그때 많이 나아진 것 같아요. (오주은)

'20대 여성 1인가구들'은 부모의 기대와는 다르게 선택하는 것에 대해 죄책감 등의 갈등이 있지만, 자신의 행복을 위하여 '주도적'으로 선택하는 관계적 특성을 보였다. 자신과의 관계에서 자신의 필요와 욕구에 부응하는

선택을 주도적으로 실천함으로써 자신의 삶의 주인공으로써 '우뚝 섰다.'

2. '일과 관계'에서 '유능감'을 추구하는 30대

이은아, 서예림, 윤수연은 30대 초반과 후반의 연령으로 '유능한 자기'의 성장을 추구하는 캡스의 생애 주기에서 4단계에 해당한다. 에릭슨의 생애 주기 4단계에서는 '유능감'의 미덕을 추구하는 연령을 6~10세(학령기)로 가정하였다. 이 연령에서 가지는 관계는 이웃과 학교로 확장하며, 근면성과 열등감 사이에서 갈등을 가지는 심리적 특성이 있다. 에릭슨이 말한 '유능감'은 "아동의 열등함에도 손상 받지 않고 과업을 완수할 수 있는 재주와 지능의 자유로운 발휘"(Capps, 150)이다. 아동은 유능감을 습득하는 과정에서 그 기술에 대한 적성과 즐거움에 아동의 근면성이 촉진되거나, 어떠한 이유로 근면성이 발휘되지 못하고 열등감에 머무르는 심리적 갈등을 경험할 수 있다.

한편, 캡스에게 유능한 자기의 성장은 "특정한 형태의 일에 헌신하며 자신이 하는 일에 대하여 유능감"(Capps, 151)을 느끼는 것이다. 캡스가 '유능감'의 미덕을 추구하는 에릭슨의 4단계를 30대에 위치시킨 것은 직장에 고용되어 특정한 기술을 익히고 일하면서 '근면성'을 발휘하고, 때로는 기대에 부응하지 못하는 능력 부족으로 인한 열등감으로 심리적 갈등을 경험할 수 있는 시기로 에릭슨의 학령기와 유사하기 때문이다.

30대 초반의 이은아는 외국과 한국에서 승무원, 통역사, 통역 아나운서, 해외사업부 등의 일을 하며, 일에서 자신의 유능감을 키워가고 있다. 한편, 서예림은 새로운 직장의 일이 적성에 맞고, 사람들과 함께 일하는 것의 즐거움을 누리며 성장하고 있다고 느낀다. 또한, 30대 후반의 윤수진은 대학 졸업 이후부터 금융권에서 경력을 쌓아가고 있으며, 관계에서도 '오톡방과 1인가구 지원 센터' 등의 다양한 모임에서 인간관계를 적극적으로 주도하고 참여한다. '일'에서 '유능감'을 체험하는 대부분의 '30대 여성 1인가구들'은 '관계'에서도 '유능감'을 보이는 관계적 특성을 보였다.

> 서비스직에서 일을 하면서 삶이 완전히 바뀌었다고 생각하는 중이에요.
> … 서비스직 한 게 3년 정도 되었는데, 그전에 보다 더 밝아지고 긍정적으로
> 된 것 같아요. 사람들 만나면서. 저는 사람들 만나는 것을 싫어하는 줄 알았
> 는데, 하다 보니까 오히려 그걸 즐기는 중이에요. (서예림)

3. '인생의 허무함'을 배우고 '마음의 행복과 평화'를 추구하는 40대

민은혜와 홍진아는 40대 초반과 중반의 연령으로 '신실한 자기의 성장'을 추구하는 캡스의 생애 주기에서 5단계에 해당한다. 에릭슨의 생애 주기 5단계에서는 '신실함'의 미덕을 추구하는 연령을 11~18세(청소년기)로 가정하였다. 청소년기에는 동료와 외부 사람들로 관계가 확장되며, 정체성 혼란으로 갈등을 가지는 심리적 특성이 있다. 에릭슨은 '신실함'을 청소년기의 성적 발달과 정체성 혼란 속에서 "가치 체계의 필연적인 모순에도 불구하고 자유롭게 서약한 충성을 지탱할 수 있는 능력"(Capps, 180)으로 설명한다. 한편, 캡스는 신실한 자기를 "우리 자신에게 진실해지는 것의 중요성을 일깨워주는 자아"(Capps, 201)로 설명한다. 캡스는 에릭슨의 청소년기의 정체성 혼란 속에서 추구하는 '신실함'의 미덕을, 성인으로 바쁘게 생활하다가 마주하는 중년의 정체성의 혼란 속에서 추구하는 자기의 성장으

로 보았다.

40대 초반의 민은혜는 사회에서 성공하는 것을 목표로 살았으나, 함께 생활하던 반려견의 죽음을 가까이에서 경험하고, 자신의 행복에 좀 더 진솔하게 다가가는 삶을 고민하는 '중년의 정체성의 혼란'(Capps)을 경험하였다. 의미 없는 성취보다는 현재를 사는 것과 '소중한 것을 지키는 것'이 삶에서 더 중요하다는 것을 배웠다. 이것이 그녀에게는 '신실한 자기'이며, 이러한 삶이 행복하여 계속 실천하려고 한다.

> 궁극적으로 내가 현재를 사는 게 되게 중요한데, 근데 내가 현재를 살면서 일 때문에 너무 각박하게 내가 즐길 수 없다고 하면…. '그게 사는 게 별로 의미가 없는 거구나!'를 깨달았기 때문에…. 우리 ○○이 죽고 나서부터 인생에 대해서도 다시 한 번 생각을 하게 되었고, 죽음을 가까이에서… 내가 생각했던 게, '아, 인생을 이렇게 바쁘게 산다고 했을 때, 내가 소중한 것을 잘 지키지 못하고 그들과 시간을 못 보낸다면 이게 무슨 의미가 있는 건가?' (민은혜)

40대 중반의 홍진아도 유사한 경험을 하였다. 홍진아는 외국에서 유학하고 한국에서 일을 하며 바쁘게 살아오다가 곧 50을 바라보며 노후를 대비해야하는 시점이 되었고, 큰 교통사고에서 죽음을 목격하고 '인생의 허무함과 안식처의 필요성'을 크게 느꼈다고 한다. 최근 2달 전부터 성당에서 '종교생활'을 시작한 그녀에게 '신실한 자기'는 '노년의 시기를 준비하며, 종교생활을 통해 "본연의 평화"를 추구하는 것'이다. 40대 여성 1인가구들은 죽음 앞에서 인생의 허무함과 중년의 정체성 혼란을 경험하고, 성취보다는 자신에게 신실한 '마음의 행복과 평화'를 추구하고 있다.

현실적인 것에서 벗어나지는 못하고 어떤 결과에 대해서 제가 원인을 못 찾았을 뿐이지만, 결과는 있으니 그 결과를 헤쳐 나갈 수 있는 마음의 평화⋯ 진짜, 본연의 평화가 필요한 것 같아요. 저는 지금도 엄청나게 노력을 해요. (홍진아)

4. 가족과 자신과의 관계에서 '용서와 인정'으로 '친밀감'을 추구하는 50대

김혜진은 50대 초반의 연령으로 캡스의 생애 주기에서 '사랑을 베푸는 자기의 성장'을 추구하는 6단계에 해당한다. 에릭슨의 생애 주기 6단계에서는 '사랑의 미덕을 추구하는 연령을 19세 이상의 초기 성인기로 가정하였다. 이 연령에서 가지는 관계는 친구, 연인, 협력과 경쟁의 사람들로 확장되며, 친밀감과 고립감 사이에서 갈등을 가지는 심리적 특성이 있다. 에릭슨이 말한 '친밀감'은 "소속과 동반자 관계에 헌신할 수 있는 능력을 말하며⋯ 희생과 양보를 요구할지라도 그런 헌신을 준수하는 윤리적 강점을 발달시킬 수 있는 능력"(Capps, 211)이다. 한편, 캡스는 친밀감이 에릭슨이 말한 가까운 관계에서 뿐만 아니라, 자신과의 관계에서도 화해하여 "자신이 이질적인 것으로 취급해 온 자신의 측면을 인정하고 포용하는 것을 포함"(Capps, 215)한다고 정의하였다.

캡스가 설명한 '친밀감'을 위해서 김혜진은 현재 애쓰고 있다. 그녀의 어린 시절의 아버지 그리고 그런 아버지를 보고 자라며 닮아버린 자신을 용서할 수 없는 자신과의 관계에서 '고립감'으로 갈등했다. 특히, 그녀의 어린 딸을 아프게 한 자신은 더욱 용납할 수 없었다. 성장하는 자녀들이 심리적인 아픔을 드러내며 그녀와의 충돌이 계속 되는 상황에서 주말부부로 지내던 남편과 함께 살게 되면서, 충돌은 더욱 잦아졌고 '고립감'은 더욱 깊어져 갔다.

현재 남편의 일이 줄어서, 그녀의 생활비는 자신이 벌어야 하는 상황은 '고립감'의 문제 해결을 유보하고 생존을 위한 일과 학업으로 그녀를 향하게 하였다. 그녀는 자신의 생존을 위해 일을 시작하고, 미래를 위한 학업과 필요한 봉사 시간으로 꽉 찬 자신의 일정에 맞춘 바쁜 삶을 살아간다. 시급한 것이 현재는 자신의 '생존을 위한 경제 활동'이기에 가족과의 문제는 잠시 내려놓고, 별거로 혼자 생활하고 있다.

이러한 김혜진의 삶을 통해 본 '50대 여성 1인가구'의 관계적 특성은 가족과 자신과의 관계에서 '용서와 인정'으로 '고립감에서 친밀감'으로 나아가는 과정으로 볼 수 있다. 자신과의 관계에서는 '자신을 인정하고 자신과 화해하는 과정'이며, 가족 관계에서 남편과는 좀 더 시간이 필요하고, 자녀들에게는 '용서'를 구하고 화해를 기다리고 있다.

5. 갈등과 관계의 상실에 의한 '침체성'에 '성숙성'으로 노력하는 60대

왕수진은 60대 중반의 연령으로 '돌봄을 베푸는 자기'의 성장을 추구하는 캡스의 생애 주기에서 7단계에 해당한다. 에릭슨의 생애 주기 7단계에서는 '돌봄'의 미덕을 추구하는 연령을 성숙기로 가정하였다. 이 연령에서 가지는 관계는 주로 가사와 노동이며, 성숙(생신)성과 침체성 사이에서 갈등을 가지는 심리적 특성이 있다. 에릭슨의 '성숙(생산)성'은 "다음 세대를 세우고 안내하는… 생산적인 의도와 행동"(Capps, 245)이며, '침체성'은 "청년에게 도움을 주는 존재가 되고자 하는 노인들의 필요가 청년들에 의해 보답

받지 못하는 것”(Capps, 248)을 의미한다.

성숙성에서 가장 중요한 것은 자신의 능력과 상대의 잠재력을 동시에 발전시키는 ‘황금률’이다. 성숙성의 실천과 습득을 위해서는 ‘관계의 상호성’이 필요하며, 상호성의 부족은 ‘침체성’에 영향을 미친다. ‘돌봄’의 정의는 ‘성숙성’과 유사하게 “다음 세대의 지원과 안내에 기여하는 생산적인 행위”(Capps, 251)이다. 한편, 캡스의 “성숙성은 개인적 흥미와 정서적 애착을 발생시키고(일으키고, 기원이 되고, 생산하고) 확장”(Capps, 246)시키는 것이며, 침체성은 “생존, 성장 또는 발전을 보장하지 않음”(Capps, 246)이며, 세대 간의 갈등을 의미하기도 한다.

왕수진의 성숙성이 돋보이는 부분은 이혼과 아버지의 죽음을 경험하고 힘들어하는 아들과 딸들의 가족을 위해서 아침과 저녁으로 기도하는 모습 그리고 직장에 나간 딸들의 빈 집에서 곳곳을 청소하며 살림을 도와주는 모습이다. 남편을 잃고 아직 상실감에서 회복하지 못하여 일상이 힘에 겨운 상태임에도, 힘을 내어 자녀세대를 돕는 왕수진의 생산적인 행동은 그녀의 ‘돌봄을 베푸는 자기의 성장’을 보여준다.

한편, 그녀의 침체성에 영향을 주는 것은 자녀들과 가끔 있는 갈등과 ‘관계의 상호성’의 상실이다. 심리적으로 많이 의존하였던 남편을 잃고 ‘1인가구’로 생활하는 그녀에게 ‘관계의 상호성’의 상실은 그녀의 생존과 성장을 보장하지 않는 듯하다(Capps). 왕수진의 삶을 통해 본 ‘60대 여성 1인가구’는 자신의 의견과 다른 자녀들과의 갈등 및 사별한 남편과의 관계의 상호성의 상실로 ‘침체성’을 갖기도 하지만, ‘성숙성’을 발휘하여 자녀들을 위해 기도하고 살림을 도우며 노력하는 관계적 특성을 보인다.

6. 신체적인 '통제'에 '수용과 해방감'으로 노력하는 80대

김정숙과 이경아는 80대 중반의 연령으로 '우아한 자기의 성장'을 추구하는 Capps의 생애 주기에서 9단계에 해당한다. 에릭슨의 생애 주기 8단계의 노년기는 행동을 위한 판단에 건전성이 돋보이는 '지혜'의 미덕을 추구한다. 이 연령에서 가지는 관계는 인류로 확장되며, 통합과 절망감 또는 혐오감 사이에서 갈등을 가지는 심리적 특성이 있다. 에릭슨의 '통합'은 인간관계 및 환경을 포함한 자신의 삶을 수용하며 평정심을 느끼고, '절망감과 혐오감'은 이와는 반대로 수용하지 못할 때 느낀다(Capps). 에릭슨은 통합의 근거로 헌신, 양면성 파악, 종교에 대한 감사함, 과거의 수용, 세대 계승에 생산적인 참여, 절망을 희망으로 수용 가능함을 제시하였다. 또한 통합을 위한 전략으로는 생산적인 활동에 참여, 자손으로 이어지는 삶에 긍정적이며, 손자들에 대한 관심, 연장자를 모방, 과거의 재창조를 제시하였다.

한편, 캡스는 적절한 균형이 필요한 해방과 통제의 심리적 갈등을 그 특성으로 보았으며, 80대가 추구하는 미덕으로 통제는 사라지고, 해방으로 가득한 '하나님의 은혜로 가능한 우아함'을 제안하였다. '우아함'은 배려의 관계 속에서 보이는 미학적이고 상호관계적인 아름다움이며, 우아함의 미덕은 탐욕이나 질투, 분노를 압도한다(Capps). 캡스에게 '해방과 통제'는 타인, 자신, 자신의 신체와의 관계에 관한 것이다. 이 시기에는 자신의 노화된 신체에 의해 통제되지만, 자신의 과거나 자녀에 의해 통제되지는 않으며, 유산과 관련하여 자녀들을 통제하거나 또는 해방될 가능성이 있고, 자기통제가 가능한 훈련된 내적 통제감을 갖기도 한다. 또한, 관계 맺고 싶지 않은 이들과의 관계로부터 해방되며, 자유로움과 생존을 위한 책임에서 벗어난 해방감을 누릴 수도 있다.

김정숙과 이경아의 이야기에서 공통적으로 발견한 것은 부모님에 대한 이해와 좋은 기억이다. 다른 참여자들에 비하여 부모님에 관한 이야기는 많이 짧지만, 부모님에 대한 그리움과 이해의 마음은 충분히 전해졌다. 이렇듯, 자신의 과거, 사람들, 환경을 포함하는 자신의 삶에 대한 수용은 에릭슨의 '통합'의 특성들 중의 하나이다. 이외에도, 종교에 대한 감사함, 이웃과 마을회관에서의 헌신, 김정숙의 밭일과 이경아의 동네의 쓰레기 분리수거의 생산적인 활동, 자녀들과 손자들에 대한 관심과 기도 역시 '통합'의 특성들이다.

노년기를 통합과 절망감의 심리적 갈등으로 에릭슨은 설명하였고, 캡스는 '해방과 통제' 사이의 적절한 균형이 필요하다고 보았다. 김정숙과 이경아의 이야기에서는 절망감의 이야기 보다는 '해방과 통제'의 심리적 특성이 엿보인다. 그녀들의 노화된 신체가 친밀한 시누이나 올케를 만나러 가는 것과 일상적인 행동의 불편함을 주며 그녀들의 삶을 '통제'하는 것을 느낀다. 그러나 가족이나 친척 관계에서 가지는 의무감과 생존이나 부의 축적을 위한 경쟁적인 치열함에서 벗어난 '해방감과 자유로움'을 느끼기도 한다. 이웃들과 서로 돌보고, 배려하는 관계, 삶에 대한 수용, 신에 대한 의존과 감사함으로 이루어진 검소하고 절제된 삶 속에서 '탐욕, 분노, 질투'를 능가한 그녀들의 '우아한 자기'가 빛난다. 이렇듯, '80대 여성 1인가구'는 신체적인 '통제'에 '수용과 해방감'으로 노력하는 관계적 특성을 보였다.

II. 여성 1인가구의 관계 욕구와 초월 욕구

1. 관계 욕구
: 비혈연의 대상과의 '상호성'을 통한 '생존과 성장'

관계 욕구는 1인가구 여성들에게만 해당하는 욕구는 아니다. 인간의 기본적인 욕구에 관하여 Maslow(1970)는 생존 욕구, 안정 욕구, 소속 욕구, 자존감 욕구, 자아실현의 욕구로 설명하였다. 국내에서는 김인자(1996)가 생존 욕구, 소속 욕구, 힘의 욕구, 자유 욕구, 즐거움 욕구로 제시하였다. 이외에, 여러 학자들은 생존 욕구, 관계 욕구, 성취 욕구를 인간의 기본적인 욕구로 제시하였다. 특히, 페어베른은 "타자를 지향하고 그들과 관계 맺고자 하는 욕구"(Greenberg & Mitchell, 1999, 258)를 가장 핵심적인 본능적 욕구로 보았다.

관계 욕구가 모든 인간의 기본적인 욕구이나, 혼자 생활하는 이들에게는 더욱 절실한 경우들이 있다. 1인가구로 생활하며 관계 욕구가 더욱 간절하여, 위험하고 해로운 관계인 것을 알면서도 관계를 정리하지 못하고, 의존적인 관계를 유지했던 경험들이 있다. 절반의 청년 1인가구 여성들과 중장년 1인의 경험이다. 한편, 관계에 대한 갈망이 1인가구 여성들로 하여금 타인들에게 관심을 가지고, 좀 더 다가가게 하는 긍정적인 역할을 하였다. 한 청년 여성은 사람들을 실제에서 관계하는 것보다는 온라인에서 게임을 하며 관계하는 것을 더 즐겼다. 1인가구로 생활하고 서비스업으로 이직하면서, 사람들에게 관심이 생겼으며 사람들과 직접적인 관계를 가지고 일을 하는 것에 만족감과 자신감을 얻게 되었다. 그녀 이외에도, 대부분의 1인가구 여성들은 혼자 생활하며, 가족이 아닌 타인들과의 관계에서 인정 욕구, 성장 욕구, '살아있음'을 느끼며, 적극적으로 참여하는 생활을 하고 있다. 특히, 7인의 1인가구 여성들은 친밀한 관계를 가까운 '이웃'과 경험하며, 3인은 '취미, 학교, 종교 생활'에서 만난 이들과 경험 중이다. 대부분의 1인가구 여성들은 비혈연의 대상과의 '상호성'을 통해 생존과 성장에 큰 영향을 주고받는다(Capps).

2. 초월 욕구
: '사랑을 주고 싶은 욕구' & '자기-인정과 자기-위로의 능력'

'여성 1인가구'가 홀로 이 세상을 살아가는 힘은 어디에서 오는가?' 이 책을 계획하며, 나에게 가장 관심이 가는 질문이었다. 1인가구 여성들이 홀로 살아가게 하는 힘은 '사랑을 주고 싶은 욕구'이다. '사랑을 주고 싶은 욕구'는 '사랑의 욕구, 초월 욕구'이며, 레비나스가 말하였듯이 '주체성의 핵심'이다. 내가 나의 삶의 주체가 된다는 것은 '사랑을 주는 주체가 되는 것'이며, '사랑을 주고 싶은 욕구'는 '자기-인정과 자기-위로의 능력'과 상호적으로 관련이 있어서, 사랑을 줌으로써 잠재된 자기-인정과 자가-위로의 능력이 발휘된다.

인간이 자신의 생존을 위한 이기적인 존재라고 하지만, 사랑 없는 자신의 생존만을 위한 삶은 때로는 버겁고 무의미하여 살고자 하는 의욕마저 잃게 한다. 노년의 1인가구 여성들에게 책임감을 가지고 '사랑을 주고 싶은' 대상이 가족들과 함께 생활하던 삶에서는 자녀들과 남편이었지만, 현재는 모두 그녀들의 품을 떠났다. 한 평생을 부부로 함께 생활하다가 갑자기 떠나버린 남편의 빈자리는 몇 년이 지나도 마음을 아리게 하며, 살고픈 욕구가 예전 같지 않다. 그래서 김정숙은 화초밭을 만들어서 돌보고, 왕수진은 수십 개의 화초 화분을 돌보고 의지하며, 화초들에게 이야기를 나누기 시작했다. 이경아도 아침에 일어나서 꽃들을 보는 것이 그녀의 "유일한 낙"(이경아)이다.

남편과 사별하고 1인가구가 된 노년의 여성들 뿐만이 아니다. 침대에서 자기 전에 반려견과 오랜 시간 이야기를 나누고 "사랑의 표현 욕구"(이은아)를 해소하는 1인가구 청년 여성이 있다. 이은아는 반려견을 돌보고, 유치원에 보내며 그녀에게 책임감을 갖게 하는 반려견이 소중하다. 그녀는 자신이 아닌 다른 존재를 사랑으로 돌보는 자신에 대해 자기-인정을 하고, 스스로 위안을 느낀다고 이야기하였다. 이러한 경험을 중년의 1인가구 여성도 가졌다. "책임감을 가지고 우리 강아지를 돌봐야겠다는 그 생각 때문에… 최대한 해줄 수 있는 만큼 해주고 싶어서…"(민은혜). 반려견의 약값으로 매달 50만 원을 지출하는 것이 부담스러워도 새로 입양하지 않고 최선을 다하는 그녀의 반려견에 대한 사랑은 인간이 만든 '돈의 가치'를 초월한다.

3인의 노년 여성들, 1인의 청년 여성 그리고 2인의 중년 여성(홍진아는 인터뷰 이후에 길고양이를 반려묘로 돌보기 시작)은 자연 생태계 중에서 식물들과 반려동물들에게 사랑을 주고받으며, 소통하고, 보람과 기쁨을 느낀다. 함께 하던 가족들이 사라진 공간을 식물, 반려견, 반려묘가 메우고, 혼자 있는 시간에는 그 자연 생태계에 대한 관심과 '사랑의 욕구'가 6인의 1인가구 여성들의 '외로움과 상실감'을 견디게 하였다.

레비나스의 철학에서 초월은 "'사랑'을 통해 타자를 위한 존재"(강영안,

2006, 38)가 되는 것이며, 그 타자가 "나에게 일깨워준 책임은 나를 움직이고, 살아있게 만들며, 나를 고귀한 영적 존재로 만든다(강영안, 2006, 185)." 초월과 영적 존재로의 거듭남은 자신의 생존과 번영에 대한 책임감에 의해서가 아니라, '타자에 의해 주어진 책임감과 실천으로 이끈 사랑'에 의해서이다.

초월을 위해서는 자신이 아닌 '타자'가 필요하며, '타자'에 대한 사랑이 자가-인정과 자가-위로가 가능한 힘을 준다. 자신의 '생명'을 위해 필요한 삶의 동기와 생명력은 '타자에 대한 책임감'이다. 타자는 타인만을 일컫는 것이 아니라, 내가 아닌 다른 생명체로 인간과 자연 생태계를 포함한 세계이다. 신학적 관점에서 콘은 '타자'와의 개념을 타인, 신, 세계와의 관계로 확장시켰으며, 초월 욕구를 선을 향해 자신을 초월하고픈 인간의 기본적인 욕구로 설명하였다(Conn).

1인가구 여성들에게도 자신을 초월하게 하는 대상이 물론 식물과 반려동물을 포함한 자연 생태계만 있는 것은 아니다. 노년 1인가구 왕수진은 남편과 사별하고 살고픈 욕구가 없으나, 자살을 생각하고 있는 아들을 많이 염려한다. 아침, 저녁으로 불공을 드리는 가장 큰 동기도 아들을 위함이다. 아들에 대한 염려와 사랑이 그녀의 사별의 아픔과 죽음에 대한 생각을 초월하게 한다. 자녀들에 대한 관심과 사랑은 자녀들이 있는 모든 노년의 여성들과 중년의 여성에게 공통적으로 보인다. 절반의 1인가구 청년과 중장년 여성들이 '사랑을 주고 싶은' 대상은 자녀, 어머니, 남자친구, 여동생으로서, 1인가구 여성들이 책임감을 가지고 자신을 초월하게 하는 '타자'는 주로 가족이나 이성 친구이다.

콘의 '초월'은 신학적 관점에서 타인, 신, 세계와의 관계 속에서 사랑과 섬김의 종교적 소명을 의미한다. 이러한 '종교적 사명감 또는 사회적 책임감'을 위해서 '가족'을 넘어 '이웃, 친구들과 지역사회'에서 사랑과 섬김을 실천하는 모든 중장년과 노년의 여성들 그리고 절반의 청년 1인가구 여성들이 있다. 노년 여성들의 이웃과 마을회관에서의 섬김, 청년 여성들의 선교활동과 지역사회 및 국가적 행사의 자원봉사, 중년 여성들의 이웃과 지역사회에서의 자원봉사 및 섬김은 '종교적 사명감' 그리고 '사회적 책임감'에 의한 초월이다.

따라서 절반의 청년 그리고 모든 중장년과 노년의 1인가구 여성들은 자신이 가진 자기-능력(Sperry, 2011)을 활용하여 '자신과 사회의 변화'를 위한 책임감을 가지고 가족, 이웃 및 지역 공동체에 참여함으로써, '사랑을 주고 싶은 욕구'를 충족시키며, '자가-인정과 자가-위로의 능력'을 성장시킨다. 또한 반려견에 사랑을 듬뿍 주며 '사랑을 주고 싶은 욕구'를 충족시키고, 부모님의 인정이 아니라 자신 스스로가 자기-인정과 자기-위로를 하며 1인가구의 삶을 살아가는 청년 여성들과 중년 여성들이 있다.

III. 여성 1인가구의 돌봄과 심리 상담

1. 상실감과 외로움: '애도 & 소통의 공간'

1인가구로 생활하게 된 여성들은 모두 가족과 이별하며 '상실감'을 경험하였다. 노년 여성들은 남편과의 사별로 인한 상실감이 크며, 이외에도 형제를 잃은 상실감, 이혼 또는 별거로 부모, 자녀, 배우자를 잃은 상실감, 남자친구를 잃은 상실감, 함께 살던 가족과의 이별을 경험하였다.

노년 여성 1인가구들은 홀로 감당하기에는 큰 고통임에도 불구하고, 사별 이후의 '상실감'에 대해서 애도, 치유 및 회복 작업이 이루어지지 않았다. 남편 또는 남동생과 사별한 노년 여성 1인가구들은 지금도 많이 그립고 아프고 외롭다. 배우자의 사별이 노인 우울증의 큰 유발 원인으로 확인되었으며(박선우 외, 2019), 사별로 인한 우울과 외상 후 성장에 애도 프로그램이 효과적이다(양준석 외, 2018). 모든 노년 여성 1인가구들은 배우자를 상실하였지만, 애도 경험은 부족한 것으로 드러났으므로 적절한 '애도'가 필요하다. 또한 학업, 직장, 독립, 별거 등의 이유로 1인가구로 생활하게 된 청년과 중장년 여성들도 가족과 '이별 또는 분리' 이후에 느낀 '상실감'을 적절하게 보듬고 애도하며, 그 의미를 탐색하지 못하였다.

한편, 모든 연령의 1인가구 여성들은 가까운 이들과 헤어지며 강하게 체험한 정서는 '외로움' 이라고 언급하였다. 1인가구 여성들의 '외로움'에 대한 대처는 첫째, 개인에 따라서 차이는 있으나, 다른 이들과의 다양한 관계에 적극적으로 참여한다. 노년 여성들은 이웃, 마을회관, 종교 생활, 자녀들과의 관계를 가진다. 중장년 여성들은 이웃, 이성 친구, 1인가구 지원 센터, 동네 오톡방(카카오톡 오픈 채팅방) 모임, 종교 생활, 자매, 부모님과 관계를 가진다. 청년 여성들은 이성 친구, 이웃, 1인가구 지원 센터, 동네 오톡방 모임, 직장 동료, 친구, 종교 생활, 부모님(주로 어머니)과 관계를 가진다. 둘째, 혼자 있는 시간에는 자연 생태계 관계 경험을 통해 '외로움'에 대처한다. 모든 여성들은 반려식물, 반려견, 반려묘, 자연, 텃밭과의 관계에서 '기쁨, 보람, 함께 함'을 느끼고 의지하며, 애정 표현과 이야기로 '소통의 욕구와 사랑의 욕구'를 충족시킨다고 이야기하였다.

'외로움'에 대해서 여성 1인가구들이 강조한 것은 '소통의 부족'이다. 이러한 현상은 1인가구의 소통의 결여가 다른 가구에 비해 5배 이상 크다는 가쓰히코의 연구 결과에서도 확인하였다. 경기도에 거주하는 노년의 1인가구 여성들은 일상에서 거의 매일 이웃들과 마을회관에서 직접 만나서 대화를 나눈다. 노년 1인가구들에게는 SNS를 활용한 소통이 불편하므로 카톡방이나 오톡방의 소통보다는 직접적인 만남과 소통이 적절한데, 국내에서는 심각하게 고립된 독거노인 1인가구를 발굴하여 사회복지사가 주기적으로 연락하고 방문하는 '독거노인 친구 만들기'(김유진, 2018)를 실행하고 있다. 가장 고령인 이경아는 현재 이 복지 서비스를 받고 있는데, 매우 만족해한다.

한편, 서울에 거주하는 청년과 중장년의 1인가구 여성들은 1인가구 지원 센터, 이웃을 대상으로 개인이 운영하는 '오톡방' 그리고 온라인에서 SNS 또는 직접적인 만남을 통해 소통한다. 이 책을 위해서 방문한 서울의 한 1인가구 지원 센터에서는 멤버들을 대상으로 '오톡방'을 개설하여, 지원 센터의 프로그램 홍보, 안내, 도움 요청뿐만 아니라, 멤버들 간에 소통할 수 있는 공간을 마련하였다. 멤버들 중에는 다른 멤버의 안부를 묻고 인사를 나누는 등의 소통으로 힘을 주는 경우도 있었다.

그러나 1인가구 여성들은 1인가구 지원 센터, '오톡방', 마을회관 등의 '이웃'으로 구성된 모임과 다양한 모임에서 소통을 가지지만 충분하지 않다고 이야기하였다. 소통의 공간으로서 송영신(2015)은 1인가구 청년을 중심으로 부모, 형제, 조부모 세대로 이루어진 4인 이상의 1인가구들로 이루어진 사회적 가족(Social Family)이 정기적으로 모임, 식사, 카톡방을 통해 소통 및 도움이 가능하다고 제시하였다. 또한 일본에서는 미혼자 1인가구와 고령의 1인가구가 50%를 이루는 '다테가오카 단지'에서 가족에 의존할 수 없기에, "서로 돕는 사회"(Katsuhiko, 2018, 410)를 목표로 지역 상담실을 중심으로 다양한 활동을 지원한다. 상담 및 개별적인 방문 지원, 네트워크 참여 지원, 카페에서 소통 및 모임 지원, 취미 활동 지원, 함께 주먹밥 먹기, 축제 등의 활동들은 현재 '1인가구 지원 센터'에서 진행하는 활동들과 유사하다.

이외에도, '2인 1조 학생 자원봉사자들의 방문 및 상담실의 카페에서 만남'으로 아이들, 청년, 고령자들의 세대 간 상호 교류를 돕고 있는데, '세대 간 소통'을 위해 실현 가능한 지원으로 보인다. 한국의 '1인가구 지원 센터'의 활동이 '다테가오카 단지'의 상담실 중심의 활동들과 유사하지만, '상담 및 세대 간 소통'을 위한 활동은 미비하므로, 이에 대한 활동을 보완함으로써 '소통의 부족'을 도울 수 있다.

2. 트라우마
: '자책감과 분노'에 대한 '상향식 접근'의 심리 상담 및 돌봄

1인가구 여성들 중에는 가족의 상실로 인한 트라우마(Trauma) 이외에도, 가족과 함께 사는 동안 가족 관계에서 경험한 트라우마로 여전히 고통 받는 이들이 있다. 트라우마는 자연재해, 대형 참사, 친밀한 이들의 죽음, 폭력 등에 의해 심리적으로 심각한 고통을 야기한다(임선영, 권석만, 2013; 전요섭, 2018). 1인가구 여성들의 정도의 차이가 있는 트라우마는 어린 시절 부모님의 부재 및 버림받은 경험, 다른 형제들에 비해 사랑을 받지 못한 경험, 지나치게 강한 양육과 차별 대우의 경험, 반려견의 죽음 경험, 어머니의 폭력과 학대, 아버지의 방임의 경험, 아버지의 알콜 중독과 난동의 경험, 자녀들과의 이별 등이다.

이러한 트라우마는 가족 관계에서는 주로 부모님과 관련이 있다. 절반 이상의 1인가구 여성들에게는 가족이 관계 자원이나, 1/3 이상의 1인가구 여성들에게 가족은 관계 자원이 아니라고 이야기하였다. 학대와 방임 그리고 부모님의 부재로 인한 트라우마로 자살을 시도했던 청년 2인은 신체적, 정신적인 큰 고통으로 치료를 받았고, 현재에도 치료를 받고 있다. 또한 지나치게 강하고 차별적인 양육으로 트라우마 경험이 있는 청년 1인은 부모님과 관계를 단절하였으며, 친할머니와 친아버지의 지나친 남아 선호에 의한 트라우마 경험으로 청년 1인은 어머니의 성으로 바꾸고 친가와는 관계를 단절하였다.

또한 중장년 2인은 자살을 생각한 경험이 있다. 한 명은 부모님의 이혼으로 인한 어머니 부재의 트라우마 경험에서 종교적 체험을 통해 외상의 의미를 발견하고 치유한 경험이 있다. 다른 한 명도 현재 종교 생활을 열심히 하면서, 자살을 생각할 만큼 아팠던 공황장애의 원인에 대해서 생각하고 있다. 한편, 아버지의 알콜 중독과 난동에 의한 자신의 트라우마와 유사한 외상을 자녀에게 남긴 중장년 1인은 자신을 수용할 수 없어서 여전히 괴롭다. 전남편과의 자녀들과 이별하게 된 트라우마와 그 자녀들에게 버림의 트라우마를 남긴 노년 1인도 자신을 수용할 수 없어서 여전히 마음이 많이 아프고 자책이 된다.

따라서 배우자의 사별로 인한 외상이 큰 2인의 노년 여성들, 반려견의 죽음으로 인한 외상이 컸던 1인의 중년 여성, 자녀와의 이별로 인한 외상이 큰 1인의 노년 여성을 제외하면, 7인의 1인가구 여성들은 모두 '부모와의 관계'에서 심리적 외상을 경험하였다. 심리적 외상으로 인한 1인가구 여성들의 심리적 특성으로는 자녀들에게 심리적 외상을 남긴 2인은 '자신과의 관계에서 자책감'이 크며, 청년 3인은 '부모님에 대한 분노'가 여전히 크다.

이와 같은 심리적 외상에 의한 외상 후 스트레스 장애(Posttraumatic Stress Disorder, 이하: PTSD)에 대한 진단 기준은 외상 사건에 노출 및 사건에 대한 회피 반응, 반복적인 재경험, 왜곡된 인지에 의한 인지적, 정서적인 부정적인 변화, 심각한 고통 및 기능적 손상 등이다(APA, 2013: 권석만, 2013에서 재인용). 위의 증상들 중에서 몇몇 증상을 보이는 1인가구 여성들이 있는데, PTSD의 심리 치료를 위해서 권수영(2015)은 역기능적 인지 수정을 우선시하는 하향식 접근보다는 '안전감의 회복'을 우선시하는 상향식 접근을 제안하였다. 상향식 접근은 '반응에 대한 타당화', 암묵 기억으로 저장된 트라우마 기억의 '회상 및 외부 위협 요소 제거', '상상의 내적 자원을 오감(五感)으로 인식'하도록 도움으로써, 내적 자원에 재 연결되도록 돕는다. 상향식 접근을 위해서 판단하지 않고 수용적이며, 견디는 능력으로 함께하는 상담자의 역할은 '의미'를 발견하도록 도울 수 있다(이해리, 2016).

정리하면, 많은 1인가구 여성들은 '죽음으로 인한 상실' 또는 가족 관계, 주로 '부모님과의 관계'에서 심리적 외상을 경험하였으므로, 이에 대한 심리 상담으로 도움을 줄 수 있다. 7인의 여성들의 심리적 외상의 주된 핵심 감정은 '자책감과 분노'이며, '분노'를 유발시키는 더 깊은 정서는 개인에 따라서 다르므로 개인 상담을 통한 탐색이 필요하다. 심리적 외상을 회복하도록 돕기 위해서 '안전감의 회복'을 우선시하는 상향식 심리 상담적 접근의 활용과 판단하지 않고, 수용적이며, 견디는 능력으로 함께하는 상담자의 역할로 도움을 줄 수 있다.

3. 여성 1인가구의 '관계망의 지속 & 자기-돌봄'

비혼 여성 1인가구의 홍진아는 친밀하게 정기적으로 연락과 소통을 하는 지인들, 종교 생활의 적극적인 참여, 진솔한 이야기를 나누는 이웃들과 생활하고 있어서, 중년 비혼 여성 1인가구의 특성으로 김현화(2019)가 제시한 '안정과 친밀감을 주는 대상과 소속 집단의 부재'와는 다른 특성을 보였다. 이러한 특성은 비혼 여성 1인가구 뿐만 아니라 모든 연령의 1인가구 여성들에게서 보였다. 또한 김현화(2019)가 제안한 '상호 돌봄이 가능한 소수의 관계망'도 이미 확보하고 있었다. 그러나 고려해 보아야 할 것은 이러한 '관계망의 지속력'이다. 홍진아 및 모든 연령의 1인가구 여성들이 이웃, 지인, 종교 생활에서 소수의 관계망을 계속적으로 유지하는 것이 필요하며, 돌봄과 심리 상담에서 이에 대한 확인으로 도움을 줄 수 있다.

한편, 중년 비혼 여성의 홀로 있는 시간을 잘 활용하는 강점(김현화, 2019)을 홍진아도 지녔음에도, 20대부터 시작한 공황장애를 약 대신 많은 커피에 의존하였으며 현재도 많은 양의 커피를 마신다. 뿐만 아니라, 본

연구자가 상담했던 1인가구 여성들 중에는 혼자 있는 밤 시간에 맥주나 와인으로 마음을 달래는 경험에 대해서 이야기하고 상담한 사례들이 있다. 알코올에 관한 이야기들은 상담사와 라포가 친밀하게 잘 형성된 상담 중기 이후에 조심스럽게 꺼내는 이슈였다. 적은 양이지만 자주 반복적으로 마시는 알코올 의존에 대해서 그녀 자신들도 염려하여 상담하기를 원하였다. 물질 의존과 중독은 "마시는 행위의 반복"(김소연, 2015)에서 시작한다. 현재 는 많이 마시지는 않더라도 반복적인 습관은 물질 의존과 중독으로 발전 가능성이 있으므로, 지나친 커피, 알코올, 흡연 등의 해로운 물질에 대한 의존이 어느 정도인지 객관적인 시각에서 점검하고 확인하는 돌봄이 필요하다.

더불어, 중년 1인가구의 '건강 관리, 정서를 위한 활동, 취미 활동을 통한 교제'의 돌봄이 고립감을 줄이고, 심신, 업무, 관계에 긍정적인 영향을 주었다는 연구 결과(고혜연 외, 2022)에 근거하여, 고혜연 등(2022)이 제시한 '건강, 정서 및 취미 활동의 교제' 중에서 적절한 쉼과 운동에 관한 '신체 돌봄'을 포함시키고, '소인원의 관계망 확인 및 '물질 의존도 점검'을 포함한 자가돌봄과 집단 및 개인 심리 상담이 도움을 줄 수 있다. 이러한 자가돌봄 과 심리 상담은 중장년 여성들 뿐만 아니라, 청년 여성들 그리고 가능하다면, 노년의 1인가구 여성들에게도 제안한다.

4. 청년과 중장년 여성의 이성 관계에 관한 '개인 상담 및 심리 관련 강의'

청년과 중년의 1인가구 여성들에게 이성과의 관계 문제는 매우 중요하지 만, 가족과의 상의는 어렵다고 여성들은 이야기하였다. 문제가 있을 경우, 문제를 드러내어 이야기를 나눌 상대가 없어서 더 은밀하게 문제가 진행되었다고 한다. 현재 생활에서도 이성 관계는 중요하고 미래의 결혼과 결혼 생활에도 크게 영향을 미치므로(이기학 외, 2006), 미혼 1인가구 여성들은 이성 관계에 관한 심리 상담을 원한다.

이 책을 위한 인터뷰와 시청에서 주관하는 '씽글벙글서울1인가구 정보' 및 각 구의 1인가구 지원 센터가 인스타그램과 카카오톡에 홍보한 프로그램들을 통해서 1인가구 지원 센터가 아니라, 구청에서 주관하는 5회기 스트레스 관련 심리 상담이 있음을 알게 되었다. 이후, 최근 3월에 관악구 1인가구 지원 센터에서 무료심리 상담 8회기에 관한 홍보를 인스타그램에서 확인하였다(Instagram, 2024). 이 책의 여성들은 구청 및 1인가구 지원 센터에서 주관하는 심리 상담 경험은 없었으며, 1인가구 지원 센터에서 심리 상담이 지원되기를 제안하였다. 이성 관계 문제를 집단 프로그램에서 개방적으로 이야기하는 것의 어려움 때문에 개인 심리 상담이나 코칭을 제안하였고, 연애 관계에 도움이 되는 '데이트 폭력과 관계 의존' 등의 심리 관련 강의를 제안하였다.

5. 제언

1) '상실감' 극복을 위한 심리 상담

많은 1인가구 여성들에게는 '상실감' 극복을 위한 심리 상담이 필요하다. '여성 1인가구'로 분화하며 경험한 '상실감'은 사별에 의한 비자발적 '여성 1인가구'들에게는 트라우마처럼 고통스럽지만, 자발적으로 '여성 1인가구'의 삶을 선택한 여성들에게는 트라우마와 같은 충격적인 경험은 아닐

수 있다. 개인에 따라서 '상실감'의 정도의 차이는 있지만, '여성 1인가구'이기에 일반적으로 경험하는 '가족과의 이별'에 의한 '상실감'을 상담의 핵심 감정으로 심리 상담을 제안한다.

2) 청년과 중장년 여성 1인가구들을 위한 '자기-돌봄 및 관계망 유지'의 심리 상담

여성 1인가구들이 개인적인 삶을 객관적으로 평가하고 성찰하도록 돕기 위한 심리 상담이 필요하다. 스페리가 제안한 13개의 능력에 3개의 능력을 더한 16개의 자가-능력을 중심으로 청년과 중장년 여성 1인가구들에게 소인원의 '관계망 유지', '물질-통제', '신체 돌봄'을 포함한 자기-돌봄 평가지[표5]를 활용한 개인적인 '자기-돌봄' 확인 및 집단 또는 개인 심리 상담을 제안한다.

[표 5] 자기-돌봄 평가지(스페리의 자기-능력의 수정 및 보완)
자기-돌봄 평가지

자가-능력	정의	점수 (1~10)
자가-활성화	개성과 목표를 표현하고 실행하는 능력	
자가-통제	욕구의 조절이 가능한 능력	
자가-인정	자신의 가치와 생활 태도를 인정하는 능력	
자발성	다양한 정서와 행위를 억압하지 않고 적절하게 경험하는 능력	
자가-위로	자신의 아픔을 위로하는 능력	
친밀감	편안한 마음으로 가까운 사람에게 자신을 표현하는 능력	
자가-연속성	내적인 확고함이 늘 가능한 능력	
창조성	반복적인 행위에서 벗어나 새롭고 흥미로운 행위를 하는 능력	
자율성	불안 없이, 평정심을 유지하며 혼자 있는 능력	
자가-포기	평정심을 방해하는 욕구를 버리는 능력	

헌신	개인, 다양한 공동체, 직업에 헌신하는 능력
비판적 반성	생각이나 상황에 대해 객관적으로 분석하는 능력
비판적 사회의식	사회적 상황에 대해 윤리적 관점에서 분석하는 능력
관계망 유지	소인원의 사람들과 종종 연락하고 소통하는 능력
물질 통제	알코올, 흡연, 지나친 카페인 등의 해로운 물질에 의존하지 않는 능력
신체 돌봄	적절한 양분, 쉼과 수면, 운동을 제공하는 능력

3) 노년 여성 1인가구들의 '소통의 공간' 제공

'외로움'에 대해서 무엇보다 '소통의 부족'에 관하여 대부분의 여성 1인가구들이 강조하였다. 노년 여성 1인가구들의 '소통을 돕기 위한 관계망'으로서, 첫째, 일본의 '다테가오카 단지'에서 진행하는 '2인 1조 학생 자원봉사자들과의 만남'을 통한 아이들, 청년, 고령자들의 '세대 간 상호 교류'와 같은 정책적 지원을 한국의 마을회관, 경로당, 1인가구 지원 센터 등의 기관에서 모색해 볼 수 있다. 둘째, 국내에서는 사회복지사가 주기적으로 연락하고 방문하는 '독거노인 친구 만들기'(김유진, 2018)를 실행하고 있는데, 현재 진행하고 있는 사회복지사와 심리 상담이나 코칭에 대한 전문성을 지닌 이들이 협력하여 이 정책을 확대하여 실시한다면, 노년 여성 1인가구 여성들의 '소통 및 심리적인 건강'에도 도움이 가능하다.

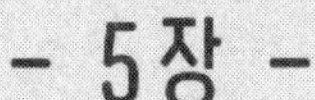

여성 1인가구의 관계 경험과 신학

I. 여성 1인가구와 '공평한 존중의 사랑'의 윤리

이 책은 심리학적 관점에서는 '주제 현상'을 이론 중심으로 고찰하여 '주제 현상'에 대한 이해를 돕고자 하였다. 또한 신학적 관점에서는 브라우닝의 비판적 가족주의를 중심으로 '여성 1인가구와 한국 가족'에 대해 성찰하고 연구 결과를 반영하여 실천 방안을 제시함으로써, 인간의 삶에 하나님을 의미 있게 연계하는 실천적인 방안(김현숙, 2004)을 모색하고자 하였다. 현재의 한국 사회와 유사하게 '개인주의와 현대화'의 영향을 많이 받았던 미국사회의 가족을 위해서 브라우닝은 가족주의에 대한 비판적인 관점에서 '공평한 존중의 사랑'의 윤리를 제시하였다.

1. '생존과 존엄성'을 지키기 위해 '주도적으로 행동하는' 청년 여성

브라우닝의 '공평한 존중'은 자녀와의 관계에서 부모가 원하는 것을 요구함으로써 성취하는 존중이 아니라, 하나님의 형상대로 만들어진 개인에 대한 존중이다. 청년 여성 1인가구, 전유미는 '여성으로서의 자신에 대한 존중'을 받지 못했다. 친할머니의 '남아 선호'에 의해 '성차별'을 경험하였고, 부모님이 이혼하는 과정에서도 성차별을 경험하여 현재는 비혼을 원한다. 한국 사회에서는 가계계승이 남아에 의해 이루어지는 호주제도가 2007년까지 시행되었으며(양현아, 2009), 가계계승을 위해 '남아 선호'가 사회규범처럼 인식되었다(이성용, 2003). 이러한 사회적 상황에서 남아의 출산을 간절히 원했고 남아에게 헌신했지만, 여아의 출산은 기피하고, 여아의 존재는 비하하도록 영향을 주었다(장혜숙, 2004). 오주은은 가정에서 '성차별과 다른 자매들과의 차별'의 경험이 있다. 아버지는 아들처럼 강한 모습을 원해서, 그녀의 능력 이상으로 강하게 키웠다. 가늘고 여린 체형과 여성스런 성향을 지닌 그녀는 그런 아버지의 돌봄과 양육 방식이 "맞지 않는 옷을 입는 것"처럼 늘 불편했으며, 다른 자매들과의 차별 역시 깊은 상처를 주었다.

오주은과 전유미는 '자신의 모습'으로 가정과 사회에서 '존중' 받기를 간절히 원하지만, 수동적인 태도로 존중받기만을 갈망하지 않았다. 아버지의 성에서 어머니의 성으로 바꾸고 유학에서 페미니즘에 관해 배운 것, 그리고 성차별과 부모의 차별 대우에 대해 부모와 거리를 두고 독립적인 생활을 하며, 1인 가구 지원 센터와 종교 모임 등에서 정서적인 유대 관계를 만드는 것은 '생존과 존엄성'을 지키기 위해 적극적으로 '행동하는' 청년 여성 1인가구의 모습이다.

2. '자기-존중과 사회적 역할'로 새로이 시작하는 이혼위기 중년 여성

브라우닝의 비판적인 가족주의는 부부의 평등, 자녀의 행복, 개인적 성장은 우선시하고, 공평한 존중의 실현을 방해하는 힘은 비판하며, 상호적이고 공평한 존중과 대화를 촉진한다. 김혜진의 남편은 거의 일에만 집중했고, 그녀는 집에서 가사, 자녀 양육과 교육에만 집중하여 경제적으로는 남편에게 의존했다. 20년 이상 엄마와 아내로 열심히 살았으나, 자녀에게 남긴 폭력의 상처와 자책감, 소통의 단절, 남편과의 갈등이 그녀에게 남아있다. 김혜진의 상황은 한국 사회에서 가정 밖의 일과 가정 안의 일에 대한 책임과 특혜가 남편과 아내에게 공평하게 이루어지지 않기에, 한국 가정에서 공평한 존중이 아직 실현되지 않은 것으로 지적하며 이혼율의 상승을 예측한 브라우닝의 견해에 해당하는 사례이다. 현재 한국 사회에서는 비혼과 1인가구는 증가하고 있으며, 가족의 해체에서 긍정적인 관점(김수완, 2010)을 발견하고, 혈연이 아닌 이들과 가족적인 관계를 지니는 "가족적인 것(Familial)"(류도향, 2021, 40)을 가족의 새로운 패러다임으로 제시한다. 김혜진도 '가족의 해체'가 나은 선택으로 여기며 별거 중이다. 기독교 가족의 재정립을 위해 브라우닝의 제안은 "네 이웃을 네 자신과 같이 사랑하라"(마태복음, 22:39)에 근거한 '공평한 존중의 사랑'이다. 자신도 사랑하고 배우자도 사랑하라는 의미이다. 김혜진은 주말부부로 생활하며 두 자녀들을 폭력적으로 양육한 자신을 용서하고, 사랑하는 것은 불가능했다고 한다. 브라우닝이 제안한 것은 자신을 사랑하듯 배우자를 사랑하는 공평한 존중인데, 김혜진은 자신에 대한 '보호, 용서, 사랑, 존중'이 모두 어려웠다.

브라우닝은 생애주기에 따라서 사랑의 형태와 배우자의 역할이 다르므로, 희생적인 사랑과 공평한 존중의 사랑 사이에 균형을 위해 생애주기와 결혼생활주기의 참조를 제안하였다. 희생이 끝이 아니라 깊어진 공평한 존중에 기여한다는 것을 신뢰하면서, 부부가 공평한 존중과 자기-희생의 리듬을 이해하는 것이 필요하다고 강조하였다. 김혜진 부부는 갱년기이며 신체적, 심리적, 사회적 변화를 경험하고 있다. 그녀가 20년 이상 가사, 자녀 교육 및 돌봄에 집중하여 남편이 일에 집중할 수 있었듯이, 이제는 그 역할을 남편이 도움으로써 그녀가 일에 집중할 수 있으나 그녀에게는 남편의 도움이 없다. 알코올 의존, 잦아진 갈등, 소통 불가, 아픈 자녀들,

그녀의 몫인 가사, 경제적 절박함 앞에서 해결이 어려운 가족의 문제는 뒤로하게 되었다. 부부는 자기-희생, 인내, 헌신, 용서로 이루어진 예수의 극적인 사건을 수행할 수 있고 이러한 순간을 위해서 부름 받았으며, "희생의 순간에 신성한 힘이 부여된다"(Browning, 1996, 189)는 이야기와 서로 다른 자기-희생의 리듬에 대한 이야기를 알았다면, 그녀의 선택이 달랐을까? 그녀는 혼자 생활하며 자신을 받아들이고 인정하며 자기-존중이 가능해졌다고 한다. 학업과 일을 시작하며, 사회에서 할 수 있는 역할을 발견하여 실천중이다. '사회적 역할'의 실천과 '자기-존중'을 통해 새로이 존엄성을 지켜나가는 이혼위기 중년 여성 1인가구의 이야기이다.

3. '자신과 내리사랑을 맡김'으로 하루를 살아가는 노년 여성

여성 1인가구들 중에서 가족과 문제없이, 쭉 친밀한 관계를 유지하며 생활하는 이들은 아무도 없었다. 그러나 연령이 높을수록 부모님과 가족에 대한 이해는 컸으며, 비록 자신들이 어린 시절부터 가졌던 결핍이 있더라도 이해하고 수용하는 듯하였다. 노년 여성 1인가구들은 브라우닝의 '공평한 존중의 사랑'에 관하여 알지 못했고, 앞에서 살펴본 바와 같이 남편과 '공평한 존중'의 관계는 아니었다. 자녀들과의 관계는 남편처럼 "만만하지는" 않아도 심적으로 의지가 되는 자녀들이 있고, '공평한 존중'이 실현되지 않은 가족 안에서 살면서 받은 상처에서 벗어나지 못하여 거리를 두며 살아가는 자녀들이 있다.

'60대 후반과 80대의 1인가구 여성들'은 육체적으로 많이 나약해졌음에도, 여전히 한 가족의 연장자로서 가지는 역할을 위해서 절대자(하나님)께 의존한다. 이것이 "윗사람이 아랫사람을 사랑하기는 하여도 아랫사람이 윗사람을 사랑하기는 좀처럼 어렵다"(표준국어대사전, 2023)의 뜻을 지닌 속담, '사랑은 내리사랑'을 실천하는 삶이다. 김정숙, 왕수진, 이경아는 자신과 가족을 위해서 절대자(하나님)에 대한 기도와 말씀에 의지하며, 하루를 시작하고 하루를 마무리하며 '자신과 내리사랑을 절대자(하나님)께 맡김'으로 하루를 살아간다.

4. 제언: '공평한 존중의 가족 문화'를 위한 '공평한 존중의 사랑 실천' 캠페인

건강한 결혼 문화의 인식을 위한 활동이 한국에서는 학교, 언론을 포함한 TV 방송 프로그램, 교회 및 관련 기관에서 가능하다. 브라우닝의 비판적인 가족주의는 개인적 성장과 행복을 위해서 가족의 '일체감이나 원하는 것의 강요'보다는 동등한 우정과 동등한 존재로서의 부부 관계와 상호 존중의 부모와 자녀의 관계를 중심으로 한다. 또한 가족 구성원 모두가 서로(하나님의 형상대로 만들어진)의 모습을 '존중'하고, '서로의 다른 자가-희생의 리듬으로 평등이 생애 전반에 걸쳐서 이루어짐을 믿으며 헌신하는 공평한 존중'을 실천한다.

이러한 가정을 목표로 '공평한 존중'의 사랑에 근거한 '부모 스킬' 그리고 서로의 다른 '자기-희생의 리듬'에 대한 인식을 위한 '생애 주기와 결혼 생활 주기의 이해'를 활용한 활동이 가능하다. 청년 여성 1인가구들을 위한 '부모 스킬'의 한 예를 제시하면, 성인으로 독립을 하였지만, 부모님의 응원과 격려를 원하는 자녀들을 부모님들이 '공평한 존중의 사랑'으로 먼저 품어주고, 응원과 지지의 역할을 할 수 있다. 또한 언론을 포함한

다양한 TV 방송 프로그램에서는 '공평한 존중'의 가족 문화의 예들을 보여주고, 결혼, 가족, 사랑에 대한 긍정적인 이야기를 제공함으로써, '공평한 존중의 사랑'에 대한 인식과 실천을 도울 수 있다.

5. 연구의 의의 및 한계

본 글의 심리 상담에 대한 함의를 살펴보면, 첫째, 여성 1인가구의 관계 경험에 관한 해석학적 현상학 연구를 통해서, 인간관계, 절대자(하나님) 관계, 자연 생태계 관계를 중심으로 몸, 시간, 공간, 관계의 체험을 고찰함으로써, 여성 1인가구들이 공통적으로 가지는 심리적 어려움이 무엇인지 밝히고자 하였다. 개인적으로 심리적 어려움은 다양하나, 전 연령의 1인가구 여성들이 공통적으로 가지는 심리적 정서로서 '상실감과 외로움'이 드러났다. 독립적으로 생활한 기간에 따라서 정도의 차이는 있으나, 모든 1인가구 여성들은 함께 살던 가족들과의 헤어짐을 경험하며 상실감을 경험하고, <세상에서 혼자인 '나'>로 경험하였으나, 상실에 대한 애도 또는 의미를 발견함으로써 상실감에 대한 대처 및 충분한 애도 작업이 이루어지지 않았음이 드러났다. 둘째, 1인가구 여성들의 <마음에 남아있는 아픈 관계들>은 대부분 가족 관계에 관한 것이므로, 이에 대한 상담적 개입이 필요하다. 남편, 부모님, 자녀들과의 '헤어짐'에 의한 아픔이 가장 많았으며, '회복이 어려운 관계'도 주로 부모, 부부, 자녀들, 자신과의 문제이다. 많은 청년 여성 1인가구는 미해결된 어머니와의 관계의 문제를 이야기하였으며, 많은 청년과 중장년 1인가구는 미해결된 아버지와의 관계의 문제를 이야기하였다. 따라서 많은 1인가구 여성들은 '가족 그리고 자신과의 관계에서 미해결된 용서와 화해의 문제'를 경험하고 있으므로, 이에 대한 심리 상담으로 도울 수 있다. 셋째, 1인가구 여성들이 홀로 살아가게 하는 힘의 주요한 요인으로 '사랑을 주고 싶은 욕구(사랑의 욕구 또는 초월 욕구)'가 드러났으므로, 심리 상담에서 '사랑의 욕구'의 회복을 위한 개입으로 도움을 줄 수 있다. 목회상담 학적 관점에서 '사랑의 욕구' 회복은 하나님의 이미지를 하나님 개념에 일치시키는 작업으로써, 상담사와의 '정서적이고 의미 있는 관계의 경험'으 로 가능하다. 이를 위해 상담사의 판단하지 않고, 수용적이며, 깊은 공감으로 함께 하는 역할로 도움을 줄 수 있다. 넷째, 대부분의 청년과 중장년의 1인가구 여성들은 '관계 유지와 이성 관계에 관한 심리적 어려움'을 경험하였 으므로 이에 대해 심리 상담으로 도움을 줄 수 있다. '관계 문제'는 대부분의 청년과 중장년 1인가구의 문제이며, '이성 관계'는 절반의 청년과 중장년 1인가구 여성들이 고민하는 문제이다. 관계가 어려운 이유로는 소외 경험, 완벽주의, 경계의 침범(지나친 간섭 또는 의존, 공적인 관계에서 사적인 관계) 등이 다. 다섯째, 생애 초기 대상들과의 관계에서 충족되지 않은 친밀한 관계 욕구가 청년과 중년의 1인가구 여성들의 이성 관계에서 성숙한 관계 맺기에 부정적인 영향의 가능성을 살펴보았으므로, 미혼과 비혼의 1인가구 여성들 에게 생애 초기 대상들과의 관계에 관한 상담으로 도움을 줄 수 있다. 마지막으로, 1인가구 여성들의 개인적인 삶에 대한 객관적인 평가의 필요성 에 근거하여, 스페리가 제시한 13개의 능력에 '관계망 유지', '물질-통제(물질 의존)', '신체 돌봄'의 3개의 능력을 더한 16개의 항목으로 이루어진 '자기-돌 봄 평가지'를 제안한다.

본 글의 돌봄에 대한 함의를 살펴보면, 첫째, '외로움'은 모든 1인가구 여성들의 문제였으며, 그 중에서도 '소통의 부족'을 보완하기 위한 돌봄이 필요하다. 둘째, 대부분의 청년 1인가구 여성은 '이성 관계'에 관한 문제가 있으나 문제에 대해서 이야기 나눌 대상이 없으므로, '이성 관계'에서 자신을 스스로 보호하기 위한 '데이트 폭력 또는 관계 의존 관련 강의'를 연구참여자들이 제안하였다. 셋째, 1인가구 여성들을 위한 돌봄에 참고할 수 있는 1인가구 여성들의 친밀한 관계의 특성이 드러났다. 1인가구 여성의 절반 이상(7인)은 '이웃'과 친밀한 관계를 가지고 의지하며, 절반은 멀리 살아도 가족이 가장 친밀한 관계이다. 연령별 특성으로는 중장년 여성 1인가구 중에 자매들이 있는 경우에는 그들과의 친밀한 관계가 도움이 되며, 청년 여성 1인가구에게는 친구들과의 친밀한 관계가 도움이 된다. 노년의 1인가구 여성들은 사별한 남편이나 의지했던 형제의 존재가 여전히 크지만, 다른 연령에 비해서 '이웃'들과 더 가까이에서 서로 보살피고 왕래하며 생활하므로 이를 반영하여 돌봄을 제공할 수 있다. 넷째, '대인 관계의 연결감'이 '여성 1인가구'의 삶의 질과 우울감과 많은 관련이 있음을 선행 연구에서 살펴보았는데, 본 글의 '여성 1인가구들'은 모두 '대인 관계의 연결감'은 유지하고 있으나 지속적인 연결감의 유지와 '대인 관계의 연결감'의 중요성을 인식시키는 것이 필요하다. 마지막으로, '여성 1인가구'는 자연 생태계 관계에서 객관적이고 유연한 사고로 자신을 성찰하고, 외로움을 극복하고 평온함을 회복하는데 긍정적인 효과가 있음을 이야기하였으므로, '1인가구 지원 센터, 마을회관' 및 관련 기관에서 '자연 생태계 관계' 경험에 관한 활동을 적극적으로 활용함으로써 돌봄에서 도움을 줄 수 있다.

이 책의 의의는 첫째, 한국 사회에서 현저하게 증가하고 있는 '여성 1인가구'의 '관계 경험'을 심층적으로 고찰하여 '여성 1인가구의 관계 경험 모형'을 시도한 것이다. 둘째, 관계 경험의 본질적 의미를 몸, 시간, 공간, 관계의 경험을 중심으로 고찰하였으며, 관계는 Pilot study의 분석 결과에 근거하여, 인간관계와 더불어 절대자(하나님) 관계와 자연 생태계 관계를 포함하여 탐구를 시도하였다. 셋째, 인간관계에서 경험한 '외로움과 소통의 부족' 문제에 대해서 '자연 생태계 관계 경험'을 그 대안으로 만족스럽게 생활하는 1인가구 여성의 관계 특성을 발견하였다. 넷째, 인간이 주로 '종교'를 통해서 얻고자 하는 '평화로움'과 '초월'을 자연 생태계 관계에서도 경험하였음이 드러났다. 다섯째, 연구 결과에서 '여성 1인가구'의 '자가-인정과 자가-위로의 능력'은 관계(인간, 절대자[하나님], 자연 생태계) 경험에서 '초월 욕구(사랑의 욕구)'의 실현이 주요 요인으로 드러났다. 여섯째, 대상관계이론과 생애 주기의 심리학적 이론에 대한 이해와 이 이론들을 토대로 '여성 1인가구'의 관계적 특성을 이해하고 해석하고자 시도하였다. 일곱째, 브라우닝의 비판적 가족주의를 중심으로 '여성 1인가구'의 가족, 즉 한국의 가족에 대해 신학적 성찰을 하고, 이에 근거하여 공적 의미로서 '공평한 존중(Equal regard)의 사랑'의 이해와 실천을 돕기 위한 방안을 모색하였다.

본 연구의 한계로는 첫째, 인터뷰의 대상이 11인으로 연구 결과를 일반화하는 것은 무리가 있다. 둘째, 자료를 수집한 지역이 일부 지역으로 국한되었으므로, 이에 대한 참조가 필요하다. 청년과 중장년의 1인가구 여성들은 서울과 인접한 도시에 밀집해 있고, 노년의 1인가구 여성들은 경기도의 한적한 구역에 밀집해 있다. 도시와 수도권 이외의 지역의 청년과 중장년 여성 1인가구 또는 도시의 노년의 여성 1인가구의 경험과는 차이를 보일 수 있다. 셋째, 인터뷰의 대상 모집을 전국적으로 확대하여 연구를 실시함으로써, 한국의 여성 1인가구의 삶에 대한 연구 및 지역적인 차이를 파악하여 돌봄에 반영하기 위한 후속 연구를 제안한다. 넷째, 본 연구를 토대로 여성 1인가구의 마음 건강 및 돌봄을 위한 프로그램에 관한 연구를 제안한다. 마지막으로, '여성 1인가구'의 관계적 특성으로 나타난 '사랑의 욕구'가 '남성 1인가구' 관계 경험에서는 어떠한지 고찰함으로써, '남성 1인가구'의 관계적 특성 파악 및 돌봄을 위한 후속 연구를 제안한다.

참고문헌

1. 국내 문헌

강덕구. (2019). 고령사회에서의 고독사 예방을 위한 지역교회 역할. **복음과 실천신학** 52, 9-37.

강덕구. (2020). 청년 1인가구 사역 방안. **신학과 실천** 72, 743-764.

강보민·이기영. (2020). 중년 1인가구의 우울에 영향을 미치는 생태계체계 요인: 일반 가구와 저소득층 가구 비교. **한국 사회과학연구** 39(3): 5-38.

강선경·이중교. (2021). 여성 알코올의존자의 중독과 회복과정에서의 가족 관계 경험에 대한 현상학적 연구. **한국가족복지학** 68(4): 143-171.

강영안. (2006). **타인의 얼굴-레비나스의 철학**. 서울: 문학과 지성사.

고혜연·김보람·이상민·이장희. (2022). 중년 1인가구의 자기돌봄에 대한현상학적 연구. **한국심리학회지: 문화 및 사회 문제** 28(2): 273-305.

구현영. (2018). 대학생의 부모-자녀 관계 발달 경험. **한국아동간호학회** 24(4): 420-433.

권석만. (2013). **현대 이상심리학** (2판). 학지사.

권석만. (2014). **현대 심리 치료와 상담 이론**. 학지사.

권소영·옥선화. (2005). 20, 30대 이혼 남녀의 이혼 후 적응-이혼 후 생활변화, 개인적 자원, 대인 관계 자원을 중심으로. *Family and Environment Research* 43(3): 199-219.

권수영. (2004). 임상현장의 작용적 신학: 기독교상담의 방법론적 정체성. **한국기독교상담학회지** 7, 100-123.

권수영. (2015). 트라우마와 기억의 재구성: 세월호 이후 십자가 신학과 실천. **신학논단** 79, 11-41.

권수영. (2018). 제7장 영적 지향성을 가진 기독(목회)상담: 서방교회 영성과 동방정교회 영성의 통합적 만남. 한국기독교상담신리학회 (편저), **기독(목회) 상담과 영성**. 학지사.

권종선. (2019). 중노년 1인가구의 건강관련 삶의 질 영향요인. *The Journal of the Convergence on Culture Technology (JCCT)* 5(1): 153-167.

김경은. (2015). 일상과 영성의 통합의 관점에서 본 영성지도. **신학과 실천** 44, '279-

301.

김동하·이지현·김지선·유승현. (2022). 주거빈곤 청년 1인가구가 인식하는 건강한 생활과 동네의 의미. **보건교육건강증진학회지** 39(5): 1-13.

김미경. (2016). 1인가구 시대 노후와 가족에 관한 새로운 인식을 위한 소고. **사회사상과 문화** 19(4): 167-190.

김미란. (2016). 공동육아의 생태교육과 동체적 관계. **한국산림휴양학회지** 20(1): 25-34.

김민수·송지은. (2023). 코로나가19가 청년의 스트레스에 미치는 영향 - 1인가구 및 다인 가구 청년을 중심으로. **한국 사회복지학** 75(3): 39-65.

김성희·김유경·이승미·조영희. (2018). 중년 1인가구의 생활실태 연구: 성별 및 계층별 비교를 중심으로. 한국가족자원경영학회 학술대회논문집, 283.

김수미. (2016). **1인가구의 라이프스타일과 노후준비**. 박사학위논문, 전남대학교 대학원. 학술연구정보서비스(RISS).

김수완. (2010). 결혼해체 이후 삶의 변화. **한국여성학** 26(1): 35-67.

김수천. (2019). 관상기도의 성서적 유례와 성서 신학적 의미 고찰. **신학과 실천** 74, 229-253.

김유진. (2018). "독거노인 친구만들기"를 통해 살펴본 '숨겨진 이웃,' 사회적 고립이 심각한 노인 1인가구에 대한 사회복지사의 인식과 경험에 관한 연구. **한국노년학** 38(4): 1149-1171.

김은령. (2014). 만성질환자들이 경험하는 영성. **영성과 사회복지** 2(1): 1-23.

김재철. (2015). 정신의학과 Heidegger의 대화. **현대유럽철학연구** 39, 31-73.

김종희·윤숙영·최병진. (2012). 원예활동이 결혼이주여성의 사회적 적응과 부부 관계에 미치는 영향. **인간식물환경학회지** 15(2): 67-71.

김지혜·윤지인. (2020). 청년 1인가구의 여가경험에 대한 탐색적 연구. **문화교류와 다문화교육** 9(4): 353-374.

김채석. (2020). 만성조현병 환자의 시치료 경험에 관한 연구: 소외된 자를 향한 기독(목회)상담적 접근. **한국기독교상담학회지** 31(3): 123-173.

김현숙. (2004). **탈인습성과 기독교교육**. 서울: 대한기독교서회.

김현화. (2019). **1인가구 중년 비혼 여성의 관계적 경험에 대한 현상학 연구**. [박사학위논문, 연세대학교 대학원], 학술연구정보서비스(RISS).

김혜경·황채린. (2022). 긴급재난지원금 수령과정을 통해 본 성인모색기 청년의 교차

하는 가족주의와 개인의식: 20대 1인가구 청년의 면접을 중심으로. **가족과 문화** 34(4): 38-77.

김혜미·백승영. (2021). 청년 1인가구의 특성이 가족 관계와 삶의 만족도에 미치는 영향. **인문사회21** 12(6): 845-856.

김혜련·류인경. (2018). 중년 여성 1인가구 사례연구: 외로움과 우울의 의미. 한국가족사회복지학회 학술발표논문집, 1, 99-103.

김혜정. (2013). **여성 단독가구의 사회적 배제에 관한 연구**. [박사학위논문, 신라대학교 대학원]. 학술연구정보서비스(RISS).

남윤경. (2019). 초임 과학교사들의 교직 첫 3개월간의 경험에 대한 해석학적 현상학 연구. **대한지구과학교육학회지** 12(3): 302-314.

류도향. (2021). 가족적인 것의 개념: 연결의 정치학을 위한 시론. **가족과 문화** 33(4): 40-57.

류시화. (2005). **사랑하라, 한 번도 상처받지 않은 것처럼**. 오래된 미래.

문경아·조원지. (2021). 1인가구 중년 여성의 시간 사용 인지에 따른 생활시간 실태 연구. **한국콘텐츠학회논문지** 21(7): 601-608.

문상정. (2020). 회복환경지각과 긍정적 정서, 심리적 행복감, 삶의 질의 구조적 관계-주의회복이론을 중심으로-. **한국관광산업학회** 45(1): 135-159.

문상정·최영준·김기성·김초하·주혜선·한예진. (2021). "자연경관 화면은 영상치유 효과가 있는가?" **한국관광산업학회** 46(4): 99-123.

민우정·이윤석. (2022). 청년 1인가구의 여가 활동 및 여가동반자가 주관적 웰빙에 미치는 영향. **한국콘텐츠학회논문지** 22(11): 391-405.

박병애. (2022). 기독 북한이탈여성의 외상 후 성장에 대한 질적 연구: 밴 매넌(Van Manen)의 해석학적 현상학 연구 방법. **신앙과 학문** 27(3): 147-185.

박선우·김미옥. (2019). 애도를 위한 집단미술치료가 배우자 사별노인의 애도, 우울 및 자아통합감에 미치는 효과. **미술치료연구** 26(4), 730.

박향미·최유정·정재희. (2022). 1인가구 청년 고독사 극복을 위한 사회 정서 능력 발달 기반 서비스디자인. **한국디자인문화학회지** 28(4): 38-148.

변상우·서현아. (2015). 숲유치원 접근 유치원과 일반 유치원 유아간의 유아 발달 관계 비교. **아동교육** 24(1): 175-192.

석소원. (2023). **생애 주기별 1인가구의 행복과 건강상태에 대한 잠재프로파일 분류 및 영향 요인 검증**. 박사학위논문, 전북대학교 대학원. 학술연구정보서비스

(RISS).

성미애 · 이재림. (2021). 사별여성의 상속경험을 통해 본 상속과정, 가족 관계 변화, 상속에 대한 인식. **한국가족 관계학회지** 26(1): 145-164.

송나경 · 박향경 · 노재성. (2019). 1인가구의 연령계층별 자살 생각 비교연구. **한국 사회복지조사연구** 61, 133-164.

송영신. (2015). 여성 노인 1인가구의 실태 및 정책적 개선방안. **이화젠더법학** 7(2): 33-72.

신승범 · 이종민. (2021). 기독 청년들의 교회를 떠나고 싶은 이유에 관한 질적 연구. **기독교교육논총** 66, 273-307.

심정연. (2016). Rizzuto의 하나님 이미지 이론에 대한 기독교 상담적 고찰과 적용 방안 연구-하나님 이미지 변화 상담 모델 구축을 위한 예비 연구-. **복음과 상담** 24(2): 183-219.

양준석 · 유지영. (2018). 사별경험 중년 여성을 위한 애도 프로그램 개발 및 효과. **상담학연구** 19(3): 293-312.

양준영. (2022). 1인가구 청년의 사회적 관계망 형성 지원방안. **한국여성정책연구원** 79, 1-20.

양현아. (2009). 의료법상 태아의 성감별 행위 등 금지조항의 위헌 여부 판단을 위한 사회과학적 의견. **서울대학교 법학** 50(4): 1-34.

오방식. (2013). 자기초월의 관점에서 바라본 토마스 머튼의 자기(self) 이해. **신학과 실천** 34, 269-296.

오성춘. (2002). 목회상담과 영성: 영성과 목회상담. **목회와 상담** 3, 8-36.

유영권. (2014). **기독(목회)상담학 -영역 및 증상별 접근-**. 서울: 학지사.

유지애. (2020). 일인가구의 우울과 사회적 관계의 종단적 상호인과관계. **한국가족복지학** 67(1): 153-185.

유혜령. (2009). 교육현상학적 질적 연구에서의 성찰과 연구 기법의 문제. **아동교육** 18(1): 37-46.

유혜령. (2015). 현상학적 질적 연구의 논리와 방법: Max van Manen의 연구방법론을 중심으로. **가족과 상담** 5(1): 1-20.

유혜령. (2016). 질적 연구에서 의미해석 과정의 성격과 원리: Heidegger와 가다머 해석학에 기초하여. **교육인류학연구** 19(4): 1-40.

유혜령. (2017). Heidegger의 기술철학에서 본 질적 연구의 기법화 경향. **현대유럽철**

학연구 46, 155-189.

윤종모. (2018). 제2장 기독(목회)상담사의 영성과 명상. 한국기독교상담심리학회 (편저), **기독(목회)상담과 영성**. 학지사.

이기학·조영아·송소원. (2006). 2005학년도 재학생 실태조사. **연세상담연구** 22, 45-76.

이나라·최현정. (2021). 반려동물 상호 작용이 회복탄력성에 미치는 영향: 지각된 반려동물 사회적 지지의 매개 효과. **한국심리학회지: 상담 및 심리 치료** 33(4): 1773-1791.

이동훈·신지영·조은정·김진주. (2016). 수감생활 및 출소 후 과정에서 여성출소자의 삶과 가족 관계 경험. **한국심리학회지: 여성** 21(1): 81-108.

이만홍. (2018a). 제4장 정신역동과 기독교 영성. 한국기독교상담심리학회 (편저), **기독(목회)상담과 영성**. 학지사.

이만홍. (2018b). 제5장 한국의 현실과 통합을 위한 시도. 한국기독교상담심리학회 (편저), **기독(목회)상담과 영성**. 학지사.

이만홍·임경심. (2009). 심리 치료와 영성지도의 유사성과 차이점에 관한 고찰. **한국기독교상담학회지** 11, 155-178.

이미영·이미경. (2022). 코로나 팬데믹 시기에 50세 이상 1인가구와 다인가구의 우울에 영향을 미치는 요인 – 2020 국민건강영양조사 자료 분석. **한국위기관리논집** 18(9): 11-23.

이성용. (2003). 남아선호와 출산력간의 관계. **한국 인구학** 26(1): 31-57.

이수진·김향란. (2023). 청년 1인가구의 건강 관련 삶의 질 영향요인: 회복탄력성의 매개효과를 중심으로. **한국기초간호학회** 25(3): 160-171.

이승훈. (2014). 자연환경을 통한 긍정심리학 정신의 구현: 긍정 경험. **한국심리학회지: 일반** 33(1): 51-79.

이은재. (2003). 하나님 경험은 세상에 대한 책임이다-신비주의의 자연이해-. **한국기독교신학논총** 30, 389-415.

이인정. (2021). COVID-19 위기 상황이 1인가구 청년의 우울에 미친 영향 성차를 중심으로. **한국융합학회 논문지** 12(9): 205-214.

이주형. (2018). 제6장 영성지도의 기독(목회)상담에로의 적용. 한국기독교상담심리학회 (편저), **기독(목회)상담과 영성**. 학지사.

이한나. (2020). 1인가구의 사회서비스 수요와 시사점. **보건복지포럼**. 288-321.

이해리. (2016). 치료는 무엇을 해줄 수 있는가? : 현대정신분석학의 도전. **목회와 상담** 27, 240-272.

이헌주. (2019). **죽음 위기 과정에서의 심리적 경험에 대한 연구**. [박사학위논문, 연세대학교 대학원], 학술연구정보서비스(RISS).

이현민. (2018). **일인가구의 대인관계적 연결감과 우울에 관한 연구**. [박사학위논문, 서울시립대학교 대학원], 학술연구정보서비스(RISS).

임선영·권석만. (2013). 역경후 성장에 영향을 미치는 인지적 처리방략과 신념체계의 특성; 관계상실 경험자를 대상으로. *Korean Journal of Clinical Psychology* 32(3): 567-588.

임성민. (2021). **탈북청소년의 가족 경험**. 박사학위논문, 연세대학교 연합신학대학원. 학술연구정보서비스(RISS).

장혜숙. (2004). **우리 속담에 나타난 성 차별 문화와 여성의 모습**. 석사학위논문, 경원대학교 대학원. 학술연구정보서비스(RISS).

전명희·박정아·조성휘. (2018). 탈북 청년들의 기독교 회심과 신앙경험에 관한 현상학적 연구. **한국기독교상담학회지** 29(3): 219-250.

전요섭. (2018). 심리적 외상으로서 친밀관계폭력에 대한 기독교상담적 대응방안-가해자 피해자 심리이해를 중심으로-. **복음과 상담** 26(1): 201-236.

정연득. (2009). 하나님 경험의 미학: 크리스토퍼 볼라스와 기독교 영성. **한국기독교신학논총** 61, 313-343.

정운영·정세은. (2011) 1인 노인가구의 경제적 특성과 삶의 만족도 연구: 저소득가구와 고소득 가구의 비교. **한국노년학** 31(4): 1119-1134.

정윤태. (2013). 노인부양에 따른 가족 관계 경험에 관한 연구-노인장기요양보험제도 활용 여성주부양자를 중심으로-. **한국가족 관계학회지** 18(3): 207-231.

조영진. (2017). 개인 신화 내러티브 탐구를 통한 목회신학적 고찰: 아버지 이야기를 중심으로. **신학논단** 89, 307-341.

최광선. (2018). 제8장 생태와 영성: 하나님, 자신, 이웃, 창조세계와 나누는 숨. 한국기독교상담심리학회 (편저), **기독(목회)상담과 영성**. 도서출판 학지사.

최하영·진미정. (2021). 청년과 중장년 비혼 1인가구의 일상생활 어려움 잠재프로파일과 가족 관련 태도. **한국가족 관계학회지** 26(2): 195-223.

하성웅. (2021). 청년 고독사-외로이 죽어가는 청년들. **새가정** 7(68): 44-45.

한아람. (2017). 성인의 반려동물에 대한 태도 및 애착과 삶의 질과의 관계. **인문사회**

21 8(6): 1093-1107.

한예진·최영준. (2024). 고화질 영상시청 경험이 코로나-19(COVID-19)로 인한 외상 후 스트레스(PTSD) 개선에 미친 영향 연구: 영상시청 자극에 대한 회복탄력성과 뇌파 생체 신호 분석을 중심으로. **한국소통학보** 23(1): 209-243.

한지원 외 7인. (2022). 반려동물 유무와 종류에 따른 20대 성인의 삶의 질과 정서에 미치는 영향. **대한통합의학회지** 10(1): 137-147.

홍경실. (2001). 앙리 베르그송의 시간철학에 관한 현상학적 접근. **현상학과 현대철학**, 17, 145-167.

황종남·오종묵. (2020). 대도시 거주지역 환경에 대한 만족과 자살생각 간의 관계-서울시 사례를 중심으로-. **서울도시연구**, 21(4): 149-161.

2. 국외문헌

Aurelius, M. (2018). *Meditations*. BOOKK.

Bellah, R. N. (1985). *Habits of the heart: individualism and commitment in American life*. Berkeley: University of California Press.

Browning, D. S. (1996). Biology, Ethics, and Narrative in Christian Family Theory. In Promise to Keep: Decline and Renewal of Marriage in America, (Ed). Popenoe, D., Elshtain, J. B., & Blankenhorn, D. Rowman and Littlefield. In Browning, D. S. (2007). *Equality and the family: a fundamental practical theology of children, mothers, and fathers in modern societies*. Wm. B. Eerdmans Publishing Co.

Browning, D. S. (1997). Practical Theology and the American Family Debate. International Journal of Practical Theology I, 136-160. In Browning, D. S. (2007). *Equality and the family: a fundamental practical theology of children, mothers, and fathers in modern societies*. Wm. B. Eerdmans Publishing Co.

Browning, D. S. (1998). The Task of Religious Institutions in Strengthening Families. The Religion, Culture and Family Project and the Communitarian Network, August. In Browning, D. S. (2007). *Equality and the family: a fundamental practical theology of children, mothers, and fathers in modern societies*. Wm. B. Eerdmans Publishing Co.

Browning, D. S. (2002). The Language of Health versus the Language ofReligion: Competing Models of Marriage for the Twenty-FirstCentury. In Revitalizing the institution of Marriage for the Twenty-First Century: An agenda for Strengthening Marriage, ed. Hawkins, A. L., Wadle, L. D., & Coolidge, D. O. Praeger. In Browning, D. S. (2007). *Equality and the family: a fundamental practical theology of children, mothers, and fathers in modern societies*. Wm. B. Eerdmans Publishing Co.

Browning, D. S. (2003). Critical Familism, Civil Society, and the Law. The Hofstra Law Review, 32(1): 313-329. In Browning, D. S. (2007). *Equality and the family: a fundamental practical theology of children, mothers, and fathers in modern societies*. Wm. B. Eerdmans Publishing Co.

Browning, D. S. (2003a). *Marriage and Modernization*. Wm. B. Eerdmans Publishing Co.

Browning, D. S. (2007). *Equality and the family: a fundamental practical theology of children, mothers, and fathers in modern societies*. Wm. B. Eerdmans Publishing Co.

Capps, D. (2021). **100세 시대를 준비하는 열 번의 성장** (오은규, 김상만, 김태형, 오원웅 공역). 학지사. (원저출판 2008)

Carhart-Hassis, R., et al. (2014). The entropic brain: a theory of conscious states informed by neuroimaging research with psychedelic drugs. *Frontiers in Human Neuroscience* 8(20): 1-22.

Conn. W. E. (1998). *The desiring self: Rooting pastoral counseling and spiritual directions in self-transcendence*. New Jersey: Paulist Press.

Creswell, D. J. (2015). 질적 연구 방법론: 다섯 가지 접근 (조흥식, 정선욱, 김진숙 공역). 학지사. (원저출판 2013)

Esteve, A., Reher, D. S., Trevino, R., et al. (2020). Living Alone over the Life Course: Cross-National Variations on an Emerging Issue. *Population and Development Review* 46(1): 169-189.

Fairbairn, W. R. D. (2009). *Psychoanalytic Studies of the Personality*. London: Routledge.

Feng, Q. (2019). Projecting household and living arrangements in Asia, *Asian*

Population Studies 15(3): 239-242.

Feng, Q., Wang, Z., Choi, S., & Zeng, Y. (2019). Forecast households at the country level: An application of the profamy extended cohort-component method in six counties of southern California, 2010 to 2040. *Population Research and Policy Review* 39, 253-281.

Greenberg, J. R., & Mitchell, S. A. (1999). 정신분석학적 대상관계이론 (이재훈 역). 한국심리 치료연구소. (원저출판 1983).

Heidegger, M., (2008). 강연과 논문 (이기상, 신상희, 박찬국 공역). 이학사. (원저출판 1954).

Janssens, L. (1977). Norms and Priorities of a Love Ethics. Spring. In Browning, D. S. (2007). *Equality and the family: a fundamental practical theology of children, mothers, and fathers in modern societies*. Wm. B. Eerdmans Publishing Co.

Katsuhiko F. (2018). 1인가구 사회: 일본의 충격과 대응 (김수홍 역). 나남. (원저출판 2017).

Kernberg, O. F. (1984). *Object-relations Theory and Clinical Psychoanalysis*. New Jersey: Jason Aronson.

Klinenberg E. (2013). –1인가구 시대를 읽어라– 고잉솔로 싱글턴이 온다 (안진이 역). 더퀘스트. (원저출판 2012)

Loch, A. A., Freitas, E. L., Hortêncio, L., Chianca, C., Alves, T. M., Serpa, M. H., Andrade, J. C., van de Bilt, M. T., Gattaz, W. F., Röossler, W. (2019). Hearing spirits? Religiosity in individual at risk for psychosis-Results from the Brazilian SSAPP cohort. *Schizophrenia Research* 204, 353-359.

Maslow, A. H. (1970). *Motivation and personality*. Harper & Row publishers(2nd).

Massobrio, P., et al. (2015). *Criticality as a signature of healthy neural systems.* *Frontiers in Systems Neuroscience* 9(22): 1-3.

Padyab, M., Reher, D. S., Requena M.., & Glenn, S. (2019). Going It Alone in Later Life: A Comparative Analysis of Elderly WomenLiving in Sweden and Spain. *Journal of Family Issues* 48(8): 1038-1064.

Park, H., & Choi, J. (2015). Long-term trends in living alone among Korean adults: age, gender, and educational differences. *Demographic Research*

32(43): 1177–1208.

Podhisita, C., & Xenos, P. (2015). Living alone in South and Southeast Asia: An analysis of census data. *Demographic Research* 32(41): 1113–1146.

Raymo, J. M. (2015). Living alone in Japan: Relationships with happiness and health. *Demographic Research* 32(46): 1267–1298.

Reher, D. S., & Requena, M. (2017). Elderly women living alone in Spain: The importance of having children. *European Journal of Ageing* 14(3): 311–322.

Ricoeur, P. (2001). 해석의 갈등 (양명수 역). 아카넷. (원저출판 1969).

Rizzuto, A-M. (1979). *The Birth of the Living God*. IL: University of Chicago Press.

Snell, K. D. M. (2017). The rise of living alone and loneliness in history, *Social History* 42(1): 2–28.

Sperry, L. (2011). 목회 상담과 영성 지도의 새로운 전망 (문희경 역). 솔로몬. (원저출판 2002).

Steinhart, E. (2017). Spirit. *SOPHIA*, 56, 557–571.

van Manen, M. (1994). 체험연구: 해석학적 현상학의 인간과학 연구방법론 (신경림, 안규남 공역). 동녘. (원저출판 1990).

van Manen, M. (2014). *Phenomenology of practice: Meaning-giving methods in phenomenological research and writing*. Walnut Creek, CA: LeftCoast Press.

Yeung, W. J. J., & Cheung, A. K. L. (2015). Living alone: One-person households in Asia. *Demographic research* 32, 1099–1112.

3. 인터넷 자료

경기도공익활동지원센터. (2023). 전국 1인가구 거주 최다지역, 경기도. (2024. 5. 29. 검색) http://gggongik.or.kr.

국가법령정보센터. (2023). 민법상 성년. (2023. 3. 1. 검색) https://www.law.go.kr.

국가법령정보센터. (2024). 건강가정기본법. (2024. 5. 29. 검색) https://www.law.go.kr.

국립현대미술관. (2017). [보도자료] 국립현대미술관 이성자_지구 반대편으로 가는 길. (2023. 10. 6. 검색) http://mmca.go.kr.

국민일보. (2018). '나 혼자 산다' 5주년 인기 비결은… 30% 육박 '1인가구' (2024. 5.

29. 검색) http://kmib.co.kr.

금요저널. (2022). ‘1인가구 7만 명 육박, 전체 가구의 41%’⋯ 영등포구, 실태조사 나선다. (2023. 2. 6. 검색) http://thesejong.tv.

매일경제. (2024). ‘나혼자 산다’ 주역은 70대 이상⋯대부분이 독거노인이였네. (2024. 3. 12. 검색) http://mk.co.kr.

복지타임즈. (2022). 1인가구 50만 육박⋯ 인천시, 1인가구 생활 실태조사. (2023. 2. 6. 검색) http://bokjitimes.com.

사회복지대백과사전. (2016). 지평의 융합. (2023. 2. 11. 검색) http://welfare24.net.

서울경제. (2018). [조상인의 예(禮)-<44>이성자 ‘오작교’] 점 하나 하나가 눈물⋯사무치는 그리움을 그리다. (2023. 9. 27. 검색) http://sedaily.com.

서울특별시. (2023). 서울시, 1인가구 ‘3불(不) 해소’(불편·불안·불만)로 ‘안심특별시 서울’ 조성. (2023. 2. 27. 검색) http://seoul.go.kr.

서울특별시. (2023). 씽글벙글 서울 1인가구정보. (2023. 4. 17. 검색) http://www.youtube.com/@1inseoul.official.

서울특별시. (2024). 씽글벙글 서울 지원사업 (2024. 6. 1. 검색) http://1in.seoul.go.kr.

옥스퍼드 영어사전. (2023). ‘woman’의 정의. (2023. 9. 23. 검색) http://oxfordlearnersdictionaries.com.

중앙일보. (2022). 스타들의 ‘나 혼자 산다’와 달랐다⋯1인가구의 진짜 민낯. (2022. 12. 7. 검색) http://n.news.naver.com.

철학사전. (2009). 포이에시스. (2023. 2. 15. 검색) http://terms.naver.com.

통계청. (2021). 성별/연령별/1인가구사유별가구-시도. (2022. 10. 13. 검색) http://kosis.kr.

통계청. (2022). *2021 Statistics of One-person Households*. (2022. 10. 13. 검색) http://kosis.kr.

통계청. (2022). 2022 통계로 보는 1인가구. (2023. 2. 25. 검색) http://kosis.kr.

통계청. (2024). 이혼통계결과. (2024. 2. 28. 검색) http://kosis.kr.

표준국어대사전. (2022). http://stdict.korean.go.kr.

한겨레. (2019). “평생 머물 것 같은 5평”⋯ ‘청년임대주택’ 둘러싼 청년들의 슬픈 논쟁. (2024. 6. 1. 검색) http://hani.co.kr.

한겨레. (2024). 280조원 써도, 자식 안 낳는다…성평등·노동단축 없인 효과 한계. (2024. 3. 4. 검색) http://hani.co.kr.

한국민족문화대백과사전. (2023). '여성'의 정의. (2023. 9. 23. 검색) http://encykorea.aks.ac.kr.

한국상담학회. (2023). 서울시 1인가구 상담멘토링 멘토 모집 안내. (2023. 2. 27. 검색) http://counselors.or.kr.

Cambridge Dictionary. (2023). 'household, family'에 관한 idiom. (2023. 9. 25. 검색) http://dictionary.cambridge.org.

Cambridge Dictionary. (2023). 'household, family' 영어 정의. (2023. 9. 25. 검색) http://dictionary.cambridge.org.

Daily Pop. (2019). "'여성 1인가구'노린 범죄 잇달아 발생… 유독 '신림동'에서 발생하는 이유?" (2024. 5. 29. 검색) http://dailypop.kr.

Instagram. (2024). 관악구 '마음 좋아!' 씽글벙글서울. (2024. 3. 13. 검색)

Naver사전. (2023). '가구'의 영어 어휘. (2023, 9, 25. 검색) http://en.dict.naver.com.

Naver한자사전. (2023). '관계(關係)'의 한자 의미. (2023. 9. 25. 검색) http://hanja.dict.naver.com.

Naverblog. (2019). [프랑스 노래 추천] Louane – Je vole 비상 가사 해석 (미라클 벨리에 OST). (2023. 9. 28. 검색) http://blog.naver.com.

Online Etymology Dictionary. (2023). 'relation, relationship'의 어근. (2023. 9. 25. 검색) http://etymonline.com.

Wordrow. (2023). '여성'관련 속담. (2023. 9. 23. 검색) http://wordrow.kr

Yonhap News Agency. (2021). (LEAD) *Proportion of 1-person households hits record high of 32 pct last year*. (2022. 10. 13. 검색) http://en.yna.co.kr.

4. 기타

넷플릭스. (2021). 혼자 사는 사람들. (2022. 10. 6. 시청)

MBCentertainment. (2013). 나 혼자 산다. (2022. 11. 1 시청)